中国人口发展趋势、适度规模及对策研究

A Study on Population Trend，
Optimum Population Size and Countermeasures in China

叶宁◎著

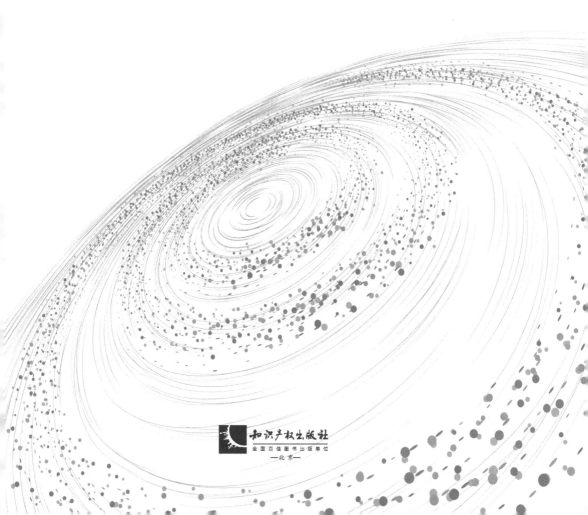

知识产权出版社
全国百佳图书出版单位
—北京—

图书在版编目（CIP）数据

中国人口发展趋势、适度规模及对策研究/叶宁著. —北京：知识产权出版社，2024.10.
ISBN 978 - 7 - 5130 - 9558 - 7

Ⅰ. C924.24

中国国家版本馆 CIP 数据核字第 2024R7K337 号

内容提要

本书全面深入地分析了中国人口负增长的发展趋势、负增长下的适度人口规模与应对策略。用灰色预测模型结合队列要素人口预测方法建立了中国人口预测系统，预测出2025—2050 年中国人口发展呈负增长趋势；分析预测期间 31 个省（市、区）人口发展趋势；从人口总量负增长、老龄化加剧、劳动年龄人口规模下降、育龄妇女人口规模下降、家庭户平均规模缩减等方面探讨了中国人口负增长给中国经济社会带来的机遇与挑战；综合考虑民生福祉、经济社会可持续发展、人口发展多维因素，运用多目标决策的"可能—满意度"方法，测算 2050 年中国适度人口规模目标；探究在中国适度人口规模控制目标下的生育率警戒水平；综合上述研究结论并参考国际上的有益经验，有针对性地提出相关对策建议。

本书读者对象主要是高等院校人口学、社会学、经济学、管理学等专业的本科生、研究生，以及社会、经济等相关领域的管理部门和研究单位的从业人员等。

责任编辑：张水华　　　　　　　　责任校对：潘凤越
封面设计：臧　磊　　　　　　　　责任印制：孙婷婷

中国人口发展趋势、适度规模及对策研究
叶　宁　著

出版发行：	知识产权出版社有限责任公司	网　址：	http://www.ipph.cn
社　址：	北京市海淀区气象路 50 号院	邮　编：	100081
责编电话：	010 - 82000860 转 8389	责编邮箱：	46816202@qq.com
发行电话：	010 - 82000860 转 8101/8102	发行传真：	010 - 82000893/82005070/82000270
印　刷：	北京建宏印刷有限公司	经　销：	新华书店、各大网上书店及相关专业书店
开　本：	720mm×1000mm　1/16	印　张：	15.25
版　次：	2024 年 10 月第 1 版	印　次：	2024 年 10 月第 1 次印刷
字　数：	262 千字	定　价：	89.00 元

ISBN 978 - 7 - 5130 - 9558 - 7

摘　要

　　人口是决定经济社会发展的基础性、全局性和战略性的关键因素。2022年已成为我国人口发展方向转变的分水岭——人口发展首次出现由持续低迷的生育水平和逐渐提高的平均预期寿命驱动的内生性人口负增长。人口增长方向的转变将对我国经济社会发展产生深远影响。2022年，中国完成人口转变后进入人口负增长，是人口发展的客观规律，具有稳定性、长期性和不可逆性。为此，前瞻预判中国人口负增长的趋势和程度，探究此趋势下与资源环境、经济、社会最匹配的适度人口规模，针对性地调整总和生育率，使未来人口总量和人口结构更适应经济社会发展的需要，对于实现"民族复兴"和第二个百年奋斗目标，全面建成社会主义现代化强国具有极其重要的理论和实际意义。

　　本书根据人口学、灰色理论、多目标决策论、控制论等基本理论与方法，以2025—2050年全国和31个省（市、区）①的人口总量与人口结构的变化趋势、2050年中国适度人口规模、中国适度人口规模目标下的生育水平作为分析对象，采用定性研究与量化分析相结合、规范理论分析与实证研究相结合、数学模型模拟与多目标决策方法相结合的方式，进行中国人口负增长发展趋势下的适度人口规模及其相应生育水平、生育调控对策的研究。

　　本书由八章构成。第一章，概述研究的理论基础、主要概念、数据来源与研究方法；第二章，阐释人口转变与人口负增长的规律、现状，回顾人口转变历程，进行人口负增长的国际比较；第三章，构建人口预测模型，探究2025—2050年中国人口负增长将达到的程度以及人口结构变动的趋势；第四章，进行2025—2050年全国31个省（市、区）的人口规模及人口结构的变化趋势预测与分析；第五章，据上述预测结果，从人口总量负增长、老龄化加剧、劳动年龄人口规模下降、育龄妇女人口规模下降、平均家庭户规模缩减等

---

　　① 本书所提"全国31个省（市、区）"不含香港、澳门和台湾。

1

方面探讨了中国人口负增长对经济社会带来的机遇与挑战；第六章，根据预测结果，探究有利于促进中国人口与经济社会发展、资源环境保护相互协调的适度人口规模目标；第七章，研究在中国适度人口规模控制目标下的2050年人口总量及相应的总和生育率优选方案，探求生育率警戒水平；第八章，综合上述各章研究结论，提出合理调整总和生育率，使未来人口总量和人口结构更适应经济社会发展需要的相关对策。其主要观点和结论如下：

——人口负增长趋势的概念界定。本书中人口负增长趋势是指由出生、死亡和迁移导致的人口数量减少。人口负增长趋势主要包括人口规模减少、老龄化加剧、劳动年龄人口规模下降、育龄妇女人口规模下降、妇幼比下降、平均家庭户规模缩减等。

——2025—2050年中国人口负增长发展趋势：第一，在人口规模方面，将可能从2025年的约13.97亿人减少到2050年的约12.56亿人，人口负增长速度将逐渐加快；第二，在人口结构方面，中国人口属缩减型人口且程度不断加重，少儿人口与劳动年龄人口将双双下降，60岁以上老年人口将大量增加，老龄化程度将不断加深，15～49岁育龄妇女人口规模将大幅缩减；妇女生育水平将持续低迷，15～24岁低龄劳动年龄人口占劳动年龄人口的比例将震荡降低，总人口性别比将维持偏高。

——2025—2050年全国省（市、区）的人口负增长趋势：2050年将有21个省（市、区）与2025年相比呈现人口负增长趋势，呈现负增长的省（市、区）的人口总量占全国人口规模的74.36%；其中，13个省（市、区）的人口降幅预测值均将高于全国的人口降幅预测值，负增长最严重省份的人口降幅将高达约23.03%。

——人口负增长趋势既有积极影响，也有消极影响：一是人口规模下降，近期可能有利于缓解人口对自然资源和生态环境的压力、增强人力资本、促进人口流动；但人口负增长必将加剧人口年龄结构矛盾，导致社会发展活力下降，影响科技创新；二是老龄化加剧给经济社会发展带来不利影响，会降低劳动力资源质量，加大社保养老基金缺口，扩大收入分配的代际不平等，抑制社会的投资和消费，制约经济发展；三是劳动年龄人口规模下降，将导致我国从人口红利期向人口负债期转变，降低经济的潜在增长率，影响劳动生产率提高；四是育龄妇女人口规模下降，低生育率风险将增大；五是妇幼比下降，新成长劳动力将趋短缺；六是平均家庭户规模缩减，将弱化家庭功能。

——2050 年中国适度人口规模目标。综合考虑民生福祉、经济社会与资源环境可持续、人口发展的相关因素，预测 2050 年中国人口将落在 10.19 亿～12.68 亿人的规模区间内，考虑人口规模、人口结构与经济社会发展的协调性，中国人口适度规模应为 11.70 亿～12.56 亿人，此时，人口与资源环境等的匹配程度属于优良适度。

——为达到 2050 年中国适度人口规模，在人口负增长的趋势下，应明确总和生育率 0.9 为我国生育率的"警戒线"，以防跌破"警戒线"导致人口过于老化，阻碍经济社会发展，力争确保 2050 年中国人口处在适度规模区间内。

——主要对策。尽快构建并统筹实施提升生育水平的人口政策支持体系；不断完善家庭政策；逐步降低出生人口性别比；努力提升人口素质为新质生产力发展积累人力资源；提出分"五类地区"针对性地实行差异化的人口生育政策，分阶段地渐进提升生育率。

本书理论结合实际，科学预测中国人口负增长趋势及其对中国经济社会产生的重大影响；深入研究与中国未来经济社会发展相匹配的适度人口规模；努力探索适时干预弱化人口负增长趋势、促进达成适度人口规模的可行对策，以期为确保中国人口和经济社会长期可持续地协调发展贡献绵薄之力。

关键词：人口转变；人口负增长；适度人口规模；人口控制

叶 宁

于 2023 年 11 月武汉

目　录

第一章 导 论

2022 年，中国正式进入人口负增长阶段，这种自生性的人口负增长趋势具有不可逆性。快速转变的人口发展趋势影响着中国式现代化伟大征程，前瞻性地预判未来人口发展趋势，明确资源环境、经济、社会等因素影响下的适度人口规模，做好调整生育水平的制度安排，充分利用人口负增长为中国式现代化带来的机遇，积极应对挑战，关乎着国运与民生。为此，本书主要对中国人口负增长的发展趋势及其影响、负增长下的适度人口规模以及调控生育水平以达适度人口规模的对策进行研究。本章主要阐述研究的意义、理论基础、研究方法、内容与创新等。

第一节 研究意义与理论基础

一、研究意义

人口转变理论是人口学领域的重要理论，揭示了一个国家（或地区）进入工业化社会后，人口出生、死亡及自然增长方面的趋势规律。人口转变分为三阶段，各阶段对应不同人口出生率、死亡率和人口发展趋势，为各国（或地区）研判自身的人口发展阶段提供了理论标准。[①] 人口发展趋势包括增长、减少和不变三种状态，其中，总人口减少状态即为人口负增长。按照人口转变理论，人口转变完成后，生育率会下降到更替水平附近。然而，该理论并未涉及长时期、大幅度、持续的低生育率现象及其后果。随着实践的发展，人口学

---

① 张维庆. 中国计划生育概论［M］. 北京：中国人口出版社，1998.

界将生育率过低且不能返回到生育更替水平的持续低生育现象称为"第二次人口转变",该理论阐释了未来全球人口规模将持续大幅减少,人口老龄化问题将更加严重,由此将带来经济社会发展风险。目前,"第二次人口转变"中人口负增长的发展趋势预测已成为各国学界和政府关注的焦点。本书的研究基于人口转变理论,重新认识中国人口负增长趋势的人口学本质,具有重要的人口学理论意义。

人口问题始终是战略性、全局性、基础性的问题,中国人口趋势呈负增长源于生育水平过低。20世纪70年代以来,中国育龄妇女的总和生育率开始下降,从1972年的4.95下降到1979年的2.72,1989年低至2.35[①],1991年后总和生育率一直保持下降趋势,2000年时只有1.22,2010年仅为1.18,2022年进一步跌至1.05左右[②]。随着中国育龄妇女总和生育率长期远低于更替水平,生育潜力不断下降,我国人口总量规模和人口年龄结构已发生重大变化,中国人口自然变动出现负增长,2022年我国人口自然增长率为－0.6‰,2023年为－1.5‰;2020年第七次人口普查数据显示,60岁以上老年人口的占比达到18.7%,而0~14岁少儿人口的占比为17.95%,60岁以上老年人口超过0~14岁少儿人口占比。[③]围绕中国生育水平过低的问题,政府出台了提振生育水平的政策文件,2016年国务院印发《国家人口发展规划(2016—2030年)》,从推动实现适度生育水平、注重人口与经济良性互动,促进人口与资源环境永续共生,推动人口与社会和谐共进等方面综合考量,提出到2020年和2030年的总和生育率目标为1.8左右;2021年,十三届全国人大四次会议表决通过了关于国民经济和社会发展第十四个五年规划和2035年远景纲要的决议,把推动实现适度生育率水平作为促进人口长期均衡发展目标的重要任务。作为社会经济发展的基础性变量,人口发展趋势改变必然引起社会经济发展的根本性变化,研究中国人口发展趋势,前瞻性地提出完善总和生育率的调控对策,能促进社会经济发展,具有重要的现实意义。

---

① 许静. 中国低生育水平与意愿生育水平的差距 [J]. 人口与发展,2010,16 (1):28.
② 数据来源:《中国人口和就业统计年鉴2023》中的表2－40《全国育龄妇女分年龄、孩次的生育状况》。
③ 根据国家统计局第七次人口普查数据计算得到。

二、文献回顾

理论界强调要认识和把握人口负增长的学理性意涵，包括其基本现状、发展趋势[①]，一些研究聚焦于人口负增长的人口规模、发展特征，联合国人口司的人口预测假设中国的总和生育率在 2021 年 1.16 的基础上，低方案下将在 20 世纪 30 年代初逐渐下降到 0.8，然后在 21 世纪下半叶保持在 0.9～1.0，中方案使总和生育率直接上升到 20 世纪 30 年代的 1.3 然后在 21 世纪下半叶保持在 1.4～1.5，高方案下将在 20 世纪 30 年代初逐渐上升到 1.8，然后在 21 世纪下半叶保持在 1.9～2.0 的参数设置，模拟出 2050 年中国总人口分别是 12.16 亿人、13.13 亿人和 14.11 亿人。[②] 原新和范文清根据第七次全国人口普查（以下简称七普）数据判断，如果我国总和生育率一直保持超低生育率水平 1.3，总人口将锐减，2100 年为 6.7 亿人，2200 年为 1.4 亿人，2300 年只有 0.3～0.4 亿人，如果长期维持在 1.8 的生育率水平，总人口将分别减少到 2100 年为 10.1 亿人、2200 年为 6.3 亿人和 2300 年为 3.9 亿人；如果生育率水平一直保持更替水平 2.08，总人口规模则不增不减，长期徘徊在 14.0 亿～14.5 亿人。[③] 陈卫使用稳定人口模型预测了中国人口规模和结构的未来变动趋势，发现中国人口负增长具有阶段性加速的趋势；[④] 李建新和刘瑞平基于全国 31 个省（市、区，不含港澳台）1990—2017 年人口历史数据，进行了 2020—2050 年我国省际人口负增长趋势预测，发现我国省际人口变化趋势呈现波动型、减弱增长型和负增长型三种模式，各地区人口负增长的特征是趋势不可逆转，人口负增长时间到来速度、人口减少速度普遍较快，未来人口再生产属于"缩减型"已成为我国各地区的共同趋势[⑤]。然而，一些预测可能与实际情况差异较大（陈卫，2022[⑥]；王军和周思

① 朱荟，陆杰华. 人口负增长的世界性现象与中国式应对 [J]. 山东女子学院学报，2023 (4)：21.

② United Nations. Definition of Projection Scenarios [EB/OL]. (2022 - 10 - 20) [2023 - 08 - 20]. https：//population. un. org/wpp/Definition of Projection Scenarios.

③ 原新，范文清. 我国人口负增长和老龄社会的大趋势与新形势：基于"七普"数据再认识 [J]. 晋阳学刊，2022 (1)：53 - 56.

④ 陈卫. 中国人口负增长与老龄化趋势预测 [J]. 社会科学辑刊，2022 (5)：133.

⑤ 李建新，刘瑞平. 我国省际人口负增长趋势的差异性分析 [J]. 人口学刊，2022，42 (6)：35，46.

⑥ 陈卫. 中国人口负增长与老龄化趋势预测 [J]. 社会科学辑刊，2022 (5)：134.

瑶，2021①），尤其是未来全国和分省层面人口规模、人口结构、人口自然变动等的长期发展趋势的理论研究还比较欠缺。

另外，妇女总和生育率和生育政策调整的研究聚焦于适度生育率的探讨。尹文耀和徐天琪从经济适度人口的角度，研究了浙江省达到高收入国家人均国内生产总值同等水平时的人口发展方案，提出为了兼顾人口总量适度与人口结构合理，浙江省应逐步提高总和生育率，到21世纪五六十年代，普遍实行一对夫妻生育两个孩子。②

穆光宗认为，中国已掉入"超低生育率陷阱"，面临着新人口危机，应对这一危机，中国需要以"适度生育率"或者"近更替水平生育率"，即将总和生育率1.8~2.5作为人口生育政策目标。③

原新从人口长期均衡发展的角度论述生育政策调整，目前生育政策已从单一计划经济领域拓展到人口与经济社会协调发展领域，为了促进人口内部均衡，总和生育率必须保持在2.08左右，2022年后的未来30年全国总和生育率宜保持在1.8左右，过高或过低均不利于人口与经济社会相协调，"三孩"政策是促进实现适度生育水平的必然选择。④

原新和刘旭阳从人口均衡发展视角出发，设计总和生育率渐进提高方案2020年总和生育率为1.30，2021—2025年分别保持或提升至1.30、1.50、1.80、2.08和2.35，并一直保持不变至2300年，由此进行中国人口长期均衡发展模拟发现，促进人口长期均衡发展要在实现静止人口的道路上循序渐进，在短期和中期内，设法将生育率水平从现在的1.30提升到1.80，形成人口规模缓慢下降的趋势和人口老龄化水平缓速增长的局面，远期内要继续推动生育率从适度水平进一步增至更替水平2.00~2.10。⑤

陈卫基于七普数据，设总和生育率分别为1.0、1.3、1.6、2.1和2.25，预测了2020—2100年的人口发展趋势，发现如果中国在21世纪保持1.3的总

---

① 王军，周思瑶. 中国人口长期发展战略与未来人口政策选择 [J]. 青年探索，2021 (1)：42.

② 尹文耀，徐天琪. 浙江省21世纪适度生育率研究 [J]. 浙江社会科学，1998 (1)：41.

③ 穆光宗. 人口优化理论再探：新人口危机和国家安全 [J]. 北京大学学报：哲学社会科学版，2015 (4)：111.

④ 原新. 论优化生育政策与促进人口长期均衡发展 [J]. 广州大学学报：社会科学版，2022，21 (4)：117–118.

⑤ 原新，刘旭阳. 促进人口均衡发展的长周期思考 [J]. 学海，2021 (4)：41，45.

和生育率，则 21 世纪中叶人口增长率为 -1%，21 世纪末达到 -1.6%，21 世纪末总人口降到 6.5 亿。如果总和生育率保持在 2.25，中国人口到 21 世纪末为 14.95 亿。可见，实行三孩政策为追求和实现适度低生育率提供了足够的回旋空间。[①]

上述研究多侧重于考虑人口规模与总和生育率的关系，并未确定未来人口发展目标，未在负增长趋势下综合考虑与经济社会、资源环境多维因素均衡协调的中国适度人口规模与总和生育率的量化关系，对生育率研究的方案假设并未全面涵盖妇女生育水平未来所有的可能趋向。因此，亟须明确未来宏观经济社会、资源环境等因素影响下的中国人口发展目标，根据人口发展目标，才能进一步确定未来总和生育率调控方案，达到人口调控效果。

本书根据人口预测理论、人口控制理论、灰色理论、多目标决策等基础理论与方法，顺应理论与实践的需要，进行中国人口负增长发展趋势、主要影响、负增长下的适度人口规模及相应的生育调控对策的相关研究，梳理国内外人口转变与人口负增长的发展历程、趋势特征，厘清预测期间全国和分省层面人口转变的趋势、水平、过程，辨析我国人口负增长对经济社会发展的影响，探求多因素综合影响下的 2050 年中国适度人口规模；将其作为 2050 年我国人口发展目标，优选生育方案并明确生育率的"警戒线"，进而提出调控生育水平的相关对策；以完善理论界对"第二次人口转变"下的中国人口负增长的水平、阶段、特征、影响的认识，也为促进出台提振生育水平的政策提供参考借鉴。

三、理论基础

本书研究的理论基础主要包括人口转变理论、人口预测理论、灰色系统理论、人口控制理论、马克思主义适度人口理论、多目标决策理论等。

---

① 陈卫. 中国的低生育率与三孩政策：基于第七次全国人口普查数据的分析 [J]. 人口与经济，2021 (5)：27, 32 - 33.

第二节 主要概念、数据来源与研究方法

一、主要概念界定

本书中涉及的主要概念界定如下。

人口负增长。人口负增长是指由出生、死亡和迁移导致的某个国家或地区人口数量减少。可分为外生性、内生性两种。外生性人口负增长，是指出现外生事件如自然灾害、战争等导致死亡水平异常升高造成的人口数量减少，待外生事件冲击过后，死亡率会恢复到正常水平，人口负增长一般不会长久持续；内生性人口负增长，是由持续低迷的生育水平和逐渐提高的平均预期寿命导致的人口数量减少，只要生育率不能回升并保持在生育更替水平之上，人口负增长就将是长期且不可逆转的趋势。

中国人口发展趋势。中国人口发展趋势是指由生育、死亡、迁移的未来变动，所导致的我国人口规模、人口结构、家庭规模等的变动趋势。本书中的中国人口发展趋势包括全国和31个省（市、区）的人口规模、人口结构、家庭规模等的变动趋势。

中国适度人口规模。中国适度人口规模是指能充分协调经济社会发展、社会福利、生态环保、人口内部动态发展四者要求下的人口规模。不同发展要求下所需的适度人口规模大小不同：经济社会发展要求下的中国适度人口规模要能增强国家的经济实力和国际竞争力；社会福利要求下的中国适度人口规模应能满足人民在吃、住等方面的福祉要求；生态环保要求下的中国适度人口规模应能遏制高耗能、推进绿色发展；人口内部动态发展要求下的中国适度人口规模应能促进维持适度生育水平并积极应对人口老龄化。

中国适度人口规模目标。中国适度人口规模目标是实现经济社会发展、社会福利、生态环保、人口发展相协调的人口发展目标。中国适度人口规模目标是中国未来发展目标战略的组成部分，必须与国家长远发展战略较好地匹配，确定好中国适度人口规模目标，才能最终实现中国发展目标战略。本

书中根据研究的需要，将 2050 年中国适度人口目标划分为最优适度、理想适度、优良适度、中等适度、基本达标五种类型，预测 2050 年我国人口总量将可落在优良适度人口规模、中等适度人口规模或基本达标人口规模区间内。

中国适度人口规模目标下的生育水平。是中国人口总量达到一定的适度人口目标时所对应的妇女总和生育率水平。妇女总和生育率是达到适度人口规模目标的关键。

二、数据来源与研究方法

（一）数据来源

本书所用的中国数据来源为 2000—2020 年全国人口普查、历年中国统计年鉴、《中国人口和就业统计年鉴 2023》、《中国农业展望报告（2023—2032)》、国家统计局关于历年粮食产量数据的公告、《国家人口发展规划（2016—2030 年)》、《全国水资源综合规划》、《"十四五" 节水型社会建设规划》、《中国水资源公报》、《IFF2023 年全球金融与发展报告》、世界银行的《中国经济简报》、《全国土地利用总体规划纲要（2006—2020 年）调整方案》、第三次全国国土调查、《城市用地分类与规划建设用地标准》（GB 50137—2011）、《镇规划标准》（GB 50180—2007)、国家能源局的能源数据、《2020 年我国卫生健康事业发展统计公报》、《2022 年〈中国儿童发展纲要（2021—2030 年)〉统计》、党的十八大以来经济社会发展成就系列报告等。

分析中涉及的人口负增长国际比较的数据和美国、印度等国家的人口数据来自《世界人口展望 2022》、世界银行网站、美国人口普查数据以及《全球主要国家人口预测报告 2023 版》等。

（二）主要研究方法

本书采用定性与定量相结合的方法进行研究。使用文献分析法归纳整理国内外人口负增长的相关文献资料，归纳各国应对人口负增长的经验；用灰色预测模型结合队列要素人口预测方法构建了中国人口预测系统，进行全国和分省层面的人口负增长趋势预测；用多目标决策理论的"可能—满意度"方法，测度 2050 年中国适度人口规模区间，提出人口发展目标；用中国人口发展过程数学模型模拟不同的总和生育率方案下的人口规模，根据人口控制理论，在优良适度的人口规模目标下优选生育方案，明确总和生育率的警戒水平。

第三节　主要研究内容与创新

一、主要研究内容

本书的主要研究内容包括：用人口转变理论阐述人口负增长是人口发展的客观规律；分析国内外人口转变的历程、现状，进行人口负增长的分析比较；预测 2025—2050 年全国和 31 个省（市、区）人口发展趋势，为制定科学的人口发展目标提供数据基础；辨析人口负增长对经济社会、资源环境带来的机遇和挑战；研究 2050 年在经济社会、资源环境等多重因素影响下能与国家经济社会发展长期规划相适应的中国适度人口规模目标；探索达到中国适度人口规模目标的总和生育率优选方案和生育率警戒水平；综合国外应对人口负增长的经验以及上述研究成果，提出应对我国人口负增长的对策建议。拟分八章进行研究。

二、主要创新与不足

本书致力于在如下方面有所创新：

第一，构建人口预测模型，通过定量预测，明确 2025—2050 年全国和分省层面的人口负增长程度与水平，中国人口总体规模将从约 13.97 亿人减少到约 12.56 亿人，21 个省（市、区）将会呈现人口自然变动负增长趋势，呈现负增长的省（市、区）的人口总量占全国人口规模的 74.36%。

第二，运用多目标决策法，量化测算了负增长趋势下 2050 年中国适度人口规模。综合考虑民生福祉、经济社会可持续发展、人口发展多个维度的因素，量化测度了 2050 年中国适度人口规模约为 11.70 亿~12.56 亿人，届时人口规模将处于优良适度规模的区间。

第三，辩证地分阶段分析人口负增长的影响。根据预测结果，提出 2025—2045 年我国的人口负增长将处于"近期阶段"；其后将进入人口负增长的"远期阶段"。不同阶段的人口负增长对经济社会、资源环境等方面的影响可能不同。

第四，运用人口控制论和人口发展数学模型，提出为实现 2050 年中国适度人口规模，守牢 11.70 亿人的人口规模底线，预测期间总和生育率的警戒线为 0.9，该方案使人口自然增长率相对较高，人口老龄化程度相对较轻。

第五，针对各省（市、区）在人口发展的差异，根据本书总和生育率加权指数的测算值，提出分"五类地区"提高生育水平的方案。各地因地制宜，将"一刀切"人口生育政策转变为差异化的人口生育政策，分地区、分阶段地逐渐提升生育率，由此，分类靠近适度人口规模目标的生育水平。

本书的主要不足：

一是数据来源中的某些数据可能存在统计口径不同所致的差异，数据质量可能影响模型模拟、预测的准确度。

二是国内人口负增长出现于 2022 年，时间不长，人口负增长的长期影响尚未完全显现，关于中国人口发展趋势的影响分析，有待长期观察和不断完善。

三、研究路径

本书研究路径如图 1-1 所示。

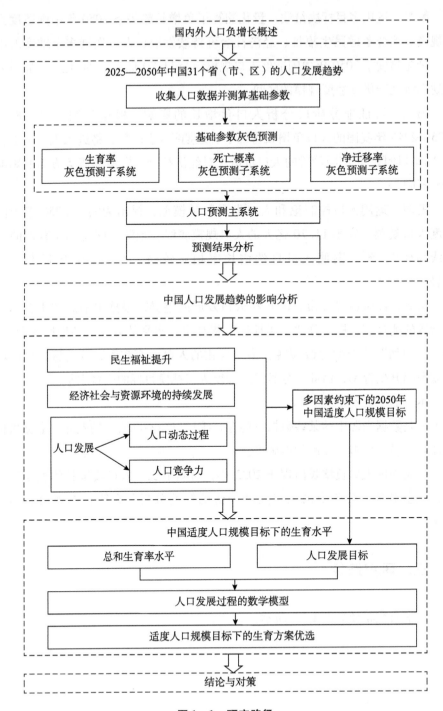

图1-1 研究路径

第二章　人口负增长概述

人口发展趋势必然依据人口转变的客观规律。本章拟概述人口转变与人口负增长的相关理论、国内外人口负增长现状，并进行人口负增长的国际比较。

第一节　人口转变规律与人口负增长

一、人口转变理论

人口转变是指人口再生产模式从高水平的人口均衡向低水平人口均衡的转变。人口转变理论是描述总结人口再生产模式变动过程规律与趋势的理论。最早由 W. W. 汤姆逊提出，后经 A. 兰德里、F. 诺特斯坦等完善形成。

人口转变理论归纳了工业革命以来世界各国人口再生产类型转变的共性规律：人口再生产终将由高出生率、高死亡率和低自然增长率的模式逐步转变为低出生率、低死亡率和低自然增长率的模式。依据人口转变理论，人口再生产有三种模式，其转变要经历三个阶段。

第一个阶段，传统人口再生产的模式。从原始农业社会到工业革命以前，以高出生率、高死亡率和较低的人口自然增长率为基本特征，人口规模缓慢地增长。

第二个阶段，过渡型人口再生产模式。该阶段的人口再生产以高出生率、低死亡率和高自然增长率为基本特征。随着工业革命之后经济社会的发展和城镇化的推进，人们的生活水平逐渐提高，疾病防控能力不断增强，传统人口再生产模式逐渐变为过渡型人口再生产模式，部分率先进入工业化阶段的欧洲国家人口死亡率大幅度下降，从约 40‰~45‰ 下降至约 7‰~10‰，同时，人口出生率保持在 40‰ ~ 50‰ 的高水平，人口自然增长率提高，带来历史性的人口增长浪潮，不考虑欧洲迁移至世界其他地区的欧洲移民，欧洲人口从 1750 年约占全球总人口的 15%，跃升至 1900 年约占全球总人口的 25%；① 二战结束后，发展中国家人口再生产类型也逐渐向过渡型人口再生产模式转变，随着工业化和城镇化的发展，人们的生活水平提高，医疗卫生条件不断改进，亚洲、非洲、拉美人口死亡率大幅度下降，人口出现爆炸式的增长，1950 年，亚洲、拉丁美洲和非洲的人口约占同年世界人口的 68.32%，到 2000 年，三大洲的人口约占同年世界人口的 72.82%②。

第三个阶段，现代型人口再生产模式。现代型人口再生产模式出现在高度发达的资本主义国家，以低出生率、低死亡率和低自然增长率为基本特征。该阶段出生率一般在 15‰ 以内，死亡率通常维持在 10‰ 以内，人口自然增长率在 5‰ 以内。这个阶段呈现出人口开始出现零增长并围绕零增长徘徊波动，进而转变为人口负增长的发展趋势。欧洲进入现代型人口再生产模式后，其人口占全球人口的比重从 1950 年的 12.16% 下降至 2000 年的 10.92%；③ 欧亚一些国家的出生人口接近或者略低于死亡人口，人口出现向负增长转变的趋势。"低出生率、低死亡率、低自然增长率"的阶段属于后人口转变阶段，各国面临的共性问题包括生育率持续低迷与死亡率下降引起的老龄化问题、大规模的移民问题与人口家庭问题等。

二、人口负增长理论

人口数量发展趋势包括人口的正增长、零增长、负增长趋势，人口负增长是人口转变的结果之一。某个国家的人口数量发展趋势除国际人口迁移和死亡的影响外，取决于该国家的生育水平。

总和生育率是度量一国生育水平的主要指标，某个国家的总和生育率是指一名妇女如果像统计年那样度过她的生育期，她一生可能生育的子女

---

① Cipolla, C M. The economic history of world population [M]. Harmondsworth：Penguin, 1970.
② United Nations. World Population Prospects 2022 [EB/OL]. (2022 – 07 – 14) [2023 – 08 – 21]. https：//population. un. org/wpp/.
③ 同②。

数。① 只有当该国的总和生育率达到并保持在更替水平之上，妇女生育子女的数量才能替代他们本身以及他们的伴侣，才有可能保持国家人口的正增长。人口学家们在综合考虑相关统计因素后，将总和生育率的更替水平设定为 2.1。

在不考虑国际人口迁移影响的情况下，若某个国家的总和生育率能持续保持在 2.1 的更替水平之上，其人口将呈现正增长趋势；若某个国家的总和生育率持续低于 2.1 的更替水平，经历了人口正增长的惯性期后，人口总量将达到峰值，逼近零增长上下波动，转而进入人口负增长趋势。只要生育率持续维持在更替水平以下，人口的峰值处即为人口负增长的转折处，之后，人口数量就必然会出现持续性负增长。由此，人口负增长就将是常态化且不可逆转的趋势，这是由人口转变的客观规律决定的。

第二节　国内外人口负增长的现状

一、中国的人口转变与人口负增长

（一）1949—2000 年的中国人口转变

1949—2000 年，我国人口经历了如下人口再生产的模式转变。

1. 过渡型人口再生产模式

1949—1970 年，我国的人口再生产进入人口转变理论的第二个阶段。除饥荒、瘟疫等特殊时期外，我国人口总量一直保持正增长。20 世纪 60—70 年代，中国人口发展趋势呈典型的快速正增长，人口从 1949 年的 5.4167 亿增长到 1970 年的 8.2992 亿。此间的人口出生率维持在较高的水平，基本保持在 30‰～40‰；人口死亡率的下降速度较快，从 1949 年的 20‰下降到 1970 年的 8‰以下，呈现典型的人口转变论中的过渡型人口再生产模式的低死亡率特征；人口自然增长率迅速提高，少儿人口总量快速增长，占总人口的比重从 1953

---

① 佟新. 人口社会学 [M]. 北京：北京大学出版社，2000.

年第一次全国人口普查（以下简称一普）时的 36.28% 增长到 1964 年第二次全国人口普查（以下简称二普）时的 40.69%，15~59 岁劳动适龄人口占总人口的比重则相应下降，从一普时的 56.4% 下降到二普时的 53.18%，全社会抚养压力不断增大。

2. 现代型人口再生产模式

1970—2000 年，我国人口再生产模式向"低出生率、低死亡率、低人口自然增长率"转变，人口从 1970 年的 8.2992 亿增长到 2000 年的 12.6743 亿。此阶段的特征是：人口出生率下降速度较快，人口死亡率与人口自然增长率下降并稳定在较低水平。我国人口出生率由 1970 年的 33.6‰ 下降到 2000 年的 14.03‰，人口死亡率由 1970 年的 7.6‰ 下降到 2000 年的 6.45‰，人口自然增长率由 1970 年的 26‰ 下降至 2000 年的 7.58‰。少儿人口占总人口的比重逐渐减少，劳动适龄人口占总人口的比重逐渐上升，由 1964 年的 53.18% 上升至 2000 年的 66.78%，全社会的抚养负担逐渐下降。劳动适龄人口规模增长和社会抚养负担下降形成人口红利，为国民经济积累较高的储蓄并转化为投资创造了条件，由此助推了中国经济的高速增长。

（二）2000 年后的中国人口转变

2000 年至今，我国人口在"低出生率、低死亡率、低人口自然增长率"现代型人口再生产模式阶段运行，总和生育率、出生率、死亡率、自然增长率都发生了很大变化。

1. 中国总和生育率呈现下降趋势

中国从 1971 年开始全面开展了计划生育，1978 年以后计划生育成为我国的一项基本国策，受计划生育政策的影响，中国总和生育率很快从 1970 年的 5.8 降到 1980 年 2.24，接近生育率更替水平；自 20 世纪 90 年代初，中国的总和生育率已降到 2.1 以下；根据 2000 年第五次全国人口普查（以下简称五普）统计的数据计算的总和生育率为 1.22；根据 2010 年第六次全国人口普查（以下简称六普）统计的数据计算的总和生育率为 1.19；我国自 2016 年 1 月 1 日起开始实行二孩政策，受此政策影响，总和生育率有所提高，2020 年七普公布的总和生育率为 1.3 [但全国有 15 个省（市、区）的总和生育率低于 1.3，最低者的总和生育率仅为 0.74，详见表 2-1]；2021 年 5 月 31 日开始实行三孩政策，但三孩政策对总和生育率刺激效应似乎并不明显，2021 年的总和生育率继续降低至 1.15；2022 年的总和生育率降至 1.1 以下。

表 2 - 1　2020 年全国 31 个省（市、区）总和生育率

总和生育率小于等于 1.3 的省（市、区）		总和生育率大于 1.3 的省（市、区）	
省（市、区）	总和生育率	省（市、区）	总和生育率
上海	0.740	湖南	1.343
黑龙江	0.758	福建	1.378
北京	0.868	安徽	1.387
吉林	0.879	广东	1.362
辽宁	0.916	江西	1.407
天津	0.921	河南	1.412
江苏	1.038	山东	1.431
浙江	1.044	海南	1.551
新疆	1.055	青海	1.589
陕西	1.164	云南	1.605
湖北	1.170	宁夏	1.672
重庆	1.188	甘肃	1.685
内蒙古	1.189	西藏	1.927
山西	1.223	广西	1.936
四川	1.230	贵州	2.119
河北	1.300		

资料来源：根据《中国人口普查年鉴 2020》的长表数据资料中 6 - 4 各地区育龄妇女总和生育率整理。

人口学家通常认为，总和生育率低于 2.1 这个更替水平便属于低生育率，低于 1.5 属于很低生育率，低于 1.3 则为极低生育率。[①] 表 2 - 1 反映，2020 年我国已有 15 个省（市、区）的总和生育率低于 1.3，处于极低生育率水平。

2. 出生率、死亡率、自然增长率变化

我国人口出生率随总和生育率降低持续下降，2000 年我国人口出生率为 14‰，之后波动下降至 2023 年的 6.4‰；人口死亡率缓慢上升，从 2000 年的 6.4‰增长到 2023 年的 7.9‰；人口自然增长率随总和生育率和死亡率相应变化，从 2000 年的 7.6‰降至 2021 年的 0.3‰，一年间陡降了 7.3 个千分点，之

---

① 蔡昉. 人口负增长时代：中国经济增长的挑战与机遇 [M]. 北京：中信出版集团，2023.

后转为负值，2022 年为 –0.60‰、2023 年为 –1.48‰。

3. 人口负增长出现

综上分析，自 1991 年中国总和生育率降至 1.93、跌破 2.1 的更替水平开始，人口负增长就初露端倪，当年上海已有 7 个区出现户籍人口自然变动负增长。我国在低生育率、很低生育率状态下持续波动下降三十余年，时至今日，更是降到极低生育率水平，人口出生率持续下降与人口死亡率持续上升相伴而行，且出生率低于死亡率，人口正增长惯性已消耗殆尽。我国人口从 2000 年的 12.6743 亿缓慢增长到 2020 年的 14.1212 亿，用了 20 年的时间仅增加了约 1.447 亿人；2021 年达到人口峰值 14.1260 亿；人口零增长是人口正、负增长趋势之间的过渡，中国 2021 年人口总量较 2020 年净增加 48 万人，2022 年人口总量较 2021 年净减少了 85 万，因此，可以认为 2021—2022 年中国人口处于零增长阶段；2022 年出现了 1961 年自然灾害后六十余年来首次人口下降，年末全国出生人口 956 万，死亡人口 1041 万，人口总量降至 14.1175 亿，完成了人口正增长向人口负增长的转变，开启了人口负增长趋势，根据 2023 年中国统计年鉴公布的数据分析，2022 年全国已有 16 个省市区经历了人口负增长，其中，有 7 个省市区人口负增长已持续 6 年以上；2023 年末中国人口继续降至 14.0967 亿，比 2022 年末再减少 208 万人，延续人口负增长趋势。

由于中国人口规模庞大，国际人口迁移影响微乎其微，因此，中国的人口变动是出生与死亡两者综合作用的结果，若我国的总和生育率不能回升到在 2.1 更替水平之上并持续保持住，这种内生性的人口负增长就不可逆转，中国人口发展就将呈现长期性、稳定性、常态化的负增长趋势。

二、国外人口转变与人口负增长

（一）国外的人口转变

21 世纪以来，世界各国都已经历或正在经历从高出生率、高死亡率向低出生率、低死亡率的过渡，但发达国家与发展中国家人口转变过渡的时间不同。

1. 发达国家的人口转变

发达国家已基本完成人口转变。以英国为例，1701—1991 年，英国走完

了人口转变的全部过程，英国人口的死亡率于 18 世纪后的工业革命初期开始
下降。此后的一百年间，英国人口的生育率持续下降。到 19 世纪末，生育率
和死亡率均下降到很低的水平，历经 290 年才完成了由高出生率、高死亡率和
低自然增长率的类型向低出生率、低死亡率和低自然增长率类型的转变。其他
发达国家的人口转变历程基本与英国一致。

2. 发展中国家的人口转变

与发达国家自发的人口转变过程不同，发展中国家的人口转变比发达国家
迅速，其转变的历程可分为如下阶段：

发展中国家的第一次人口转变，始于 19 世纪后半叶至 20 世纪前半叶，二
战后，发展中国家脱离了西方殖民或半殖民的统治，政治独立、经济发展、现
代医学和公共保健水平不断上升，死亡率从 30‰ ~ 40‰迅速下降到 7‰ ~
10‰。同时，人口出生率一直到 20 世纪 70 年代之前均维持在较高水平，各国
都出现了人口增长的浪潮。

发展中国家的第二次人口转变是从 20 世纪 70 年代到 20 世纪末，生育率
下降，但生育率下降的速度滞后于死亡率下降的速度。总和生育率快速下降，
其中亚洲和拉美的总和生育率下降最快，中东和北非的总和生育率下降较慢。

至 2020 年，全球所有国家和地区要么已完成人口转型，要么正处于转型
的过程中。世界人口增长速度持续放缓。全球有 73 个国家 2010—2020 年的人
口增长率较前十年（2000—2010 年）下降，73 个国家中有 60 多个是发展中
国家。

（二）国外的人口负增长

世界人口规模最重要的决定因素是生育率，一旦国家的生育率持续低于更
替水平 2.1，在无国际人口迁入影响的情况下，这个国家或迟或早终会朝人口
规模负增长趋势发展。全球的总和生育率呈现下降趋势，总和生育率已从
1950 年的 5.0 降至 1980 年的 3.7，再降到 2000 年的 2.7，又持续降至 2020 年
的 2.4。[1]

2020 年联合国把全球各国分成了"最不发达国家""不含最不发达国家的

---

[1] Gu Danan, Kirill A, Matthew E. Major Trends in Population Growth Around the World [J]. China CDC weekly, 2021, 3 (28): 604 – 605.

欠发达国家""较发达国家"三组，测算出三组国家总和生育率的平均数分别为 4.02、2.16、1.51。联合国测算的总和生育率平均数显示，为数众多的欠发达国家平均总和生育率已逼近更替水平（其中有不少国家已低于更替水平）；较发达的高收入和中等以上收入的国家，总和生育率几十年以来一直低于更替水平（即每个妇女生育 2.1 个孩子），一些国家的总和生育率已降至极低水平，每名妇女生育的孩子甚至低于 1.5。这都逐渐积累着全球人口负增长惯性。

联合国发布的《世界人口展望 2022》① 报告指出，2020 年，世界人口的增长率已下降至 1% 以下，这是 1950 年以来增长最慢的时期。全球三分之二的人口生活在每名妇女的终生生育率低于 2.1 个孩子的国家或地区，即在长期低死亡率情况下实现人口零增长的生育水平。根据联合国发布的 2022 世界人口增长速度世界人口增长率排名，整理出 2022 年人口负增长的国家和地区，如表 2 - 2 所示。

表 2 - 2　2022 年人口负增长国家或地区的人口增长率　　（单位：‰）

国家或地区	增长率	国家或地区	增长率	国家或地区	增长率
乌克兰	- 183.5	格鲁吉亚	- 4.77	古巴	- 1.50
黎巴嫩	- 23.39	希腊	- 4.75	马提尼克	- 1.38
保加利亚	- 15.24	北马其顿共和国	- 4.72	德国	- 1.37
立陶宛	- 13.54	马尔代夫	- 4.36	黑山	- 1.37
拉脱维亚	- 11.16	阿尔巴尼亚	- 3.89	牙买加	- 1.14
塞尔维亚	- 11.14	圣皮埃尔和密克隆群岛	- 3.41	瓜德罗普	- 0.83
圣赫勒拿岛	- 10.42	圣文森特和格林纳丁斯	- 3.15	西班牙	- 0.74
美属萨摩亚	- 7.84	白俄罗斯	- 3.13	捷克	- 0.67
波斯尼亚和黑塞哥维那	- 7.74	意大利	- 2.78	韩国	- 0.51
维尔京群岛	- 7.54	阿鲁巴岛	- 2.39	圣马力诺	- 0.51
沃尔斯和富图纳群岛	- 7.00	爱沙尼亚	- 2.32	俄罗斯	- 0.27
克罗地亚	- 5.37	葡萄牙	- 2.21	中国香港	- 0.08
日本	- 5.27	亚美尼亚	- 1.98	中国	- 0.05
摩纳哥	- 5.05	百慕大	- 1.62		

资料来源：根据《世界人口展望 2022》整理。

---

① United Nations. World Population Prospects 2022 [EB/OL]. https://population. un. org/wpp/.

　　1985 年全球仅有 8 个国家和地区处于人口负增长状态；到 1992 年，经历人口负增长的国家和地区迅速增加到 26 个，直至新冠疫情暴发前，大体上稳定在这个数字。2021 年人口负增长的国家和地区数增加到 33 个[①]；如表 2 - 2 所示，2022 年全球 233 个国家和地区中，处于人口负增长状态的达到 41 个，已占全球国家和地区总数的比例约为 17.60%。从 1992 年到 2021 年近 30 年的时间，人口负增长的国家和地区数只增加了 7 个，而从 2021 年到 2022 年仅 1 年的时间，人口负增长的国家和地区数就增加了 8 个，显示人口负增长已成为全球范围内的趋势，并且正在加速。尤其是曾对全世界人口发展作出巨大贡献，且在 2022 年仍作为世界人口第一大国的中国进入了人口负增长趋势，这对世界人口发展的影响不言而喻。

　　上述 41 个国家或地区的人口负增长可分为间断性人口负增长、持续性人口负增长两种类型。

　　1. 间断性人口负增长

　　间断性人口负增长是指在某段时期中，人口正增长与人口负增长交替出现，人口发展呈现波动震荡状态。根据联合国《世界人口展望 2022》报告整理出间断性人口负增长部分国家 2000—2021 年的人口规模变动趋势，如表 2 - 3 所示。

表 2 - 3　2000—2021 年部分间断性人口负增长国家的人口规模变动趋势

（单位：亿人）

年份	波动减少人口		波动增加人口		
	日本	俄罗斯	捷克	德国	波兰
2000	1.267	1.471	0.102	0.816	0.383
2001	1.269	1.466	0.102	0.815	0.387
2002	1.272	1.459	0.102	0.815	0.387
2003	1.274	1.453	0.102	0.814	0.386
2004	1.276	1.446	0.103	0.813	0.386
2005	1.278	1.441	0.103	0.812	0.386
2006	1.278	1.435	0.103	0.812	0.386
2007	1.280	1.432	0.103	0.812	0.385

---

① 蔡昉. 人口负增长时代：中国经济增长的挑战与机遇 [M]. 北京：中信出版集团，2023.

年份	波动减少人口		波动增加人口		
	日本	俄罗斯	捷克	德国	波兰
2008	1.281	1.431	0.104	0.812	0.385
2009	1.281	1.431	0.104	0.812	0.385
2010	1.281	1.432	0.104	0.813	0.386
2011	1.281	1.433	0.105	0.814	0.386
2012	1.279	1.435	0.105	0.815	0.386
2013	1.278	1.438	0.105	0.816	0.386
2014	1.276	1.441	0.105	0.818	0.386
2015	1.274	1.444	0.105	0.820	0.386
2016	1.271	1.449	0.105	0.822	0.385
2017	1.269	1.453	0.105	0.825	0.385
2018	1.265	1.456	0.105	0.828	0.385
2019	1.260	1.457	0.105	0.830	0.385
2020	1.255	1.458	0.105	0.833	0.385
2021	1.249	1.455	0.105	0.834	0.384
变动幅度（%）	-1.42	-1.09	+2.94	+2.21	+0.03

资料来源：根据《世界人口展望2022》整理。

表2-3显示，间断性人口负增长部分国家2000—2021年的人口变动分为人口负增长和人口正增长两种情况，其中，日本、俄罗斯的人口于2021年呈现负增长；捷克、德国、波兰人口于2021年呈现正增长。由于人口负增长与正增长作用的相互抵消，无论正增长还是负增长，人口变动幅度较小，变动速度较慢，对人口发展的影响较为温和。间断性人口负增长的国家大多是发达国家。

2. 持续性人口负增长

持续性人口负增长是指在某段时期中，人口一直保持下降状态，呈现常态性、稳定性的人口负增长趋势。根据联合国《世界人口展望2022》报告整理出持续性人口负增长部分国家2000—2021年的人口规模变动趋势，如表2-4所示。

表 2－4　2000—2021 年部分持续性人口负增长国家的人口规模变动趋势

（单位：亿人）

年份	摩尔多瓦	立陶宛	波斯尼亚和黑塞哥维那	拉脱维亚	保加利亚	亚美尼亚	格鲁吉亚
2000	0.043	0.036	0.042	0.024	0.081	0.032	0.043
2001	0.042	0.036	0.042	0.024	0.081	0.031	0.042
2002	0.042	0.035	0.042	0.023	0.080	0.031	0.041
2003	0.041	0.035	0.042	0.023	0.079	0.031	0.040
2004	0.041	0.034	0.042	0.023	0.079	0.031	0.040
2005	0.040	0.034	0.041	0.022	0.078	0.031	0.040
2006	0.040	0.033	0.041	0.022	0.078	0.030	0.039
2007	0.039	0.033	0.040	0.022	0.077	0.030	0.039
2008	0.038	0.032	0.040	0.022	0.077	0.030	0.039
2009	0.038	0.032	0.039	0.021	0.077	0.030	0.038
2010	0.037	0.032	0.038	0.021	0.076	0.030	0.038
2011	0.036	0.031	0.038	0.021	0.076	0.029	0.038
2012	0.036	0.031	0.037	0.021	0.075	0.029	0.038
2013	0.035	0.030	0.036	0.020	0.075	0.029	0.038
2014	0.034	0.030	0.036	0.020	0.074	0.029	0.038
2015	0.033	0.030	0.035	0.020	0.073	0.029	0.038
2016	0.032	0.029	0.035	0.020	0.073	0.029	0.038
2017	0.032	0.029	0.035	0.020	0.072	0.029	0.038
2018	0.032	0.029	0.034	0.019	0.072	0.028	0.038
2019	0.031	0.029	0.034	0.019	0.071	0.028	0.038
2020	0.031	0.028	0.033	0.019	0.070	0.028	0.038
2021	0.031	0.028	0.033	0.019	0.069	0.028	0.038
人口降幅（％）	−27.91	−22.22	−21.43	−20.83	−14.81	−12.50	−11.63

资料来源：根据《世界人口展望 2022》整理。

　　表 2－4 显示，持续性人口负增长国家在二十余年中人口逐渐减少，累积的人口降幅较大，这些国家约占 2022 年处于人口负增长的 41 个国家或地区的八成以上。

　　综合考虑死亡率、生育率和迁移等因素，全球人口将在 2064 年达到峰值

90.73 亿，之后进入人口负增长阶段，世界人口将可能从峰值逐渐下降到 2100 年的 87.9 亿人[①]。

第三节　人口负增长的国际比较

本节分以下几方面进行中国人口负增长与其他国家或地区人口负增长的比较。

一、人口负增长的主要成因不同

国际上其他国家或地区的人口负增长基本基于军事、政治、经济、移民、医疗、社会保障、家庭观念、生育观念、生育成本、就业、个人价值实现、生活质量等因素变化的综合作用效应，由民众随本国的社会经济发展状况在没有政府人口政策干预的情况下自发转变生育观念和生育意念，自主选择节制生育降低生育水平形成（除日本外）。

与国际上生育水平降低是民众自发、自主选择形成不同，中国生育水平降低除上述诸因素的影响外，更主要的是因为国家生育控制政策的严格实行。从 1971 年开始全面实行计划生育，1978 年以后计划生育成为我国的一项基本国策。一家只生一个孩子的政策实行，使人口出生率由 1970 年的 33.6‰下降到 2000 年的 14‰，中国总和生育率很快从 1970 年的 5.8 降到 1980 年的 2.24，再降至 2000 年的 1.22；计划生育政策使我国在很低生育率状态下持续了几十年，并积蓄了巨大的人口负增长能量，尽管 2016 年 1 月 1 日起开始实行二孩政策，2021 年 5 月 31 日起开始实行三孩政策，却难在短期内提升我国的生育水平，至 2022 年我国的人口出生率继续下降到 6.77‰；总和生育率也持续降至 1.08[②]；人口自然增长率转为 −0.60‰，2022 年成为中国有史以来内生性人口负增长元年。中国人口负增长的转变中计划生育政策的影响作用显著。

---

① Stein E V, Emily G, Chun - Wei Y, et al. Fertility, Mortality, Migration, and Population Scenarios for 195 Countries and Territories From 2017 To 2100: a Forecasting Analysis for the Global Burden of Disease Study [J]. The Lancet, 2020, 396 (10258): 1285.

② 翟振武, 金光照. 中国人口负增长: 特征、挑战与应对 [J]. 人口研究, 2023, 47 (2): 11-14.

二、人口负增长转折经历的时间过程不同

较之国际上其他人口负增长的国家，中国人口从正增长向负增长转变的时间过程短得多。

一是中国完成人口转变的时间短。英国自 1701—1991 年完成从传统人口再生产模式（高出生率、高死亡率、低自然增长率模式）转向过渡型人口再生产模式（高出生率、低死亡率、高自然增长率模式），再转变为现代型人口再生产模式（低出生率、低死亡率、低自然增长率模式）的整个过程，耗时近 300 年，其他一些发达国家完成人口转变的全过程至少经历了百余年的时间；而中国从 1950—1999 年仅用 50 年时间就完成了传统人口再生产模式向现代型人口再生产模式的转变。

二是中国人口由正增长向负增长转折的时间短。人口由正增长转变为负增长即人口再生产从"低、低、低"模式转向"低、低、负"模式，通常需要一个过渡期（人口零增长期）。在这个过渡期内，人口自然增长率从 5‰（据"低、低、低"模式中的出生率 15‰以内、死亡率 10‰以内，计算得到自然增长率为 5‰）下降至零，而后转"负"。计划生育政策使我国的人口出生率、自然增长率在几十年的时间里骤降，我国于 2018 年的人口出生率为 10.86‰，死亡率为 7.08‰，自然增长率为 3.78‰，标志着人口增长进入由正转负的过渡期。2021 年人口自然增长率降至 0.34‰，2022 年人口自然增长率转为 −0.6‰，仅用了短短 4 年就过渡到人口负增长阶段。而相比之下，日本的这一过渡期长达 24 年，韩国长达 18 年。[1] 中国人口与发展研究中心副主任贺丹在分析中国人口零增长期时认为，当中国人口的变动规模逐步降低至 100 万以内，也就是出生人口和死亡人口相差 100 万的时候，就处在人口零增长区间，这一区间可能会延续 5 年甚至更长时间。[2] 而实际上，中国只有 2021 年的出生人口为 1062 万，死亡人口为 1014 万，人口规模仅略增 48 万人，按照贺丹的分析，中国经历人口零增长区域的时间仅为一年。

---

① 翟振武，金光照. 中国人口负增长：特征、挑战与应对 [J]. 人口研究，2023，47（2）：13.

② 贺丹. 全国政协委员、中国人口与发展研究中心主任贺丹：一孩太重要了，直接影响青年人养育体验和再生育决策 [EB/OL]．（2023 – 03 – 07）[2023 – 08 – 22]．https：//new. qq. com/rain/a/20230307A0AQFK00.

三、人口负增长发展的速度不同

中国在 2022 年极低生育水平下步入内生性人口负增长。由于实行计划生育政策五十多年来积蓄了巨大的人口负增长能量，预计中国人口负增长趋势的发展速度将较国际上其他国家和地区快得多，其主要原因如下。

其一，中国生育率水平远低于其他人口负增长国家。长期低生育率和预期寿命延长驱动的内生性人口负增长，生育率水平越低，人口负增长发展越快，人口规模缩减越迅猛。一方面，从总和生育率看，国际上已进入内生性人口负增长的国家虽然开始负增长的总和生育率都在更替水平 2.1 之下，但较我国 2022 年时 1.08 的总和生育率高得多。如匈牙利于 1981 年开始的内生性人口负增长，当时的总和生育率高达 1.87；德国于 1973 年步入人口负增长阶段时的总和生育率为 1.57；俄罗斯于 1994 年开始长期的人口负增长阶段，当时的总和生育率为 1.40；意大利 2014 年步入人口负增长时的总和生育率为 1.37；日本首次出现人口负增长时（2010 年）的总和生育率也达到 1.39；这些国家在驶入人口负增长轨道之后，总和生育率或升或降，但均很少跌至 1.2 以下。[①] 这些步入人口负增长时总和生育率比我国高的国家，人口负增长的发展都较为平缓，人口规模变化也较温和，如日本、俄罗斯从 2000—2021 年二十余年的人口降幅分别只有 −1.42%、−1.09%（见表 2 − 2）。

其二，我国育龄妇女人口规模持续减少。第五次人口普查数据显示 2000 年我国育龄妇女人数约为 3.497 亿。根据国家统计年鉴 2023 的相关数据计算，我国 2022 年育龄妇女人数已降至约 3.203 亿，2000—2022 年育龄妇女规模的降幅约为 8.41%，育龄妇女人口规模的持续缩减将影响生育水平进一步降低。在极低的总和生育率和持续缩减的育龄妇女规模双重作用下，我国新出生人口从 2018 年人口由正转负过渡期初的 1523 万人降至 2022 年的 956 万人，减少 567 万人，新出生人口降幅高达 37.23%，可见我国以极低生育水平步入人口负增长，其势头发展之迅猛。

其三，中国民众生育观念已发生较大转变。随着社会经济的发展，"多子多福"的理念发生改变，孩子从农业时代的"资产"逐渐变成了现代的"负

---

① 翟振武，金光照. 中国人口负增长：特征、挑战与应对 [J]. 人口研究，2023，47（2）：13 − 14.

债";结婚生育意味着面临高房价、高物价、高教育成本的生活压力;养育孩子所需的时间成本会影响甚至不得不放弃职业发展机会;女性已接受了更好的教育,被赋予了更多的权利,拥有更多的自主选择权;社会保障和社会福利的提升逐渐减少了养儿防老的必要性;政府及相关机构提供的生活服务已可替代相当部分的家庭责任,家庭亦不再是个人生存的必需;生育已经从传统的必需转变成个体的自主选择。如此种种伴随着低生育率而来的心理变化趋势几乎难以逆转,人们在抉择是否婚育时,往往会先理性地考虑财务稳定性和生活质量的潜在影响,导致越来越多的人选择推迟生育甚至放弃生育。在这种情形下,提高生育率的难度相当大。

其四,中国的国际移民较少。人口出生、死亡、迁移都影响着人口的发展。若无迁移因素,出生人口少于死亡人口将导致自然增长率为负数,即人口负增长;若有人口迁入,且迁入人口量大于出生人口与死亡人口之差,人口将仍呈现正增长。如德国自 1972 年以来,每年的出生人数均少于死亡人数,一直持续人口自然增长率为负值的状况,但德国一直接受移民,其人口增长率的负值情况得到缓解。根据德国联邦统计局的数据,2022 年有 2020 万移民居住在德国,比 2021 年多出 6.5%(2021 年德国有移民背景的人为 1900 万人),这一群体与德国人口的比例比 2021 年时上升了 1.3 个百分点,达到了 24.3%(2021 年时这一比重为 23.0%),这 2020 万有移民背景的人中,有 1530 万是在 1950 年后移民到了德国,其余 490 万人是这些移民在德国的直系后代。① 因接收大量移民,与 2000 年相比,2020 年的德国人口呈现正增长,国际移民有效地帮助德国在人口负增长的进程中偶尔出现正增长,弱化了负增长趋势。其他发达国家也因接受国际移民,使人口负增长趋势发展相对缓和。而中国的国际移民较少,外籍人口迁入的影响几乎可忽略不计,这使得中国内生性人口负增长趋势将会持续快速发展。

极低的生育水平、迟生少生不生的生育观念以及较少的国际移民,都将使中国人口负增长速度快于其他国家。

---

① 2023 年的德国,每四个人中就有一个有移民背景 [EB/OL].(2023 – 05 – 14)[2023 – 08 – 24]. http://news. sohu. com/a/675539816_121124334.

第三章 中国人口发展趋势预测

本章采用定性与定量相结合的研究方法，对 2025—2050 年中国人口负增长的程度及其结构变化趋势进行预测。首先，分析中国人口发展趋势的三大要素——生育、死亡、迁移的未来变动趋势；其次，运用队列要素人口预测方法，预测 2025—2050 年中国出生人口、死亡人口等的变动状况，由此得出预测期间中国人口规模与结构的发展趋势；最后，根据上述预测结果，分析预测期间中国出生人口、学龄前人口、学龄人口、育龄妇女、劳动适龄人口、老年人口等不同人口结构规模的未来变动趋势。

第一节 中国人口发展趋势构成要素

中国人口发展趋势由生育趋势、死亡趋势、迁移趋势三个要素构成。

一、生育趋势

出生人口规模在一定程度上取决于妇女生育模式以及总和生育率的发展趋势。

根据第五、六、七次人口普查中的全国育龄妇女年龄别生育率，绘制了 2000 年、2010 年、2020 年中国育龄妇女年龄别生育率变化趋动图，如图 3-1 所示。

由图 3-1 可以看出，2000—2020 年，中国妇女的生育趋势已由早育型向晚育型转变，且晚育趋势明显，具体表现在以下方面：第一，育龄妇女生育峰值趋于下降，由 2000 年的 114.49‰下降为 2010 年的 84.08‰，之后回升至 2020 年的 98.98‰，2010 年该指标取值仅为 2000 年的 73.44%，而 2020 年的指标取值是 2000 年的 86.45%，表明虽然生育峰值在 2000—2010 年显著下降后稍有回升，但整体降幅远大于升幅；第二，育龄妇女生育峰值所在年龄上升，由 2000 年的 20~24 岁上升至 2010 年的 25~29 岁，再升至 2020 年的 30~34 岁；第三，低龄组妇女生育峰值降低，而高龄组妇女生育峰值上升，2000—2020 年，20~24 岁组的育龄妇女总和生育率从 114.49‰下降到 55.22‰，30~34 岁组的育龄妇女总和生育率由 28.62‰上升至 65.05‰，35~39 岁组的高龄产妇总和生育率由 6.22‰上升至 26.91‰。

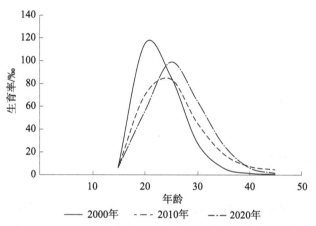

图 3-1　2000—2020 年中国育龄妇女年龄别生育率变动趋势

资料来源：根据第五、六、七次人口普查中的全国育龄妇女总和生育率数据整理。

二、死亡趋势

死亡人口规模在一定程度上取决于人口死亡率的发展趋势。根据第五、六、七次人口普查以及 2023 年中国统计年鉴中的死亡率数据，绘制了 2000—2020 年中国人口死亡率趋势图，如图 3-2 所示。

由图 3-2 可见，2000—2020 年，中国人口死亡率总体呈现波动上升趋势，可分为三阶段；第一阶段（2000—2003 年），人口死亡率小幅度波动下降，从 6.45‰下降至 6.40‰；第二阶段（2004—2011 年），人口死亡率骤然波动上升，从 6.42‰上升至 7.14‰，2011 年时为 2000—2020 年死亡率的峰值；第三阶段（2012—2020 年），人口死亡率在波动中小幅度下降，从 7.13‰下降到 7.07‰。

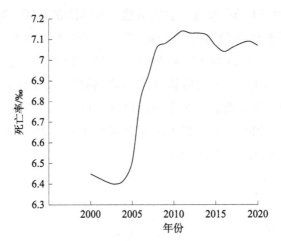

图 3 - 2 2000—2020 年中国人口死亡率趋势

资料来源：根据《中国统计年鉴 2023》2 - 2 人口出生率、死亡率和自然增长率整理。

三、迁移趋势

迁移人口规模在一定程度上取决于人口净迁移率的发展趋势。本书根据 2000—2020 年的中国历年年末总人口，计算并绘制中国人口净迁移率的趋势图，如图 3 - 3 所示。

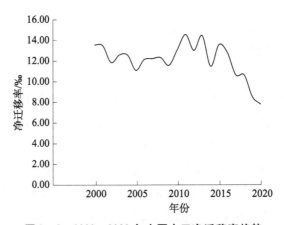

图 3 - 3 2000—2020 年中国人口净迁移率趋势

资料来源：根据《中国统计年鉴 2023》2 - 1 人口数及构成中"总人口（年末）"整理。

由图 3 - 3 可见，2000—2020 年中国人口净迁移率总体呈现波动下降趋势，可分为三个阶段；第一阶段（2000—2009 年），人口净迁移率小幅度波动下降，从 14 ‰下降至 12 ‰；第二阶段（2010—2011 年），净迁移率波动上升，从 13‰上升至 15‰，2011 年时为 2000—2020 年净迁移率的峰值；第三阶段（2012—2020 年），净迁移率再次波动下降阶段，净迁移率从 13‰下降到 8‰，下降趋势明显。

第二节 中国人口总量发展趋势预测

一、预测方法与预测系统

（一）主要预测方法

本书主要采用人口队列要素预测法和灰色预测方法进行中国人口总量发展趋势预测。

人口统计理论与人口变动的历史事实都表明，任何人口群体均有出生、死亡、迁移三大过程。根据已有人口总量、死亡、生育、迁移数据，假设预测区域未来某一时期分性别、分年龄组人口具有一定的变化率，通过设置人口生存概率、年龄别生育率、净迁移率，测算预测期末的人口死亡数、生育数与人口净迁移数，由预测期初的人口数加、减上述人口死亡数、生育数和人口净迁移数，测算预测期末的较高一个年龄组的人口数。这种方法将人口按性别和年龄组分为不同的队列，因此，称为人口队列要素预测法。

中国历次人口普查的人口总量、死亡、生育、迁移数据资料均采用 5 年期间的划分法，故本书采用 5 年期间的划分法，以 2020 年为预测期初，以 5 年为预测期间，以 2050 年为预测期末，以 5 岁为年龄组的单位，根据人口普查资料预测 2025 年、2030 年、2035 年、2040 年、2045 年、2050 年各年度分性别、分年龄组的人口数量规模。

人口预测是在掌握现有人口信息的基础上，按照一定的方法与规律测算人口系统未来的发展趋势，由此为决策者出台有针对性的人口政策提供基础依据。观察已有的普查资料和统计年鉴中的人口生育、死亡等数据的变化趋势，总和生育率的发展趋势受经济、文化、社会、生物等因素的综合影响;[①] 死亡水平的发展趋势受经济社会、自然资源、生态环境等因素的影响;[②] 人口迁移受人口受教育程度、经济因素、社会文化因素的影响;[③] 上述数据具有部分信息不确定性较大的特征,一般的预测模型适用于因变量与自变量之间具有确定函数关系的情况,为了排除不确定性因素对生育率、死亡率的影响,本书拟运用 GM (1, 1) 模型预测诸多因素影响和作用下的生育、死亡的演变趋势规律。

GM (1, 1) 模型的最大特点是适用于分析受诸多外部因素制约下的因变量的发展趋势,将这些影响因素称作灰因,考虑因变量在诸多灰因的作用下所具有的确定性的运行结果,这种确定性运行结果称为白果,白果是众多灰因综合作用的结果,通过分析因变量确定性的运行结果演变趋势,预测未来因变量的发展情况。GM (1, 1) 模型能针对性地分析经济社会、自然资源、生态环境、生物等因素共同影响下的人口总和生育率、人口死亡概率的变动趋势。

本章通过构建以人口队列预测法为主干的中国人口预测模型,采用 2000—2020 年国家统计局发布的人口总和生育率、死亡率、净迁移率等相关数据,用 GM (1, 1) 模型对上述生育率、死亡率数据进行预测,并用差值法修正调整预测误差,将测算调整得到的人口总和生育率、人口死亡概率、净迁移率数据作为预测参数,代入中国人口预测模型,进行 2025—2050 年中国人口总量与结构的变化趋势预测。

(二) 预测系统与步骤

本书的人口预测系统由一个主体预测系统和三个分支预测系统构成,如图 3-4 所示,此人口预测系统亦是本章的研究分析框架。

---

① 杨鑫, 李通屏, 魏立佳. 总和生育率影响因素实证研究 [J]. 西北人口, 2007, 28 (6): 60.

② 应奎, 李旭东. 中国人口死亡率空间格局演变及其影响因素 [J]. 世界地理研究, 2022, 31 (2): 442.

③ 段平忠, 刘传江. 中国省际人口迁移对地区差距的影响 [J]. 中国人口·资源与环境, 2012, 22 (11): 63-66.

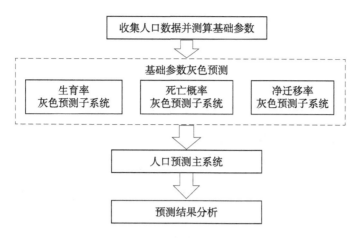

图 3 - 4 人口预测系统构成示意图

本章测算过程：第一步，收集 2000—2020 年的预测基础数据，包括人口总量、死亡、生育水平等数据，进行必要的预处理，测算死亡率、死亡概率、生存概率、净迁移率等基础参数；第二步，把总和生育率、死亡概率、净迁移率分别放入相应的生育率、死亡概率、净迁移率灰色预测子系统，用GM（1，1）模型对其进行灰色预测，并调整确定 2025—2050 年中国人口的生育、死亡与净迁移水平；第三步，将第二步得到的结果代入人口规模预测主系统，由人口队列要素预测模型预测全国人口规模与结构；第四步，得出测算结果、绘制各类图表，分析并得出结论。测算采用 Matlab 软件编程完成，并用 excel 软件绘制图表。具体步骤如下。

1. 准备基础数据

在进行人口预测之前，需确定预测所需的基础数据，包括七普中的全国分年龄、分性别的户籍人口与死亡人口，全国育龄妇女分年龄、孩次的生育状况，各地区分年龄、分性别的户籍人口和死亡人口，各地区育龄妇女年龄别生育率，等等，在检验上述基础数据的质量的基础上，测算预测所需基础参数。

2. 建立中国育龄妇女生育率灰色预测子系统

由于所能获取的生育率数据具有小数据、贫信息、不确定性大的特征，采用灰色预测模型 GM（1，1）预测 2021—2050 年中国总和生育率取值，按照 2020 年中国 15～49 岁的育龄妇女年龄别生育率，结合上述预测取值拟合得到 2021—2050 年育龄妇女年龄别生育率，拟合 15～49 岁的育龄妇女年龄别生育率的公式如下：

$$TFR_t = 5 \times \sum_{k=1}^{7} f_{10+5k}^t \qquad (3-1)$$

$$f_{10+5k}^{t+i} = \left(\frac{TFR_{t+i}}{TFR_t} \right) \times f_{10+5k}^t \qquad (3-2)$$

$$TFR_{t+i} = 5 \times \sum_{k=1}^{7} f_{10+5k}^{t+i} \qquad (3-3)$$

其中，TFR_t 为预测期初 t 的人口总和生育率，TFR_{t+i} 为预测期末 $t+i$ 的人口总和生育率，f_{10+5k}^t 表示 t 期组距 5 岁，下限为 $10+5k$ 的妇女年龄别生育率，k 取值 1 至 7；f_{10+5k}^{t+i} 为 $t+i$ 期组距 5 岁的 15 ~ 49 岁育龄妇女年龄别生育率，f_{10+5k}^{t+i} 的取值按照 $t+i$ 期的人口总和生育率与 t 期的总和生育率的比值乘以 t 期组距 5 岁，下限为 $10+5k$ 的妇女年龄别生育率。t 取值为 2020，i 的取值为 5，10，15，…，30，由此计算预测期 15 ~ 49 岁的育龄妇女年龄别生育率。

3. 建立中国人口死亡概率灰色预测子系统

根据七普数据的分年龄、分性别的死亡人口数，求得相应年份的分年龄、分性别死亡率，将死亡率转化为死亡概率，公式如下：

死亡与生存分析是人口预测的基本构成要素，人口死亡率与人口死亡概率、生存概率间存在紧密关联，设已经活到某一年龄 x 岁的一批人中，n 为年龄组的组距，分年龄的人口死亡率为 M_x^n，分年龄的人口死亡系数为 a_x^n，今后能继续存活至 $x+n$ 岁的人数占这一批人口总数的比例为生存概率 p_x^n，同一批人中在 x 岁至 $x+n$ 岁期间死亡的人口数占这一批人口总数的比例为死亡概率 q_x^n，则人口死亡率、死亡概率、生存概率之间满足如下条件：

$$q_x^n = \frac{M_x^n}{1 + (1 - a_x^n) * M_x^n} \qquad (3-4)$$

$$p_x^n = 1 - q_x^n \qquad (3-5)$$

人口统计实践和理论研究表明，出生人口的人口死亡系数低于其他年龄组人口，本书中假设 0 岁组人口死亡系数 a_x^n 取值为 0.09，其他年龄组取值为 0.5，按人口死亡系数取值 0.5 计算 2000—2020 年历年全国人口死亡概率，按死亡系数取值 0.09、0.5 计算 2020 年全国分年龄、分性别的人口死亡概率，再根据上述公式求得人口生存概率。

针对死亡概率数据特征，用灰色预测模型 GM（1，1）测算 2021—2050 年中国人口死亡概率，由此求得 2021—2050 年中国人口生存概率。

4. 建立中国人口净迁移率灰色预测子系统

随着时间的推移，一定总量的人口除了由出生、死亡导致人口总量增减，还会由人口迁移导致总量增减。人口迁移是人口总量预测中的重要因素，用净迁移率衡量迁移对人口总量的影响。用人口队列分析的同批人生存概率前进法计算2000—2020年全国人口净迁移率[①]，前进法是假设每年度净迁移发生在每年人口调查之前，将测得的2000—2020年全国人口净迁移率代入灰色预测模型测算2021—2050年全国净迁移率。

本书以2000—2020年历年年末总人口数据和上文求出的人口生存概率测算人口净迁移率。计算公式如下：

假设 P_x 为 x 岁的期初人口数量。P_{x+i} 为 i 年末的人口数量，M_x 为 x 至 $(x+i)$ 岁的人口净迁移数量，l_x 为 i 年间的生存概率，m_x 为 i 年间的人口净迁移率，则：

$$m_x = M_x/P_x = \frac{P_{x+i} - P_x \times l_x}{P_x} \tag{3-6}$$

为简化运算，本书在人口预测系统中的分性别净迁移率均采用总体人口净迁移率。

5. 建立中国人口预测主系统

（1）预测参数

设 t 年为预测期初（$t=2020$），预测参数设置如下：

$M_{x,t}$ 代表 t 年全国 x 至 $x+4$ 岁年龄组的男性人口；$F_{x,t}$ 代表 t 年全国 x 至 $x+4$ 岁年龄组的女性人口，$x=0$，5，10，…，75，80；$M_{85,t}$ 以及 $F_{85,t}$ 代表85岁及以上的高龄男性人口、高龄女性人口。B_t 代表 t 年至 $t+5$ 年间的出生人口；r 代表出生性别比，本书假设预测期间出生性别比为2020年七普人口出生性别比 $r=1.112$；B_t^m 代表全国 t 至 $t+5$ 年间出生的男性人口；B_t^f 代表全国 t 至 $t+5$ 年间出生的女性人口；$p_{x,t}^m$ 代表 t 年 $x-5$ 岁至 $x-1$ 岁的男性人口存活到 $t+5$ 年并成为 x 至 $x+4$ 岁组人口的生存概率；$p_{x,t}^f$ 代表 t 年 $x-5$ 岁至 $x-1$ 岁的女性人口存活到 $t+5$ 年并成为 x 至 $x+4$ 岁组人口的生存概率；$b_{x,t}$ 代表 t 至 $t+5$ 年间 x 至 $x+4$ 岁妇女的生育率；$m_{x,t}$ 是 t 年 $x-5$ 至 $x-1$ 岁年龄组的人口到 $t+5$ 年成为 x 至 $x+4$ 岁人口的净迁移率。

---

① 王桂新. 区域人口预测方法及应用［M］. 上海：华东师范大学出版社，2000.

（2）预测模型

按照上述参数设置 t 年的人口基数，$t+5$ 年时，全国分年龄的人口规模预测模型如下：

$$M_{x,t+5} = \left(p^m_{x,t} + m_{x,t}\right) \times M_{x-5,t}, 5 \leqslant x \leqslant 80$$

$$F_{x,t+5} = \left(p^f_{x,t} + m_{x,t}\right) \times F_{x-5,t}, 5 \leqslant x \leqslant 80$$

$$B_t = \sum_{x=15}^{49} \left(F_{x,t} + F_{x,t+5}\right) \times b_{x,t} \times 2.5$$

$$B^m_t = B^i_t \times \left(\frac{r}{100+r}\right)$$

$$B^f_t = B_t - B^m_t$$

$$M_{0,t+5} = \left(p^m_{0,t} + m^m_{0,t}\right) \times B^m_t$$

$$F_{0,t+5} = \left(p^f_{0,t} + m^f_{0,t}\right) \times B^f_t$$

$$M_{85,t+5} = \left(p^m_{85,t} + m_{85,t}\right) \times \left(M_{80,t} + M_{85,t}\right)$$

$$F_{85,t+5} = \left(p^f_{85,t} + m_{85,t}\right) \times \left(F_{80,t} + F_{85,t}\right) \tag{3-7}$$

（3）预测步骤

第一步，根据 t 年的分年龄、分性别人口，按照上文 GM（1，1）灰色预测求得 2021—2050 年的总和生育率、死亡概率与净迁移率计算 $t+5$ 年的分年龄、分性别人口。

第二步，用 t 年女性人口数和 $t+5$ 年预测的女性人口数，测算 t 至 $t+5$ 年 15~49 岁的分年龄育龄妇女人数。

第三步，用灰色预测得到的 $t+5$ 年育龄妇女年龄别生育率乘以 t 至 $t+5$ 年 15~49 岁的分年龄育龄妇女人数，计算这批人在 t 至 $t+5$ 年的出生人数。

第四步，由 t 年的出生人口男女性别比，结合 $t+5$ 年预测的出生人数，求 $t+5$ 年分性别出生人口数。

第五步，根据灰色预测模型的死亡概率、生存概率、净迁移率与上述预测得到的分性别出生人口数，计算 2025 年 0~4 岁的分性别人口数。

第六步，综合前述五步，得出 $t+5$ 年的分年龄、分性别户籍人口数等预测结果。

以 $t+5$ 年为预测期初，得出 $t+10$ 年的分年龄、分性别户籍人口数等预测结果，由此依次预测 2025—2050 年的中国户籍人口规模与结构。

二、确定基础数据

人口预测所需的基础数据主要包括预测期初人口总量、预测期间人口死亡率与死亡概率、生存概率、人口生育水平、人口净迁移率等。

（一）预测期初人口总量

根据人口队列要素预测法进行全国人口规模预测，需要一系列基础数据，本书采用第七次人口普查中的表1-5各地区分年龄分性别的人口作为预测最基本的数据（见表3-1），选择该数据源一是考虑到采用官方权威数据更具说服力；二是考虑到该数据源符合队列要素预测法按照分性别、分年龄组人口进行预测的特性。

表3-1　2020年全国分年龄、分性别的人口数据　　　　（单位：人）

年龄组（岁）	全国人口	男性人口	女性人口
合计	1409778724	721416394	688362330
0	11988057	6312409	5675648
1～4	65895831	34656922	31238909
5～9	90244056	48017458	42226598
10～14	85255994	45606790	39649204
15～19	72684140	39053343	33630797
20～24	74941675	39675995	35265680
25～29	91847332	48162270	43685062
30～34	124145190	63871808	60273382
35～39	99012932	50932037	48080895
40～44	92955330	47632694	45322636
45～49	114224887	58191686	56033201
50～54	121164296	61105470	60058826
55～59	101400786	50816026	50584760
60～64	73382938	36871125	36511813
65～69	74005560	36337923	37667637
70～74	49590036	24162733	25427303
75～79	31238849	14752433	16486416
80～84	20382878	9157003	11225875
85及以上	15417957	6100269	9317688

资料来源：第七次人口普查中的表1-5各地区分年龄、分性别的人口数据。

（二）人口死亡率与死亡概率、生存概率

本书采用的人口死亡率指标是人口粗死亡率，用 2020 年全国人口普查中的分年龄、分性别死亡人口数据（见表 3 - 2）结合国家统计局发布的 2000—2020 年历年人口死亡率数据，通过上文中的死亡率转化为死亡概率和生存概率的公式，求得 2000—2020 年全国人口死亡率（见表 3 - 3），2020 年全国分年龄、分性别的死亡率（见表 3 - 4），2000—2020 年全国人口死亡概率（见表 3 - 5），2020 年全国分年龄、分性别的人口死亡概率（见表 3 - 6），结合前述各地区分年龄分性别的人口数据，计算全国分年龄、分性别的一般死亡率，并将其转化为 2020 年分年龄、分性别的人口死亡概率用于计算各年龄组人口的生存概率（见表 3 - 7），再由这些基础指标结合灰色预测模型，预测 2021—2050 年人口的死亡水平。

表 3 - 2　2020 年全国分年龄、分性别的死亡人口数据　　　　（单位：人）

年龄组（岁）	全国死亡人口	男性死亡人口	女性死亡人口
合计	7965772	4617095	3348677
0	20822	11906	8916
1 ~ 4	16807	9806	7001
5 ~ 9	12629	7561	5068
10 ~ 14	15526	9606	5920
15 ~ 19	20613	13974	6639
20 ~ 24	25224	17680	7544
25 ~ 29	37390	26820	10570
30 ~ 34	61721	44129	17592
35 ~ 39	75743	55129	20614
40 ~ 44	117774	85970	31804
45 ~ 49	227493	161922	65571
50 ~ 54	358779	250025	108754
55 ~ 59	435151	303598	131553
60 ~ 64	563353	387660	175693
65 ~ 69	849997	554957	295040
70 ~ 74	970861	602909	367952
75 ~ 79	1088174	631271	456903
80 ~ 84	1256049	663470	592579
85 及以上	1811666	778702	1032964

资料来源：七普中的表 6 - 1 分年龄、分性别死亡人口数据。

表 3 – 3　2000—2020 年全国人口死亡率数据　　　（单位：‰）

年份	2000	2001	2002	2003	2004	2005	2006
全国人口死亡率	6.45	6.43	6.41	6.40	6.42	6.51	6.81
年份	2007	2008	2009	2010	2011	2012	2013
全国人口死亡率	6.93	7.06	7.08	7.11	7.14	7.13	7.13
年份	2014	2015	2016	2017	2018	2019	2020
全国人口死亡率	7.12	7.07	7.04	7.06	7.08	7.09	7.07

资料来源：根据《中国统计年鉴 2023》2 – 2 中死亡率数据整理。

表 3 – 4　2020 年全国分年龄、分性别的死亡率数据　　　（单位：‰）

年龄组（岁）	全国合计死亡率	男性死亡率	女性死亡率
0	1.74	1.89	1.57
1 ~ 4	0.26	0.28	0.22
5 ~ 9	0.14	0.16	0.12
10 ~ 14	0.18	0.21	0.15
15 ~ 19	0.28	0.36	0.2
20 ~ 24	0.34	0.45	0.21
25 ~ 29	0.41	0.56	0.24
30 ~ 34	0.5	0.69	0.29
35 ~ 39	0.76	1.08	0.43
40 ~ 44	1.27	1.8	0.7
45 ~ 49	1.99	2.78	1.17
50 ~ 54	2.96	4.09	1.81
55 ~ 59	4.29	5.97	2.6
60 ~ 64	7.68	10.51	4.81
65 ~ 69	11.49	15.27	7.83
70 ~ 74	19.58	24.95	14.47
75 ~ 79	34.83	42.79	27.71
80 ~ 84	61.62	72.45	52.79
85 及以上	117.5	127.65	110.86

资料来源：根据七普中的分年龄分性别人口数与分年龄、分性别死亡人口数据计算。

表3-5　2000—2020年全国人口死亡概率　　　　（单位:‰）

年份（年）	2000	2001	2002	2003	2004	2005	2006
全国人口死亡概率	0.00645	0.00643	0.00641	0.0064	0.00642	0.00651	0.00681
年份（年）	2007	2008	2009	2010	2011	2012	2013
全国人口死亡概率	0.00693	0.00706	0.00708	0.00711	0.00714	0.00713	0.00713
年份（年）	2014	2015	2016	2017	2018	2019	2020
全国人口死亡概率	0.00712	0.00707	0.00704	0.00706	0.00708	0.00709	0.00707

资料来源：根据《中国统计年鉴2023》2-2中死亡率数据和本章死亡率转换为死亡概率的公式（3-4）计算得出。

表3-6　2020年全国分年龄、分性别的人口死亡概率　　　　（单位:‰）

年龄组（岁）	全国死亡概率	男性死亡概率	女性死亡概率
0	0.00174	0.00189	0.00157
1~4	0.00026	0.00028	0.00022
5~9	0.00014	0.00016	0.00012
10~14	0.00018	0.00021	0.00015
15~19	0.00028	0.00036	0.00020
20~24	0.00034	0.00045	0.00021
25~29	0.00041	0.00056	0.00024
30~34	0.00050	0.00069	0.00029
35~39	0.00076	0.00108	0.00043
40~44	0.00127	0.00180	0.00070
45~49	0.00199	0.00278	0.00117
50~54	0.00296	0.00408	0.00181
55~59	0.00428	0.00595	0.00260
60~64	0.00762	0.01040	0.00479
65~69	0.01142	0.01515	0.00780
70~74	0.01939	0.02464	0.01437
75~79	0.03423	0.04189	0.02733
80~84	0.05978	0.06992	0.05143
85及以上	0.11098	0.11999	0.10504

资料来源：根据表3-4的死亡率数据和本章死亡率转换为死亡概率的公式（3-4）计算得出。

表 3 - 7　2020 年全国分年龄、分性别的人口生存概率　　　（单位:‰）

年龄组（岁）	合计生存概率	男性生存概率	女性生存概率
0	0.99826	0.99812	0.99843
1 ~ 4	0.99974	0.99972	0.99978
5 ~ 9	0.99986	0.99984	0.99988
10 ~ 14	0.99982	0.99979	0.99985
15 ~ 19	0.99972	0.99964	0.9998
20 ~ 24	0.99966	0.99955	0.99979
25 ~ 29	0.99959	0.99944	0.99976
30 ~ 34	0.99950	0.99931	0.99971
35 ~ 39	0.99924	0.99892	0.99957
40 ~ 44	0.99873	0.9982	0.9993
45 ~ 49	0.99801	0.99722	0.99883
50 ~ 54	0.99704	0.99592	0.99819
55 ~ 59	0.99572	0.99404	0.9974
60 ~ 64	0.99238	0.98954	0.9952
65 ~ 69	0.98858	0.98484	0.9922
70 ~ 74	0.98061	0.97536	0.98563
75 ~ 79	0.96577	0.95811	0.97266
80 ~ 84	0.94022	0.93008	0.94857
85 及以上	0.88902	0.88001	0.89496

资料来源：根据表 3 - 6 的死亡概率数据计算得出。

以 2000—2020 年全国人口死亡概率数据为基础数据，用 GM（1，1）灰色预测模型对 2021—2050 年全国人口死亡概率进行估算，结合 2020 年分年龄、分性别的人口死亡概率，合成 2025—2050 年分性别、分年龄的人口生存概率，代入人口总量预测模型，进行预测。

（三）人口生育水平

出生与生育是影响人口总量预测的重要因素。出生和生育的度量指标主要包括育龄妇女年龄别生育率以及总和生育率。前者用来反映 15～49 岁某一年龄组内，平均每个育龄妇女 1 年中生育的子女数量；后者用来反映同一批出生的育龄妇女按照当年的年龄别生育率度过育龄期，平均每个育龄妇女生育的子女数量，本书用这两个指标来度量人口生育水平。

假设年龄组距为 5 岁的育龄妇女年龄别生育率是 f_x^5，年龄组距为 5 岁的育龄妇女生育孩子数量是 B_x^5，年龄组距为 5 岁的育龄妇女人数是 W_x^5，则育龄妇女年龄别生育率为：

$$f_x^5 = \frac{B_x^5}{W_x^5} \times 1000 \quad (‰) \qquad (3-8)$$

育龄妇女总和生育率用 TFR 表示，其计算公式为：

$$TFR = \sum_{x=15}^{49} f_x^5 \qquad (3-9)$$

本书计算使用的生育数据为五普、六普、七普中的中国育龄妇女年龄别生育率和总和生育率数据，如表 3－8 所示。

表 3－8　2000—2020 年历次人口普查的育龄妇女生育指标　（单位：‰）

年份	全国年龄别生育率							总和生育率
	15～19 岁	20～24 岁	25～29 岁	30～34 岁	35～39 岁	40～44 岁	45～49 岁	
2000	5.96	114.49	86.19	28.62	6.22	1.46	0.68	1218.1
2010	5.93	69.47	84.08	45.84	18.71	7.51	4.68	1181.1
2020	6.07	55.22	98.98	65.05	26.91	6.34	1.61	1300.9

资料来源：五普、六普、七普中的中国育龄妇女年龄别生育率和总和生育率数据。

运用 GM（1，1）灰色预测模型对该表中的总和生育率数据进行模拟，估算 2021—2050 年全国人口总和生育率，利用上述公式对 2021—2050 年全国人口总和生育率进行分解，求出 2021—2050 年中国育龄妇女年龄别生育率，将预测结果代入人口总量预测模型，进行人口总量预测。

（四）人口净迁移率

以 2000—2020 年历年年末总人口数据和以上求出的人口生存概率作为基础数据，运用前进法测算人口净迁移率。由此得出 2000—2020 年全国人口净迁移率如表 3－9 所示。

表 3 - 9 2000—2020 年全国人口净迁移率

年份	2000	2001	2002	2003	2004	2005	2006
净迁移率	0.014	0.013	0.012	0.013	0.013	0.011	0.012
年份	2007	2008	2009	2010	2011	2012	2013
净迁移率	0.012	0.012	0.012	0.013	0.015	0.013	0.014
年份	2014	2015	2016	2017	2018	2019	2020
净迁移率	0.011	0.014	0.013	0.011	0.011	0.009	0.008

资料来源：根据《中国统计年鉴 2023》2 - 1 中年末人口数据，按前进法测算得到。

用 GM（1，1）灰色预测模型对这一数据进行模拟，估算 2021—2050 年全国人口净迁移率代入人口总量预测模型，进行人口总量预测。

三、中国人口生育率、死亡率、迁移率预测

（一）数据特征与研究思路

1. 数据特征

（1）总和生育率及其特征

学界对我国生育水平的讨论主要聚焦于目前总和生育率的"真实水平"的估计[1]，估算难点在于总和生育率数据少，总和生育率虽然与粗出生率存在函数关系[2]，但中国出生人口数据存在漏报，影响了上述函数关系的确定性[3]。回顾相关研究，总和生育率的数据质量是研究的症结，攻克的路径有两种：一种是比对人口普查相关的数据，调整出生人口数据；另一种是针对总和生育率数据的特征，创新技术方法，提高计算质量。前者调整出生人口数据会影响人口总量和年龄结构预测的结果，故笔者采用后者，通过相应方法进行修正，以提高总和生育率的预测质量。

---

① 顾宝昌，侯佳伟，吴楠. 中国总和生育率为何如此低？推延和补偿的博弈 [J]. 人口与经济，2020（1）：49.

② 乔晓春，朱宝生. 如何利用（粗）出生率来估计总和生育率？[J]. 人口与发展，2018，24（2）：66.

③ 朱宝生，乔晓春. 数据漏报对总和生育率与出生率确定性函数关系的影响 [J]. 人口与经济，2019（1）：2 - 3.

笔者绘制散点图观察 2000—2020 年历次人口普查与 1% 人口抽样调查官方公布的总和生育率的发展趋势，由图 3 – 5 可见数据具有随时间发展的振荡、波动序列特征，且兼具顾宝昌、朱宝生、乔晓春等学者研究发现的总和生育率数据量小、与其他相关因素的函数关系的确定性不足等特点。

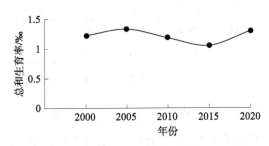

图 3 – 5　2000—2020 年全国人口总和生育率散点

资料来源：五普、六普、七普和 1% 人口抽样调查的总和生育率数据。

（2）中国人口死亡率及其特征

已有文献对人口死亡率、发展趋势、影响因素和数据质量等问题进行探讨。应奎和李旭东认为人口死亡率是一种特殊社会现象产生的统计学结果，且存在着相对稳定性和短时突变性特征，社会经济因素、自然资源要素和生态环境因素对人口死亡率均有影响。[1] 黄荣清和曾宪新提出分年龄死亡率数据质量的判断方法和指标，运用此方法分析我国自 1982 年以来四次人口普查人口死亡率质量，结果表明，中国人口死亡率的观测数据存在误差，在青年期和高龄期，死亡率数据高低变化不稳定，表现为死亡率常改变方向，不同年龄的观测死亡率或高于实际死亡率，或低于实际死亡率；[2] 曾燕、陈曦、邓颖璐指出，我国人口死亡率预测，选取数据时未充分考虑我国现阶段统计数据不充分的事实，预测模型依据静态的死亡率数据进行简单预测，并没有考虑死亡率的动态改善，预测精度不足。[3] 改进统计方法、创新死亡率数据检验方法和人口死亡率预测方法是提升死亡率数据质量的两种途径。

本书为提高死亡率预测的精度，拟在测算过程中进行必要的调整修正。

---

① 应奎，李旭东. 中国人口死亡率空间格局演变及其影响因素 ［J］. 世界地理研究，2022，31（2）：442，450.

② 黄荣清，曾宪新. 人口死亡率数据质量检验新方法及应用 ［J］. 人口与经济，2019（5）：27.

③ 曾燕，陈曦，邓颖璐. 创新的动态人口死亡率预测及其应用 ［J］. 系统工程理论与实践，2016，36（7）：1711.

（3）中国人口净迁移率及其特征

学界对人口净迁移的研究关注人口净迁移的变化趋势与影响因素，人口净迁移趋势具有一定的不确定性且受宏观外部因素影响。王开科和王开泳求取我国改革开放以来乡城人口净迁移比率发现，1978—2011 年的绝大部分年份中，乡城人口净迁移比率表现出明显波动特征，且经济、制度变革对这一周期性波动有较为显著的影响。[①] 笔者绘制了 2000—2020 年中国人口净迁移趋势图（见图 3 - 3），观察其变化，具有波动明显、振荡过程中下降的特征。

2. 研究思路

根据以上人口总和生育率、死亡率、净迁移率的特征描述，反映出它们具有如下共性：一是总和生育率、死亡率、净迁移率数据序列均有振荡、波动的特征；二是受多种经济社会因素的影响，数据质量不高，预测精度难如人意；三是总和生育率官方的数据量小，死亡率数据具有振荡、波动向上的发展趋势，净迁移率数据则具有振荡、波动向下的发展趋势。因此，笔者将上述数据归入"小数据，贫信息"且处于多重因素影响下的不确定性系统预测，选择用灰色系统预测模型建模分析其未来发展趋势。

灰色理论是研究信息部分清楚、部分不清楚并带有不确定性现象的应用数学理论，它把随机量看作在一定范围内变化的灰色量，经过一定的技术处理，在无规则的干扰成分中发现数据的规律性，灰色预测模型适用于预测部分信息未知的不确定性系统，通过挖掘数据中的确定性信息，寻找系统未来演化的潜在规律，由此预测系统未来发展趋势。关凤丽等人用 GM（1，1）模型对黑龙江省大庆市的人口总量进行了预测[②]，灰色预测模型适合针对性预测在多种经济、社会因素影响下的人口比率的变化趋势。本书通过 GM（1，1）模型确定中国人口总和生育率、死亡率、净迁移率的灰色序列生成，由此挖掘序列潜在规律，预测人口总和生育率、死亡率、净迁移率的取值范围。

由 2000—2020 年历次人口普查资料、统计年鉴中的全国人口数和全国死亡人口数，通过 GM（1，1）模型测算 2021—2050 年全国人口总体死亡率和分性别的人口死亡率，进而测算得出预测期间中国人口生存概率与分性别的人

---

①　王开科，王开泳. 基于修正 Keyfitz 城镇化模型的我国乡城人口净迁移比率研究 [J]. 经济地理，2014，34（9）：27.

②　关凤丽，邸伟娇，唐丹丹，等. 黑龙江省大庆市的人口 GM（1，1）组合预测模型 [J]. 齐齐哈尔大学学报：自然科学版，2013，29（3）：89 - 90.

口生存概率；由 2000—2020 年历次人口普查中的妇女总和生育率和育龄妇女年龄别生育率，通过 GM（1，1）模型测算预测期间中国妇女总和生育率和育龄妇女年龄别生育率；由 2000—2020 年历次人口普查资料、统计年鉴中的年末总人口数，结合 2000—2020 年人口死亡率、生存概率，得出历年人口净迁移率，通过 GM（1，1）模型测算预测期间中国人口净迁移率。

（二）模型构建

设总和生育率、死亡率、净迁移率的原始数据序列的表达式为：

$$X^{(0)} = (x^{(0)}(1), x^{(0)}(2), \cdots, x^{(0)}(n)), \text{其中} x^{(0)}(k) \geqslant 0, k = 1, 2, \cdots, n;$$

$$(3-10)$$

$$x^{(1)}(k) = \sum_{i=1}^{k} x^{(0)}(k), k = 1, 2, \cdots, n, x^{(1)}(k) \text{为} x^{(0)}(k) \text{的一次累加生成}$$

序列；

设 GM（1，1）模型的基本形式为 $x^{(0)}(k) + a * z^{(1)}(k) = b$，这一模型的最小二乘估计参数列满足：

$\hat{a} = (B^T B)^{-1} B^T Y$，其中：

$$Y = \begin{bmatrix} x^{(0)}(2) \\ x^{(0)}(3) \\ \cdots \\ x^{(0)}(n) \end{bmatrix}, \quad B = \begin{bmatrix} -z^{(1)}(2), 1 \\ -z^{(1)}(3), 1 \\ \cdots \\ -z^{(1)}(n), 1 \end{bmatrix} \qquad (3-11)$$

$\dfrac{\mathrm{d}x^{(1)}}{\mathrm{d}t} + ax^{(1)} = b$ 为 $x^{(0)}(k) + a \times z^{(1)}(k) = b$ 的白化方程，白化方程的解可表示为：

$$\hat{x}^{(1)}(k+1) = \left(x^{(0)}(1) - \frac{b}{a}\right)e^{-ak} + \frac{b}{a}, \quad k = 1, 2, \cdots, n \qquad (3-12)$$

根据上式，可将 GM（1，1）模型的基本形式化作如下表达式：

$$\hat{x}^{(0)}(k+1) = (1 - e^a)\left(x^{(0)}(1) - \frac{b}{a}\right)e^{-ak}, \quad k = 1, 2, \cdots, n \qquad (3-13)$$

在上述公式中，设 $A = (1 - e^a)\left(x^{(0)}(1) - \dfrac{b}{a}\right)$，将 A 代入 GM（1，1）模型，将其简化为：

$$\hat{x}^{(0)}(k+1) = Ae^{-ak}, \quad k = 1, 2, \cdots, n \qquad (3-14)$$

通过上述 GM（1，1）模型将无序、离散的总和生育率、死亡率、净迁移率的原始数据序列转化为有序的数据序列，保持总和生育率、死亡率、净迁移率数据的特征，较精确地模拟预测 2021—2050 年中国总和生育率、死亡率、净迁移率的趋势。

（三）预测结果

1. 总和生育率

预测模型参数计算结果见表 3 - 10，模型模拟误差平均是 5.4%。

表 3 - 10 2025—2050 年总和生育率预测模型参数计算结果

a	*b*	n	平均相对模拟误差（%）
0.0025	1.2359	21	5.4

资料来源：根据全国 2000—2020 年人口普查和 1% 人口抽样调查的总和生育率，由 GM（1，1）模型测算得到。

按国家统计局公布的 2000—2020 年历年总和生育率，利用 GM（1，1）模型预测得到 2021—2050 年的总和生育率，取 2021 年、2022 年、2023 年总和生育率预测值与国家统计局公布的 2021 年、2022 年、2023 年总和生育率数据进行对比，酌情选取调整系数，用调整系数乘以预测值修正误差，得到修正后的预测期间总和生育率预测值，如表 3 - 11 所示。

表 3 - 11 2025—2050 年总和生育率预测值

年份	2025	2030	2035	2040	2045	2050
总和生育率	1.088	1.075	1.062	1.049	1.036	1.023

资料来源：根据全国 2000—2020 年人口普查和 1% 人口抽样调查的总和生育率，由 GM（1，1）模型测算并修正得到。

表 3 - 11 反映，2025—2050 年总和生育率预测值将从期初的 1.088 降低至 2050 年的 1.023，呈现持续下降趋势。

2. 人口死亡概率

按国家统计局公布的 2000—2020 年历年死亡率，利用 GM（1，1）模型预测得到 2021—2050 年的人口死亡率，取 2022 年、2023 年人口死亡率预测值与国家统计局公布的 2022 年、2023 年死亡率数据进行对比，考虑 2025—2050 年中国人口老龄化加剧，是导致中国人口死亡率必然走高的因素，酌情选取调整系数，调整了2000—2020年的死亡率，并根据公式（3-4）得出2000—2020年的人口死亡概率，由GM（1，1）模型预测得到2025—2050年人口死亡概率如表3-12、表3-13所示。

用GM（1，1）灰色预测模型预测得到2025—2050年人口死亡概率，参数计算结果见表3-12。

表3-12　2025—2050年人口死亡概率预测模型参数计算结果

a	b	n	平均相对模拟误差（%）
-0.0054	0.0065	21	2.8343

资料来源：由GM（1，1）模型测算得到。

表3-13反映，2025—2050年中国人口死亡率预测值将从期初的0.0080上升至2050年的0.0092，呈现持续上升趋势。

表3-13　2025—2050年人口死亡概率预测值

年份	2025	2030	2035	2040	2045	2050
人口死亡率	0.0080	0.0083	0.0085	0.0088	0.0090	0.0092

资料来源：由GM（1，1）模型测算并调整修正得到。

3. 人口净迁移率

用GM（1，1）模型预测2021—2050年人口净迁移率，参数测算结果见表3-14。

表3-14　2021—2050年人口净迁移率预测模型参数计算结果

a	b	n	平均相对模拟误差
0.0190	0.0144	21	13.6397%

资料来源：根据表3-9的数据，由GM（1，1）模型测算得到。

经过GM（1，1）模型预测得到2025—2050年人口净迁移率预测结果如表3-15所示。

表3-15　2025年—2050人口净迁移率预测值

年份	2025	2030	2035	2040	2045	2050
人口净迁移率	0.0083	0.0076	0.0069	0.0063	0.0057	0.0052

资料来源：根据表3-9的数据，由GM（1，1）模型测算得到。

表 3 – 15 反映，2025—2050 年中国人口净迁移率预测值将从期初的 0.0083 降至 2050 年的 0.0052，呈现持续缩小趋势。

四、中国人口总量变动趋势

本节根据上述 2025—2050 年全国人口总和生育率、死亡率、净迁移率作为人口总量预测的基本参数，用人口队列要素预测法建立中国人口规模预测模型，将上述参数代入模型预测目标期间中国人口规模的变动趋势，进行定量、定性分析。

（一）中国人口总量发展趋势预测

根据上述基础数据、参数与预测模型，测算 2025—2050 年中国人口规模的变化情况，如表 3 – 16 所示。

表 3 – 16　2025—2050 年中国人口总量变动趋势预测数据　（单位：万人）

年份	人口规模	0 ~ 14 岁 少儿人口	15 ~ 59 岁 劳动年龄人口	60 岁以上 老年人口	15 ~ 49 岁 育龄妇女
2025	139687.60	26602.93	79795.40	33289.27	28437.90
2030	137888.24	20543.60	76294.85	41049.79	27945.97
2035	140267.07	17473.88	71750.82	51042.37	26191.01
2040	135637.00	15820.62	67902.53	51913.85	22850.30
2045	137425.56	14775.42	62443.52	60206.62	20520.12
2050	125621.02	13293.24	54481.40	57846.38	18911.17

资料来源：根据表 3 – 11、表 3 – 13、表 3 – 15 中的数据，运用人口预测模型测算得到。

表 3 – 16 的预测数据反映预测期间的中国人口规模变动趋势如下。

第一，总体趋势是人口负增长将持续。中国自 2022 年进入人口负增长，全国人口总量将从 2025 年的 13.97 亿人波动下降至 2050 年的 12.56 亿人。

第二，中国人口规模负增长速度逐渐加快。预计 2030 年人口规模将为 2025 年时的 98.71%，将比 2025 年时的人口总量减少 1.29%；2040 年人口规模将为 2025 年时的 97.10%，将比 2025 年减少 2.90%；2050 年人口规模将为 2025 年时的 89.93%，将比 2025 年减少 10.07%。

第三，少儿人口与劳动年龄人口将双双下降，60 岁以上老年人口将大量增加，15~49 岁育龄妇女规模将大幅缩减。

（二）中国人口总量发展趋势分析

人口负增长的趋势并非始于 2020 年七普时期，1952—2010 年中国人口增长惯性快速下降趋势已非常明显，计划生育导致中国人口长期处于低生育率水平，人口增长惯性下滑。1990 年上海进入人口负增长惯性，2010 年北京、天津、内蒙古、辽宁、吉林、黑龙江、上海、江苏、浙江、山东、重庆、四川等地进入人口负增长惯性。[①] 笔者分别以五普、六普人口规模作为预测期初人口，预测时期取 2000—2050 年、2010—2050 年，按照前述方法预测人口规模，并与 2020—2050 年人口规模预测值以及 2020 年人口实际值进行对比，以量化分析 2000—2020 年人口负增长的惯性大小，得出的结果如图 3-6 所示。

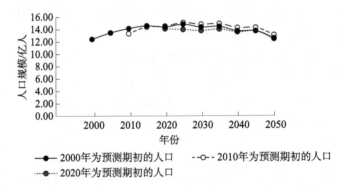

图 3-6 以 2000、2010、2020 年人口普查的人口规模为预测基期的人口发展趋势

资料来源：根据五、六、七普查和中国统计年鉴中的人口数据，运用人口预测模型测算得到。

根据图 3-6 笔者得出如下结论。

第一，中国人口负增长的惯性趋势主要源于计划生育政策的低生育水平。中国人口负增长惯性趋势主要受 2000 年及以前年份计划生育政策下的低生育水平影响。对比 2000 年为预测期初、2010 年为预测期初时得到的 2020 年人口规模分别为 14.39 亿人、14.53 亿人，上述预测值与实际 2020 年人口 14.1 亿人左右的差值分别为 0.29 亿人、0.43 亿人，可见，与 2010 年为预测期初相比，2000 年为预测期初所得 2020 年人口规模预测值更接近现实水平，与 2010

① 王谦. 深入探寻中国人口发展规律的力作：评《中国人口惯性研究》[J]. 人口与发展，2019，25 (5)：75-77.

年相比，2000 年时的人口总量与人口结构对 2020 年人口具有较大影响，而 2000 年时我国处于计划生育政策严格贯彻时期。由此可见，目前的人口规模仍然受当时计划生育政策的影响，表现出较明显的人口惯性。

第二，放开生育政策拉动人口总量增长的作用将逐渐显现。虽然放开生育政策对人口规模的影响短期内较弱，但在整个目标期间，放开生育政策拉动人口总量增长的作用将逐渐显现。对比 2000 年为预测期初和 2020 为预测期初所得 2050 年中国人口规模预测值，分别为 12.46 亿人、12.56 亿人，这从侧面说明，按照本书预测方法，到 2050 年，放开生育政策可比计划生育政策增加人口规模为 0.1 亿人。

第三，不同预测期初预测的人口规模不同。预测期初较晚，预计未来人口规模较大，反之预测期初较早，预计未来人口规模较小。

（三）中国人口自然变动趋势分析

2025—2050 年中国人口自然变动趋势预测数据如表 3 – 17 所示。

表 3 – 17　2025—2050 年中国人口自然变动趋势预测数据　　（单位：万人）

年份	出生人口	死亡人口	自然增长人口	人口自然增长率（‰）
2025	811.96	1117.50	− 305.54	− 2.19
2030	801.50	1144.47	− 342.97	− 2.49
2035	815.33	1192.27	− 376.94	− 2.69
2040	788.42	1193.61	− 405.19	− 2.99
2045	798.81	1236.83	− 438.02	− 3.19
2050	730.20	1155.71	− 425.52	− 3.39

资料来源：根据表 3 – 11、表 3 – 13、表 3 – 15 中的数据，运用人口预测模型测算得到。

由表 3 – 17 可见，预测期间，中国人口自然增长率将持续负数，且程度将逐渐加重。伴随着老龄化的加剧，2025—2050 年，中国死亡人口将呈现增长趋势，死亡人数将从 2025 年的 1117.50 万人增长至 2050 年的 1155.71 万人，2025—2050 年，每年死亡人口的平均值为 1173.40 万人。预计未来中国出生人口规模低于死亡人口规模，将使自然变动人口持续负增长态势，负增长程度逐渐加重，预计 2025 年出生人口规模为 811.96 万人，同年自然增长人口 − 305.54 万人，人口自然增长率为 − 2.19‰；2035 年出生人口为 815.33 万人，同年死亡人口为 1192.27 万人，2035 年人口自然增长率为 − 2.69‰；2050 年出生人口为 730.20 万人，死亡人口为 1155.71 万人，2050 年人口自然增长率为 − 3.39‰。

第三节　中国人口结构变动趋势预测

2025—2050 年中国人口结构变动趋势的预测数据如表 3 – 18 所示。

表 3 – 18　2025—2050 年中国人口结构变动趋势预测数据

年份	65 岁以上老年人占总人口的比例（%）	妇幼比（‰）	老龄化指数	15～24 岁人口占劳动年龄人口的比例（%）	性别比（女性 = 100）
2025	17.12	369.22	0.50	18.40	105.00
2030	21.69	278.20	0.53	21.23	105.93
2035	28.95	284.08	0.58	19.93	106.03
2040	32.06	321.29	0.59	16.10	106.95
2045	37.33	328.68	0.63	13.91	106.99
2050	37.23	298.32	0.63	13.53	108.05

资料来源：根据表 3 – 11、表 3 – 13、表 3 – 15 中的数据，运用人口预测模型测算得到。

2025—2050 年中国人口结构变动呈如下特征。

一是老龄化程度将不断加深。用人口平均年龄与人口出生时的预期寿命之比（即老龄化指数）计算人口老化程度，结果显示，2025 年中国人口老化指数为 0.50，这意味着人口平均年龄达到人口预期寿命的一半，此后老化指数不断上升，预计 2045—2050 年达到 0.63，也即人口平均年龄超过人口预期寿命的六成，可见中国老龄化加速发展的程度之深。

二是妇女生育水平将持续低迷。用 5 岁以下幼儿的人数与 15～49 岁妇女人数之比（妇幼比）度量妇女生育水平。2025 年中国妇幼比为 369.22‰；2030—2040 年在 278.2‰～321.29‰波动；2050 年妇幼比为 298.32‰，妇幼比指标平均值为 313.3‰，将接近 20 世纪 70 年代瑞典妇幼比 313‰的水平，2025—2050 年中国妇幼比波动走低，将持续低生育水平，一定程度上类似于 20 世纪 70 年代瑞典等低生育国家的生育水平。

三是低龄人口占劳动年龄人口的比例将震荡降低。根据世界卫生组织的分类，15～24 岁的劳动力属于低龄劳动力，与其他较高年龄组的劳动力相比，15～24 岁的劳动年龄人口体能较充沛，创新能力较强，是推动经济发展的中坚力量，预计我国 2025—2050 年低龄劳动力占劳动年龄人口的比在 13.53% ~ 21.23% 波动，平均将不足劳动力人口总量的五分之一，将考验我国以劳动力素质提升替代劳动力数量缩减的实施，只有未来劳动力素质足够高，才能有效地弥补劳动力数量下降对经济发展的影响。

四是总人口性别比例将维持偏高。按照国际通用标准，总人口性别比例正常范围应该为 102 ~ 107，预测期间总人口性别比在 105 ~ 108.05，高于正常范围的下限 102 约 3 ~ 6.05 个百分点，长远来看，性别比偏高可能加速人口负增长和中国的老龄化进程，男多女少，导致男性婚姻挤压并且增加男性失婚风险，影响社会和谐和经济发展。

五是中国人口已属缩减型且程度不断加重。瑞典学者桑德巴以年龄组人口占总人口的比重为标准，把人口类型划分为增长型、稳定型、缩减型，标准如表 3－19 所示。[1] 当 0 ~ 14 岁人口占总人口的比重在 20% 及以下，15 ~ 49 岁人口占比在 50% 及以下，50 岁以上人口占比在 30% 及以上时，人口类型属于缩减型。

表 3－19　桑德巴人口类型划分

类型	分组人口占总人口的比例（%）		
	0 ~ 14 岁	15 ~ 49 岁	50 岁以上
增长型	40	50	10
稳定型	26.5	50.5	23
缩减型	20	50	30

据此分类，2025—2050 年中国人口属缩减型，缩减程度不断加重。如表 3－20 所示。

表 3－20　2025—2050 年中国分组人口占总人口的比例

年份	分组人口占总人口的比例（%）		
	0 ~ 14 岁	15 ~ 49 岁	50 岁以上
2025	17.91	42.64	39.45
2030	13.69	42.70	43.61
2035	11.60	39.50	48.91

---

① 马瀛通. 数理统计分析人口学［M］. 北京：中国人口出版社，2010：73.

年份	分组人口占总人口的比例（%）		
	0～14 岁	15～49 岁	50 岁以上
2040	10.93	35.86	53.21
2045	10.20	31.83	57.96
2050	10.01	32.09	57.91

资料来源：根据表 3-11、表 3-13、表 3-15 中的数据，运用人口预测模型测算得到。

表 3-20 数据显示，0～14 岁人口、15～49 岁人口占比低，50 岁以上人口占比过高，0～14 岁人口占总人口的比重初期低且不断缩减，从 2025 年的 17.91%下降到 2050 年 10.01%，2050 年低于桑德巴划分标准下的缩减型人口的 0～14 岁人口比重约 10 个百分点；15～49 岁人口占总人口的比重从 2025 年 42.64%下降至 2050 年 32.09%，2050 年低于桑德巴标准近 18 个百分点，50 岁以上人口占比从 2025 年 39.45%上升至 2050 年的 57.91%，2050 年高于桑德巴标准近 28 个百分点。0～14 岁人口缩减将对未来教育行业、婴幼儿消费业、妇幼保健等行业发展带来较大影响；15～49 岁人口的缩减一方面会带来劳动力供给紧张、劳动力成本上升以及劳动力人口整体的生产能力弱化，另一方面可以促进技术进步和人力资本积累。在我国未来高等教育人口规模和占比不断上升的趋势下，人口素质提升、人力资本积累可一定程度上抵消 15～49 岁人口规模缩减的影响。

笔者对 2025—2050 年中国人口结构规模变动趋势预测数据具体分析如下。

一、育龄妇女人口总量变动趋势

人口学研究中，将 15～49 岁妇女归为育龄妇女，界定 15～19 岁妇女为低龄育龄妇女，20～29 岁妇女为生育旺盛期育龄妇女，35～49 岁妇女为高龄育龄妇女。

中国育龄妇女人口总量将从 2025 年逐渐下降，2050 年将从 2025 年预测的 2.84 亿人降至 1.89 亿人，育龄妇女人口规模降幅达到 33.50%，其中，20～29 岁的生育旺盛期育龄妇女人口规模在 0.408 亿～0.75 亿人，规模先升后降，以 2035 年为拐点，从 2025 年的 0.64 亿人升高至 2035 年的 0.75 亿人，之后降低至 2050 年的 0.408 亿人，2050 年生育旺盛期育龄妇女人口规模仅占 2025 年同批人群规模的 63.68%；预测期间 20~29 岁的生育旺盛期育龄妇女人口规模占育龄妇女总体的比重较低，约在 21.57%~29.22%，这一比重先升后降，2025 年其占比约为 22.53%，之后逐渐上升，2040 年将达峰值，所占比重约为 29.22%，而后将迅速回落，降至 2050 年的 21.57%。

本章预测的 2025—2050 年中国育龄妇女人口规模如图 3-7 所示。

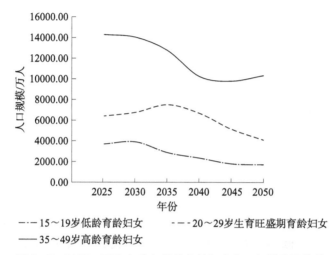

图 3-7　2025—2050 年分年龄的育龄妇女人口规模发展趋势

资料来源：根据表 3-11、表 3-13、表 3-15 中的数据，运用人口预测模型测算得到。

整个预测期内，35~49 岁的高龄育龄妇女将在 1 亿人以上，将占育龄妇女总量约 44.77%~54.61%，其人口规模波动下降，从 2025 年的 1.43 亿人下降至 2050 年的 1.03 亿人；其比重在 2040 年为谷底，2040 年 35~49 岁的高龄育龄妇女规模占育龄妇女总规模的 44.77%，随后高龄育龄妇女规模迅速攀升，至 2050 年，35~49 岁的高龄育龄妇女规模占育龄妇女总规模的比重高达 54.61%。育龄妇女总量降低，生育旺盛期育龄妇女规模小、占比低，且育龄妇女高龄化趋势明显，将对未来出生人口的规模与质量产生显著影响。

受育龄妇女人口规模减小且年龄结构老化的影响，2025—2050 年，全国出生人口总量将呈下降趋势，2050 年出生人口为 768 万人，比 2025 年的 892 万人，约减少 124 万人。预测结果显示，虽然现阶段的生育政策调整并不能改变育龄妇女总体规模减少、结构老化导致的出生人口下降趋势，但生育政策调整能在一定程度上缓和出生人口下降，其作用将在 2040 年左右显现。预测结果符合中国国情。

二、年龄结构变动趋势

中国人口年龄结构的变化趋势是 15～59 岁劳动年龄人口与 0～14 岁少儿人口规模缩减，60 岁以上老年人口规模保持增长。如图 3-8 所示。

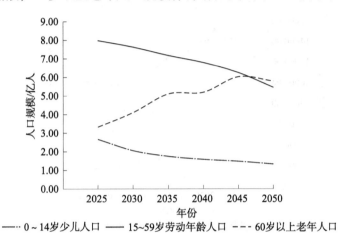

图 3-8　2025—2050 年少儿人口、劳动年龄人口、老年人口规模趋势

资料来源：根据表 3-11、表 3-13、表 3-15 中的数据，运用人口预测模型测算得到。

2025—2050 年 0～14 岁少儿人口规模将减少 1.33 亿人，从 2025 年的 2.66 亿减少至 2050 年的 1.33 亿；15～59 岁的劳动年龄人口规模将从 2025 年的 7.98 亿逐渐减至 2050 年的 5.45 亿，整个预测期间将减少 2.53 亿人；60 岁以上的老年人口规模持续增长，将由 2025 年的 3.33 亿增长至 2050 年的 5.78 亿，60 岁以上老年人口规模将是 2025 年的 1.74 倍。对比民政部发布的《2022 年民政事业发展统计公报》中 2022 年底全国 60 岁以上老年人口 28004 万人，2050 年该指标预计是 2022 年公布的 60 岁以上老年人口规模的 2.07 倍。2045—2050 年，60 岁以上老年人口规模将超过 15～59 岁劳动年龄人口规模。

（一）学龄人口规模变化趋势

预测期间，0～6 岁学龄前人口规模发展趋势与人口规模发展趋势一致，总体将呈较大幅度平稳回落态势，如表 3-21 所示。

表 3 – 21　2025—2050 年全国 0 ~ 6 岁学龄前人口规模与构成预测数据

（单位：亿人）

年份	1~3 岁入托儿所适龄儿童	4~5 岁入幼儿园适龄儿童	0~6 岁学龄前人口
2025	0.30	0.22	0.75
2030	0.23	0.18	0.59
2035	0.22	0.15	0.52
2040	0.22	0.15	0.51
2045	0.20	0.14	0.48
2050	0.17	0.12	0.41

资料来源：根据表 3 – 11、表 3 – 13、表 3 – 15 中的数据，运用人口预测模型测算得到。

表 3 – 21 反映，2025—2050 年，学龄前人口规模由 2025 年的 0.75 亿人逐渐缩减至 2050 年的 0.41 亿人，2050 年学龄前人口规模仅为 2025 年的 55.15%，降幅将近 45%；而入托儿所适龄儿童规模和入幼儿园适龄儿童规模，两者均将呈较大幅度回落，其中 4~6 岁入幼儿园适龄儿童规模缩减幅度将更大，2050 年入幼儿园适龄儿童规模将为 0.12 亿人，将比 2025 年缩减 45.45%；2050 年时入托适龄儿童规模将约为 0.17 亿人，将比 2025 年缩减 43.3%。在人口负增长趋势下，学龄前教育受冲击，首当其冲的便是幼儿园教育，其次是早期教育。

预测期间，全国 7~18 岁学龄人口规模将稳步减少，如表 3 – 22 所示。

表 3 – 22　2025—2050 年全国 7 ~ 18 岁学龄人口规模与构成预测数据

（单位：亿人）

年份	7~18 岁学龄人口	7~12 岁小学阶段人口	13~15 岁初中阶段人口	16~18 岁高中阶段人口
2025	1.84	0.87	0.49	0.48
2030	1.58	0.67	0.41	0.50
2035	1.21	0.53	0.32	0.36
2040	1.00	0.45	0.25	0.30
2045	0.88	0.44	0.22	0.23
2050	0.85	0.42	0.22	0.22

资料来源：根据表 3 – 11、表 3 – 13、表 3 – 15 中的数据，运用人口预测模型测算得到。

由表 3 – 22 可见，学龄人口将由 2025 年的 1.84 亿人下降至 2050 年的 0.85 亿人，降幅将达 53.88%。分年龄段来看，初中阶段人口下降幅度最大，将从 2025 年的 0.49 亿人下降至 2050 年的 0.22 亿人，降幅约为 55.1%；其次是 16~18 岁高中阶段人口，将由 2025 年的 0.48 亿人下降至 2050 年的 0.22

亿人，降幅约为54.2%；7～12岁小学阶段人口由2025年的0.87亿人下降至2050年的0.42亿人，将缩减51.72%。预测的学龄人口规模稳步减少将对未来学龄阶段教育事业发展带来较大影响。

（二）60岁以上老年人口规模变化趋势

60岁以上年龄的人口统称为老年人口。按照国际通用的健康与失能研究的老年人口年龄分类，将60～69岁老年人口归入低龄老人，70～79岁为中间年龄老人，80岁以上为高龄老人。随着人口预期寿命的不断延长，未来老年人口规模将不断上升，老年人口总量预计将从2025年的3.33亿人增长至2050年的5.78亿人，2050年时老年人口规模总量将比2025年时上升73.57%。预测期间中国老年人口内不同年龄组的人口规模增长存在一定的异质性。总体上看，中国老年人口内部将逐渐呈现明显的高龄化特征，高龄老年人口规模增长快于其他年龄组，80岁以上的老年人口规模将从2025年的0.59亿人增长到2050年的1.95亿人，届时高龄老年人口总量将比2025年增长230.51%；70～79岁的老年人口将从2025年的1.13亿人增长到2050年的1.84亿人，增幅将为63%；60～69岁的老年人口将从2025年的1.61亿人增长到2050年的1.99亿人，将增长23.6%。预测期间，中国不同年龄段的老年人口规模发展趋势如图3-9所示。

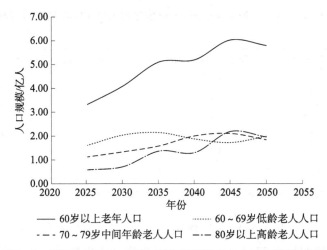

图3-9 2025—2050年中国不同年龄段的老年人口规模发展趋势

资料来源：根据表3-11、表3-13、表3-15中的数据，运用人口预测模型测算得到。

综上分析，预测期间的中国人口老龄化的主导力量将由"底部老龄化"转向"顶部老龄化"。人口老龄化的进程可划分为两个阶段：第一阶段是生育率下降引起少儿人口规模与其占总人口的比重降低，从而相对提升了老年人口占总人口的比重，少儿人口处于人口金字塔的底部，因此这一阶段又被称为"底部老龄化"阶段；第二阶段是随着人口预期寿命延长，老年人口规模及其占总人口的比重持续增长，老年人口处于人口金字塔的顶端，因此，这一阶段被称为人口老龄化的"顶部老龄化"阶段。

预测结果表明，2025—2050年，一方面，中国"底部老龄化"表现在出生人口与少儿人口规模、占比减少。另一方面，中国"顶部老龄化"体现在两个方面：一是35岁~49岁高龄育龄妇女规模及其占育龄妇女总体的比重增长，育龄妇女出现明显的老龄化特征；二是高龄老年人口规模占比增长超过其他年龄组老年人口规模占比增长，说明老龄化程度持续加深，2025—2050年中国老龄化进程正由第一阶段过渡到第二阶段，"顶部老龄化"将逐渐成为推动老龄化的主导力量。

（三）劳动年龄人口规模变化趋势

在人口转变进程中，若劳动年龄人口规模大于非劳动年龄人口规模，则能为推进财富积累提供充足的劳动力，储蓄转化为投资的效率提高，这样的人口发展阶段有利于经济发展，学界将其称为"人口红利期"。

预测结果显示，2025—2050年，中国劳动年龄人口规模将逐渐下降，从2025年的7.98亿人减少至2050年的5.45亿人，2050年时其规模仅为2025年时的68.29%，减少幅度为31.71%；与此同时，非劳动年龄人口规模持续攀升，将从2025年的5.99亿人增至2050年的7.11亿人，增幅将达18.78%，如图3-10所示。

图3-10显示，预测期间中国劳动年龄人口与非劳动年龄人口将形成"剪刀差"发展趋势，这将对中国人口红利产生重大影响。

2025—2040年中国人口红利将持续减弱。其间，劳动年龄人口与非劳动年龄人口的数量规模之差持续减少，从2025年的1.99亿人下降至2030年的1.47亿人，进一步跌至2035年的0.32亿人；2040年两者规模基本持平，中国人口红利仍会延续但将持续减弱。

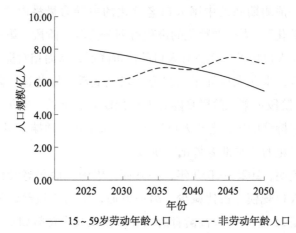

图 3 - 10   2025—2050 年劳动年龄人口规模与非劳动年龄人口规模发展趋势

资料来源：根据表 3 - 11、表 3 - 13、表 3 - 15 中的数据，运用人口预测模型测算得到。

2040—2045 年，中国人口红利将趋近于零。其间，非劳动年龄人口规模将逐渐超越劳动年龄人口规模，人口红利期将逐渐消失。

2045—2050 年，人口负债显现且逐渐增大。其间，2045 年非劳动年龄人口的数量规模将可能超过劳动年龄人口的 1.25 亿人，人口负债显现；2050 年非劳动年龄人口的数量规模将可能超过劳动年龄人口的 1.67 亿，人口负债逐渐增大。

2040 年前仍应进一步发掘劳动年龄人口数量规模对经济增长的促进作用，2040 年后则需转向人口其他方面，如劳动年龄人口的人口素质、人力资本以及通过积极老龄化等战略，挖掘非劳动年龄人口对推动经济增长的促进作用，促进人口与经济长期协调发展。

（四）劳动年龄人口结构变动趋势

预测期间，中国劳动年龄人口内部亦将呈现老龄化。按照年龄分组将劳动年龄人口划分为低龄劳动力、中等年龄劳动力和高龄劳动力，其中低龄劳动力为 15 ~ 24 岁，中等年龄劳动力为 25 ~ 44 岁，高龄劳动力为 45 ~ 59 岁。研究表明，预测期间低龄劳动力占比将偏低，中等年龄和高龄劳动力的占比将偏高，如图 3 - 11 所示。

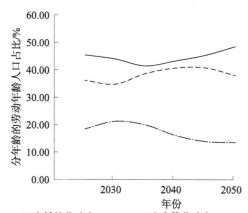

－－ 15~24岁低龄劳动力　—— 25~44岁中等劳动力　--- 45~59岁高龄劳动力

图3－11　2025—2050年低、中、高年龄组的劳动年龄人口变动趋势

资料来源：根据表3－11、表3－13、表3－15中的数据，运用人口预测模型测算得到。

由图3－11可见，预测期间，低龄劳动力占劳动年龄人口的比重将波动下降，15~24岁低龄劳动人口占劳动年龄人口之比将不足劳动年龄人口的四分之一，在13.53%~21.23%低位徘徊；中等年龄劳动力占劳动年龄人口的比例将波动上升，多数年份在41.44%~48.54%，接近劳动年龄人口的二分之一；高龄劳动力人口占劳动年龄人口总量的比例亦将波动上升，45岁~59岁高龄劳动力人口占劳动年龄人口之比较高，预测期间处于34.79%~40.75%，将超过劳动年龄人口总量的三分之一。

三、人口质量变动趋势

2025—2050年，中国劳动年龄人口的质量将显著提升。未来人口受教育程度将高于目前人口受教育程度。本书用2000—2020年《中国教育统计年鉴》的历年专业技术职务、学历情况表中的按学历分的人员数量结合历年中国劳动年龄人口总量，在考虑未来初级、中级和高等教育毛入学率变化的基础上，估算2025—2050年不同受教育程度的劳动年龄人口规模，如表3－23所示。

表 3 – 23 2025—2050 年全国不同受教育程度的劳动年龄人口变动趋势预测数据

（单位：亿人）

年份	未上过学者人口规模	小学文化程度人口规模	初中文化程度人口规模	高中文化程度人口规模	大专及以上文化程度人口规模
2025	0.11	0.80	2.82	2.09	2.16
2030	0.07	0.57	2.25	2.18	2.54
2035	0.05	0.33	1.72	2.19	2.94
2040	0.03	0.17	1.22	2.11	3.31
2045	0.02	0.09	0.83	1.93	3.54
2050	0.01	0.04	0.45	1.61	3.47

资料来源：根据 2000—2020 年《中国教育统计年鉴》数据和表 3 – 16 相关数据测算得到。

表 3 – 23 中数据反映，大专及以上受教育程度的劳动年龄人口规模将从 2025 年的 2.16 亿人增到 2050 年的 3.47 亿人，增幅将约为 60.65%，显著增长；其他受教育程度的劳动年龄人口规模将显著缩减，其中，缩减幅度最大的是小学文化程度人口，将从 2025 年的 0.8 亿减至 2050 年的 0.04 亿人，降幅将达到 95%；2050 年未上过学者规模将为 0.01 亿人，将比 2025 年降低 91%；2050 年初中文化程度人口规模为 0.45 亿人，将比 2025 年降低 84.04%；2050 年高中文化程度人口规模为 1.61 亿人，将比 2025 年降低 22.97%。预测期间人口负增长将冲击初等、中等教育的同时，高等教育事业仍将大有可为，接受过高等教育的劳动力大幅度增长，将能较好地顺应第四次科技革命发展的需要，为我国产业转型升级提供充足的人力资本和科技兴国的人力保障。

四、人口性别结构变动趋势

人口性别结构与人口再生产速度息息相关，是影响社会安定的重要因素，笔者测算的 2025—2050 年各年龄组男女性别比，如表 3 – 24 所示。

表 3 – 24 2025—2050 年中国分年龄的男女性别比预测数据（女性 = 100）

年龄组（岁）	2025 年男女性别比	2030 年男女性别比	2035 年男女性别比	2040 年男女性别比	2045 年男女性别比	2050 年男女性别比
0 ~ 4	111.21	111.22	111.22	111.22	111.22	111.22
5 ~ 9	110.93	111.21	111.22	111.22	111.22	111.22

年龄组（岁）	2025年男女性别比	2030年男女性别比	2035年男女性别比	2040年男女性别比	2045年男女性别比	2050年男女性别比
10~14	113.71	110.93	111.21	111.22	111.22	111.22
15~19	115.02	113.71	110.93	111.21	111.22	111.22
20~24	116.10	115.01	113.71	110.93	111.21	111.21
25~29	112.47	116.10	115.01	113.70	110.93	111.20
30~34	110.21	112.47	116.09	115.01	113.70	110.92
35~39	105.92	110.20	112.46	116.09	115.00	113.69
40~44	105.84	105.91	110.19	112.45	116.08	114.99
45~49	104.95	105.83	105.89	110.17	112.44	116.06
50~54	103.64	104.93	105.81	105.87	110.15	112.41
55~59	101.45	103.61	104.90	105.78	105.84	110.12
60~64	100.03	101.41	103.57	104.85	105.73	105.79
65~69	100.27	99.96	101.34	103.49	104.77	105.65
70~74	95.58	100.18	99.87	101.24	103.39	104.67
75~79	93.79	95.46	100.04	99.74	101.10	103.24
80~84	87.81	93.62	95.28	99.85	99.54	100.90
85及以上	72.46	87.61	91.07	95.05	97.19	99.29

资料来源：根据表3-11、表3-13、表3-15中的数据，运用人口预测模型测算得到。

预测期间，中国人口性别结构具有如下特征：

第一，同一年度随年龄增长，分年龄的男女性别比逐渐下降，低龄组性别比偏高，高龄组性别比偏低。

第二，同一年龄组，随着预测时间的推移，分年龄的男女性别比逐渐提高。

第三，按人口性别比正常取值范围在102~107，分年度看，男女性别比均衡的年龄组不断后移，从2025年的35~54岁，变为2030年40~59岁，2035年时性别比均衡的年龄组为45~64岁；2040年时为50~69岁，2045年时为55~74岁，2050年时为60~79岁。

第四，20~39岁中青年群体的性别比将可能在2035年左右失衡程度最严重，2025年时该群体的平均性别比为111.17，2035年时上升为最高点114.32，之后下降，2050年时回落至111.76。

第五，随时间推移，性别比失衡最严重的年龄组将不断后移，2025 年时 20~24 岁组将是性别比失衡最严重的年龄组，2030 年时后移至 25~29 岁年龄组，2035 年时 30~34 岁群体是性别比失衡最严重的人群，2040 年时后移至 35~39 岁，2045 年时后移至 40~44 岁人群，2050 年时失衡最严重的年龄组是 45~49 岁，中青年群体性别比失衡，男多女少，将减缓人口再生产的速度。

第六，60 岁以上老年人口中，女多男少的情况将有所缓解，尤其是 85 岁及以上高龄老人，2025 年时男女性别比逐渐接近 1，男性占比将有较显著的提高，男女性别比将趋于均衡。

"男多女少"是中国多年来的人口问题，表现在中国出生人口性别比失衡和适婚年龄人口的婚姻挤压两个方面。本章预测 2050 年中国出生人口性别比将在 111.2 左右，高于正常范围，受这一指标偏高影响，预测期间仍将出现中国男性婚姻挤压，对家庭与社会的和谐稳定将带来一定的负面影响。

分性别来看，适婚年龄人口规模将逐年减少，且女性适婚年龄人口规模小于男性，女性适婚年龄人口规模下降速度大于男性，如图 3-12 所示。

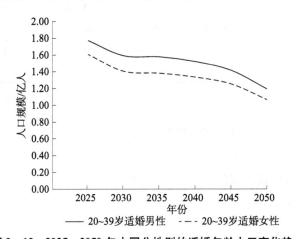

图 3-12 2025—2050 年中国分性别的适婚年龄人口变化趋势
资料来源：根据表 3-11、表 3-13、表 3-15 中的数据，运用人口预测模型测算得到。

图 3-12 反映，男性适婚年龄人口将从 2025 年的 1.77 亿人减少到 2050 年的 1.19 亿人，降幅将达 32.77%；女性适婚人口将从 2025 年的 1.61 亿人减少到 2050 年的 1.06 亿人，降幅将为 34.16%。男女适婚人口总量差额将在 2035 年达到最大，届时适婚年龄男性约比适婚年龄女性多 0.197 亿，之后，这一差额将逐渐减少，2050 年时，适婚年龄男性约比适婚年龄女性多 0.128

亿。由此可见，预测期间，我国"男多女少"引发的各类社会问题仍将持续。

五、家庭规模变动趋势

预测期间中国家庭户总量将持续增长，平均家庭户规模将持续缩减，家庭趋于小型化，将从两人户转向一人户。根据五普、六普、七普中全国家庭户总量进行趋势外推，获取 2025—2050 年全国家庭户总量预测值，采用家庭总数预测户主率法，通过户籍人口总量预测结果与家庭户户数预测结果，得出 2025—2050 年中国平均家庭户规模，如表 3 - 25 所示。

表 3 - 25　2025—2050 年中国家庭户总量与平均家庭户规模预测数据

年份	家庭户总量（万户）	平均家庭户规模（人/户）
2025	5340	2. 62
2030	5790	2. 38
2035	6240	2. 25
2040	6690	2. 03
2045	7140	1. 92
2050	7590	1. 66

资料来源：根据五普、六普、七普各地区家庭户户数和表 3 - 16 数据测算得到。

表 3 - 25 中数据显示，2025 年中国家庭户总量将为 5340 万户，可能比 2020 年普查时的家庭户总量增加 2.16%，2050 年家庭户总量将达到 7590 万户，与 2025 年时相比，将可能增加 2250 万户，增幅将达 42.13%；2025 年平均家庭户规模将为 2.62 人/户，此后平均家庭户规模将持续下降，2025—2050 年，平均每户人口将从 2.62 人减少到 1.66 人，缩减 0.96 人，平均家庭户规模缩减幅度约为 36.64%，将比 2025 年时减少三分之一以上。

家庭户规模逐渐从两人户向一人户转变，2025—2040 年，中国平均家庭户规模处于 2 人户稳步下降阶段，到 2045 年，平均家庭户规模跌破 2 人/户，2050 年仅为 1.66 人/户，且一人户家庭将明显增长。一人户家庭可能由独居老人、分居夫妇、单身者构成，21 世纪上半叶人口老龄化、人口素质提高与人口负增长相伴生。2025—2050 年，独居老人数量将会逐渐增加，分居夫妇、单身者构成的一人户可能引起人均日常消费量增加及人均能源消费量增长。一方面，将带动居家养老、住房、卫生保健、休闲娱乐、教育文化的消费支出持续增长，为经济发展创造新的增长点；另一方面，将对环境保护和能源的可持续性带来一定挑战。同时，一人户的增加将使家庭凝聚力和归属感下降，家庭是社会的最基本单元，这必然影响到家庭社会整合功能，需要着力健全家庭发展支持体系以增强家庭功能，维持社会稳定。

第四章　中国省际人口发展趋势预测

本章主要根据 2000—2020 年国家统计局发布的人口普查中"各地区分年龄、性别的人口""各地区育龄妇女年龄别生育率""死亡率""净迁移率"等数据及 31 个省（市、自治区）统计年鉴中相关人口数据，通过构建以人口队列预测法为主干的人口预测模型，用 GM（1，1）模型对各地生育率、死亡率、迁移率数据进行预测，并用相应修正方法结合各地近年的人口数据修正调整预测误差，将测算调整得到的各地人口总和生育率、人口死亡概率、净迁移率数据作为预测参数，代入人口预测模型，按照全国人口普查的省际划分，分别对东部地区、中部地区、中西部地区、东北地区以 5 年为一个预测期间，进行 2025—2050 年全国 31 个省（市、区）的人口规模及人口结构的变化趋势预测与分析。

第一节　中国东部地区各省（市）的人口发展趋势

按七普的省际划分，东部地区含北京、天津、河北、上海、江苏、浙江、福建、山东、广东、海南十省（市），本节将运用前述预测方法，预测分析这十个省（市）的人口规模与人口结构发展趋势。

一、北京

（一）北京人口规模变化

2025—2050 年北京人口规模变动趋势预测数据如表 4 - 1 所示。

表4-1 2025—2050年北京人口规模变动趋势预测数据 （单位：万人）

年份	北京人口规模	0～14岁 少儿人口	15～59岁 劳动年龄人口	60岁以上 老年人口	15～49岁 育龄妇女
2025	2160.59	327.67	1288.78	544.14	474.76
2030	2129.77	280.85	1213.81	635.11	443.20
2035	2145.85	225.88	1139.78	780.19	384.03
2040	2067.48	182.30	1059.72	825.46	306.09
2045	2097.70	164.79	917.34	1015.57	247.79
2050	1900.66	165.69	729.32	1005.65	210.50

资料来源：根据五普、六普、七普和当地统计年鉴中的相关人口数据，运用人口预测模型测算得到。

2025—2050年北京人口规模变动呈如下特征。

其一，北京人口规模将在波动中呈现负增长。发展进程将分为五个阶段：第一阶段（2025—2030年），人口规模将下降，可能由2160.59万人下降至2129.77万人，将减少30.82万人，减少幅度将约为1.43%；第二阶段（2030—2035年），人口规模将上升，可能由2129.77万人增长至2145.85万人，将增加16.08万人，增长幅度约为0.76%；第三阶段（2035—2040年），人口规模将下降，可能由2145.85万人减少到2067.48万人，将减少78.37万人，降幅将约为3.65%；第四阶段（2040—2045年），人口规模将上升，可能由2067.48万人增加到2097.70万人，将增加30.22万人，增长幅度约为1.46%；第五阶段（2045—2050年），人口规模将下降，可能由2097.70万人减少到1900.66万人，将约减少197.04万人，降幅将约为9.39%。人口规模将可能由2025年的2160.59万人减至2050年的1900.66万人，将减少259.93万人，减少幅度将约为12.03%。

其二，少儿人口、劳动年龄人口总量均将大幅减少。少儿人口总量、劳动年龄人口总量将分别比预测期初下降近五成、逾四成：0～14岁少儿人口将可能从2025年的327.67万人减至2050年的165.69万人，将减少161.98万人，降幅将约为49.43%；15～59岁劳动年龄人口将可能从2025年的1288.78万人减至2050年的729.32万人，将减少559.46万人，降幅将约为43.41%。

其三，60岁以上老年人口总量将显著增长。2050年60岁以上老年人口规模将可能达到1005.65万人，将约为2025年老年人口总量544.14万人的1.85

倍。届时老年人口将约占北京总人口的 52.91%。

其四，育龄妇女人口规模将大幅度缩减。2050 年育龄妇女将可能从 2025 年时的 474.76 万减至 210.50 万人，将减少 264.26 万人。届时，育龄妇女人口将不足预测期初的一半，降幅将约为 55.66%。

（二）北京人口结构变化

2025—2050 年北京人口结构变动趋势预测数据如表 4 - 2 所示。

表 4 - 2　2025—2050 年北京人口结构变动趋势预测数据

年份	65 岁以上老年人口占北京总人口的比例（%）	妇幼比（‰）	老龄化指数	15～24 岁劳动年龄人口占北京劳动年龄人口的比例（%）	人口性别比（女性 = 100）
2025	18.20	313.13	0.52	9.21	105.18
2030	22.79	253.56	0.55	12.01	106.16
2035	29.42	216.74	0.61	14.52	106.21
2040	32.83	233.09	0.63	14.13	107.42
2045	39.10	311.58	0.67	13.68	107.48
2050	40.96	398.76	0.67	13.15	109.53

资料来源：根据五普、六普、七普和当地统计年鉴中的相关人口数据，运用人口预测模型测算得到。

2025—2050 年北京人口结构变动呈如下特征。

其一，老龄化程度将持续加重。65 岁以上老年人口比重和老龄化指数将呈现"双高"趋势：65 岁以上老年人口占当地总人口的比例将可能从 2025 年的 18.20% 上升到 2050 年的 40.96%，2050 年该比重将可能是 2025 年的 2.25 倍；老龄化指数将可能从 2025 年的 0.52 上升到 2050 年的 0.67，该指标增幅将约达 28.85%。

其二，男性占比将持续上升，性别结构将逐渐失衡。人口性别比将可能从 2025 年的 105.18 上升至 2050 年的 109.53。

其三，妇幼结构将有所提升。妇幼比将可能从 2025 年的 313.13‰ 升高到 2050 年的 398.76‰，妇幼比的提升表明预测期间北京 5 岁以下幼儿人口占北京育龄妇女人口的比重将会震荡提高。

其四，劳动年龄人口老化趋势将有一定缓解。15～24 岁劳动年龄人口占北京劳动年龄人口的比重可能会出现波动上升，将从 2025 年的 9.21% 上升到

2050 年的 13.15%，而中老年劳动力占北京劳动年龄人口的比重将会相应减少。

（三）北京家庭户总量与平均家庭户规模变化

2025—2050 年北京家庭户总量将持续增加，平均家庭户规模将可能持续缩减，呈现由二人户逐渐转向一人户的趋势，如表 4-3 所示。

表 4-3　2025—2050 年北京家庭户总量与平均家庭户规模预测

年份	家庭户总量（户）	平均家庭户规模（人/户）
2025	10553404	2.05
2030	11813674	1.80
2035	13073944	1.64
2040	14334214	1.44
2045	15594484	1.35
2050	16854754	1.13

资料来源：根据五普、六普、七普各地区家庭户户数和表 4-1 数据测算得到。

表 4-3 显示，2025—2050 年，北京家庭户总量持续增长，2050 年时家庭户总量约为 16854754 户，比 2025 年时增加了 59.71%；自 2030 年开始，北京家庭规模呈现明显的"一人户"发展趋势，平均家庭户规模将从 2030 年的 1.80 人/户下降至 2050 年的 1.13 人/户。

与全国人口发展趋势比较，2050 年北京人口规模的降幅将达 12.03%，高于全国 10.07% 的降幅；2050 年 60 岁以上老年人口占人口总量的比例将达 52.91%，亦高于全国 46.05% 的占比；2040 年后 60 岁以上老年人口规模将可能超过 15~59 岁劳动年龄人口规模，将早于全国出现劳动年龄人口相对不足；2050 年较 2025 年的育龄妇女人口降幅将约为 55.66%，高于全国育龄妇女人口 33.50% 的降幅；预测期间的低龄劳动力占劳动年龄人口的比重在 9.21%~14.52%，低于全国 13.53%~21.23% 的水平；2050 年妇幼比将为 398.76‰，高于全国的 298.32‰；2050 年人口性别比将升至 109.53，高于全国 108.05 的水平；2050 年平均家庭户规模将为 1.13 人，低于全国 1.66 人/户的水平。

综上分析，2025—2050 年，北京除妇幼比的预测值好于全国该项指标的预测值，在人口规模降幅、60 岁以上老年人口占比、劳动力人口年龄结构、育龄妇女人口规模降幅、人口性别比、平均家庭户规模等项指标的预测值均劣于全国相应指标的预测水平，人口负增长趋势将可能较全国严重。

二、天津

（一）天津人口规模变化

2025—2050 年天津人口规模变动趋势预测数据如表 4-4 所示。

表 4-4　2025—2050 年天津人口规模变动趋势预测　（单位：万人）

年份	天津人口规模	0~4 岁 少儿人口	15~59 岁 劳动年龄人口	60 岁以上 老年人口	15~49 岁 育龄妇女
2025	1354.95	201.31	780.25	373.39	282.56
2030	1336.53	161.04	741.32	434.17	268.31
2035	1350.67	131.12	696.48	523.07	237.78
2040	1292.80	113.88	646.50	532.42	194.08
2045	1307.64	103.91	566.50	637.23	167.63
2050	1155.98	94.61	464.86	596.51	146.01

资料来源：根据五普、六普、七普和当地统计年鉴中的相关人口数据，运用人口预测模型测算得到。

2025—2050 年天津人口规模变动呈如下特征。

其一，天津人口规模将在波动中呈现负增长，且负增长趋势将可能在 2045 年后加速。发展进程将分为五个阶段：第一阶段（2025—2030 年），人口规模将下降，可能由 1354.95 万人下降至 1336.53 万人，将减少 18.42 万人，降幅将约为 1.36%；第二阶段（2030—2035 年），人口规模将上升，可能由 1336.53 万人增长至 1350.67 万人，将增长 14.14 万人，增长幅度约为 1.05%；第三阶段（2035—2040 年），人口规模将下降，可能由 1350.67 万人减少到 1292.80 万人，将减少 57.87 万人，降幅将约为 4.28%；第四阶段（2040—2045 年），人口规模将上升，可能由 1292.80 万人增加到 1307.64 万人，将增长 14.84 万人，增长幅度约为 1.15%；第五阶段（2045—2050 年），人口规模将下降，可能由 1307.64 万人减少到 1155.98 万人，将减少 151.66 万人，降幅约为 11.60%。人口规模将可能由 2025 年的 1354.95 万人，减至 2050 年的 1155.98 万人，将减少 198.97 万人，减少幅度约为 14.68%。

其二，少儿人口、劳动年龄人口规模均将大幅减少。少儿人口、劳动年龄人口规模将分别比预测期初下降逾五成、逾四成：0～14 岁少儿人口将可能从 2025 年的 201.31 万人减至 2050 年的 94.61 万人，将减少 106.70 万人，降幅将约为 53.00%；15～59 岁劳动年龄人口将可能从 2025 年的 780.25 万人减至 2050 年的 464.86 万人，将减少 315.39 万人，降幅将约达 40.42%。

其三，60 岁以上老年人口规模将显著增长。2050 年 60 岁以上老年人口规模将可能达到 596.51 万人，将约为 2025 年老年人口规模 373.39 万人的 1.60 倍，届时 60 岁以上老年人口占天津人口规模的比重将约达 51.60%。

其四，育龄妇女人口规模将大幅度减少。育龄妇女人口将可能从 2025 年的 282.56 万人减至 2050 年的 146.01 万人，将减少 136.55 万人，降幅将约为 48.32%，预测期末育龄妇女人口将不足预测期初的 60%。

（二）天津人口结构变动

2025—2050 年天津人口结构变动趋势预测数据如表 4-5 所示。

表 4-5　2025—2050 年天津人口结构变动趋势预测数据

年份	65 岁以上老年人口占天津总人口的比例（%）	妇幼比（‰）	老龄化指数	15～24 岁劳动年龄人口占天津劳动年龄人口的比例（%）	人口性别比（女性＝100）
2025	20.29	281.39	0.53	14.47	106.66
2030	25.38	230.98	0.56	15.71	107.54
2035	31.93	222.01	0.61	15.73	107.59
2040	34.53	255.41	0.63	13.28	108.73
2045	40.44	281.41	0.67	11.99	108.76
2050	40.75	284.53	0.67	12.09	110.78

资料来源：根据五普、六普、七普和当地统计年鉴中的相关人口数据，运用人口预测模型测算得到。

2025—2050 年天津人口结构变动呈如下特征。

其一，老龄化程度将持续加重。65 岁以上老年人口比重和老龄化指数将呈现"双高"趋势：65 岁以上老年人口占天津总人口的比例可能从 2025 年的 20.29% 上升到 2050 年的 40.75%，2050 年时该比例可能是 2025 年的 2.01 倍；老龄化指数将可能从 2025 年的 0.53 上升到 2050 年的 0.67，该指标增幅将约为 26.42%。

其二，性别结构失衡程度将加剧。人口性别比将可能从 2025 年的 106.66 上升至 2050 年的 110.78，升幅将为 3.86%。

其三，妇幼结构将略有提升。妇幼比将可能从 2025 年的 281.39‰升高到 2050 年的 284.53‰，妇幼比的提升表明预测期间天津 5 岁以下幼儿人口占天津育龄妇女人口的比例将会略有提高。

其四，劳动年龄人口老化趋势将加重。15~24 岁劳动年龄人口占天津劳动年龄人口的比例将波动下降，从 2025 年的 14.47% 减少到 2050 年的 12.09%，而中老年劳动力占天津劳动年龄人口的比例将相应上升。

（三）天津家庭户总量与平均家庭户规模变化

预测期间，天津家庭户总量将持续增加，平均家庭户规模将可能持续缩减，呈现由二人户逐渐转向一人户的趋势，如表 4-6 所示。

表 4-6　2025—2050 年天津家庭户总量与平均家庭户规模预测

年份	家庭户总量（户）	平均家庭户规模（人/户）
2025	5457494	2.48
2030	5930089	2.25
2035	6402684	2.11
2040	6875279	1.88
2045	7347874	1.78
2050	7820469	1.48

资料来源：根据五普、六普、七普各地区家庭户户数和表 4-4 数据测算得到。

表 4-6 显示，2025—2050 年，天津家庭户总量持续增长，2050 年家庭户总量约为 7820469 户，将比 2025 年时增加 43.30%；从 2040 年开始，天津家庭规模呈现一人户发展趋势，平均家庭户规模将从 2040 年的 1.88 人/户下降至 2050 年的 1.48 人/户。

2050 年的天津家庭户总量的降幅将达 14.68%，较全国 10.07% 的降幅高出 4.61 个百分点；2050 年 60 岁以上老年人口占人口总量的比例将达 51.6%，高于全国 46.05% 的占比；自 2040 年起，60 岁以上老年人口规模将持续高于 15~59 岁劳动年龄人口规模，将早于全国出现劳动年龄人口相对不足；2050 年较 2025 年的育龄妇女人口降幅将约为 48.32%，高于全国育龄妇女人口 33.50% 的降幅；预测期间，低龄劳动力占劳动年龄人口的比例为 11.99%~15.73%，低于全国 13.53%~21.23% 的水平；2050 年妇幼比将达 284.53‰，低于全国的 298.32‰；2050 年人口性别比将升至 110.78，高于全国 108.05 的水平；2050 年平均家庭户规模将为 1.48 人/户，低于全国 1.66 人/户的水平。

综上对比分析，2025—2050 年，天津在人口规模降幅、60 岁以上老年人口占比、劳动力人口年龄结构、育龄妇女人口规模降幅、人口性别比、妇幼比、平均家庭户规模等项指标的预测值均劣于全国相应指标的预测水平。人口负增长发展程度将可能较全国严重。

三、河北

（一）河北人口规模变化

2025—2050 年河北人口规模变动趋势的预测数据如表 4-7 所示。

表 4-7 2025—2050 年河北人口规模变动趋势预测   （单位：万人）

年份	河北人口规模	0~14 岁少儿人口	15~59 岁劳动年龄人口	60 岁以上老年人口	15~49 岁育龄妇女
2025	7363.47	1457.10	4049.99	1856.38	1513.88
2030	7351.34	1122.89	3976.19	2252.26	1536.54
2035	7562.36	1016.84	3850.29	2695.23	1425.48
2040	7387.42	1029.90	3660.61	2696.91	1215.54
2045	7538.80	1014.11	3343.09	3181.60	1129.42
2050	6849.68	916.15	2934.60	2998.93	1106.86

资料来源：根据五普、六普、七普和当地统计年鉴中的相关人口数据，运用人口预测模型测算得到。

2025—2050 年河北人口规模变动呈如下特征。

其一，河北人口规模将在波动中呈现负增长的发展趋势。人口规模变化可分为五个阶段：第一阶段（2025—2030 年），人口规模将下降，可能由 7363.47 万人下降至 7351.34 万人，将减少 12.13 万，减少幅度将约为 0.16%；第二阶段（2030—2035 年），人口规模将上升，可能由 7351.34 万人增长至 7562.36 万人，将增加 211.02 万，增长幅度为 2.9%；第三阶段（2035—2040 年），人口规模将下降，可能由 7562.36 万人减少到 7387.42 万人，将减少 174.94 万，减少幅度将约为 2.31%；第四阶段（2040—2045 年），人口规模将上升，可能由 7387.42 万人增加到 7538.80 万人，将增加 151.38 万，增长幅度约为 2.05%；第五阶段（2045—2050 年），人口规模将下降，可能由 7538.80 万人减少到 6849.68 万人，约减少 689.12 万人，减少幅度将约为 9.14%。人口规模可能由 2025 年的 7363.47 万人减至 2050 年的 6849.68 万人，将减少 513.79 万人，降幅将约为 6.98%。

其二，少儿人口、劳动年龄人口规模将大幅减少。少儿人口、劳动年龄人口规模将分别比预测期初下降逾三成、逾两成：0~14 岁少儿人口将可能从 2025 年的 1457.10 万人减至 2050 年的 916.15 万人，减少 540.95 万人，降幅将约为 37.13%；15~59 岁劳动年龄人口将可能从 2025 年的 4049.99 万人减至 2050 年的 2934.60 万人，将约减少 1115.39 万人，减幅将约达 27.54%。

其三，60 岁以上老年人口规模将显著增长。2050 年 60 岁以上老年人口规模可能达到 2998.93 万人，约为 2025 年老年人口总量 1856.38 万人的 1.62 倍，届时 60 岁以上老年人口占河北人口总量的比重将约为 43.78%。

其四，育龄妇女人口规模自 2035 年起将持续减少。2050 年育龄妇女人口将可能从 2025 年的 1513.88 万人减至 1106.86 万人，人数将约为预测期初的 73.11%，降幅将约为 26.89%。

（二）河北人口结构变化

2025—2050 年河北人口结构变动趋势预测数据如表 4-8 所示。

表 4-8　2025—2050 年河北人口结构变动趋势预测

年份	65 岁以上老年人口占河北总人口的比例（%）	妇幼比（‰）	老龄化指数	15~24 岁劳动年龄人口占河北劳动年龄人口的比例（%）	人口性别比（女性=100）
2025	18.48	334.03	0.50	21.42	102.53
2030	23.05	290.87	0.52	25.31	103.44
2035	29.51	343.50	0.57	21.85	103.68
2040	30.85	427.97	0.57	15.43	104.78
2045	35.41	418.42	0.61	13.61	104.92
2050	34.77	342.60	0.60	15.52	105.97

资料来源：根据五普、六普、七普和当地统计年鉴中的相关人口数据，运用人口预测模型测算得到。

2025—2050 年河北人口结构变动呈如下特征。

其一，老龄化程度将持续加重。65 岁以上老年人口比重和老龄化指数将呈现"双高"趋势：65 岁以上老年人口占河北总人口的比例可能从 2025 年的 18.48% 上升到 2050 年的 34.77%，2050 年该比重将可能是 2025 年的 1.88 倍；老龄化指数将可能从 2025 年的 0.50 上升到 2050 年的 0.60，该指标增幅将约达 20.00%。

其二，性别结构将维持均衡，男性占比有所上升。人口性别比将可能从 2025 年的 102.53 上升至 2050 年的 105.97。

其三，妇幼结构将略有提升。妇幼比将可能从 2025 年的 334.03‰升高到 2050 年的 342.60‰，妇幼比的提升表明预测期间河北 5 岁以下幼儿人口占河北育龄妇女人口的比例将略有提高。

其四，劳动年龄人口老化趋势将加重。15～24 岁劳动年龄人口占河北劳动年龄人口的比重将下降，从 2025 年的 21.42% 减少到 2050 年的 15.52%，而中老年劳动力占河北劳动年龄人口的比重则将会相应上升。

（三）河北家庭户总量与平均家庭户规模变化

2025—2050 年河北家庭户规模将持续增加，平均家庭户规模将可能持续缩减，呈现由二人户逐渐转向一人户的趋势，如表 4-9 所示。

表 4-9　2025—2050 年河北家庭户总量与平均家庭户规模预测

年份	家庭户总量（户）	平均家庭户规模（人/户）
2025	30468770	2.42
2030	32481995	2.26
2035	34495220	2.19
2040	36508445	2.02
2045	38521670	1.96
2050	40534895	1.69

资料来源：根据五普、六普、七普各地区家庭户户数和表 4-7 数据测算得到。

表 4-9 显示，2025—2050 年，河北家庭户总量持续增长，2050 年家庭户总量约为 40534895 户，比 2025 年增加了 33.04%；自 2045 年开始，河北家庭规模呈现出明显的"一人户"发展趋势，平均家庭户规模将从 2025 年的 2.42 人/户降至 2050 年的 1.69 人/户。

　　与全国人口发展趋势相比，2050 年河北人口规模的降幅约为 6.98%，低于全国 10.07% 降幅的 3.09 个百分点。2050 年，60 岁以上老年人口占人口规模的比例将约为 43.78%，略低于全国 46.05% 的占比。届时，60 岁以上老年人口规模将可能超过 15～59 岁劳动年龄人口规模，将与全国同时出现劳动年龄人口相对不足；2050 年较 2025 年的育龄妇女人口降幅将约为 26.89%，低于全国育龄妇女人口 33.50% 的降幅；预测期间的低龄劳动力占劳动年龄人口的比例为 13.61%～25.31%，高于全国 13.53%～21.23% 的水平；2050 年妇幼比将为 342.6‰，高于全国的 298.32‰ 的水平；2050 年人口性别比将约为 105.97，低于全国 108.05 的水平；2050 年平均家庭户规模将为 1.69 人，高于全国每户 1.66 人的水平。

　　综上分析，2025—2050 年，河北的人口规模降幅、60 岁以上老年人口占比、劳动力人口年龄结构、育龄妇女人口降幅、妇幼比、人口性别比、平均家庭户规模等项指标的预测值均好于全国预测水平。

四、上海

（一）上海人口规模变化

　　2025—2050 年上海人口规模变动趋势的预测数据如表 4－10 所示。

表 4－10　2025—2050 年上海人口规模变动趋势预测　　（单位：万人）

年份	上海人口规模	0～14 岁少儿人口	15～59 岁劳动年龄人口	60 岁以上老年人口	15～49 岁育龄妇女
2025	2433.78	296.44	1439.57	697.77	521.30
2030	2374.04	241.42	1346.88	785.74	477.15
2035	2381.90	188.99	1247.29	945.62	406.59
2040	2250.53	147.13	1133.14	970.26	315.96
2045	2264.83	122.89	966.57	1175.37	242.17
2050	1969.23	110.28	747.25	1111.70	195.82

资料来源：五普、六普、七普和当地统计年鉴中的相关人口数据，运用人口预测模型测算得到。

2025—2050 年上海人口规模变动呈如下特征。

其一，上海人口总量规模总体将在波动中呈现负增长的发展趋势，且负增长趋势将可能自 2045 年后逐渐加速。发展进程将分为五个阶段：第一阶段（2025—2030 年），人口总量将下降，由 2433.78 万人下降到 2374.04 万人，预计减少 59.74 万人，降幅将约为 2.45%；第二阶段（2030—2035 年），人口总量将上升，可能由 2374.04 万人上升至 2381.90 万人，将增加 7.86 万人，增幅约为 0.33%；第三阶段（2035—2040 年），人口总量将下降，可能从 2381.90 万人下降到 2250.53 万人，将减少 131.37 万人，降幅约为 5.52%；第四阶段（2040—2045 年），人口总量将上升，可能从 2250.53 万人上升至 2264.83 万人，增加 14.3 万人，增幅将约为 0.64%；第五阶段（2045—2050 年），人口总量将下降，可能由 2264.83 万人下降到 1969.23 万人，下降 295.60 万人，降幅约为 13.05%。人口总量规模将可能由 2025 年的 2433.78 万人减至 2050 年的 1969.23 万人，预测期间预计减少 464.55 万人，减少幅度约达 19.09%。

二是少儿人口、劳动年龄人口总量均将大幅减少。少儿人口、劳动年龄人口总量将可能比预测期初分别下降逾六成、逾四成：0～14 岁少儿人口将可能从 2025 年的 296.44 万人减至 2050 年的 110.28 万人，将减少 186.16 万人，减少幅度将约为 62.80%；15～59 岁劳动年龄人口将可能从 2025 年的 1439.57 万人减少到 2050 年 747.25 万人，将减少 692.32 万人，减少幅度将约为 48.09%。

三是 60 岁以上老年人口总量显著增长。2050 年 60 岁以上老年人口规模将可能达到 1111.70 万人，约为 2025 年老年人口总量 697.77 万人的 1.59 倍，届时 60 岁以上老年人口占上海人口总量的比重将约为 56.45%。

四是育龄妇女人口规模大幅度减少。2050 年育龄妇女将可能从预测期初的 521.30 万人减至 195.82 万人，将减少 325.48 万人，届时育龄妇女人数将仅为 2025 年时的 37.56%，育龄妇女人口降幅将约为 62.44%。

（二）上海人口结构变化

2025—2050 年上海的人口结构变动趋势预测数据如表 4－11 所示。

表 4 - 11　2025—2050 年上海人口结构变动趋势预测

年份	65 岁以上老年人口占上海总人口的比例（%）	妇幼比（‰）	老龄化指数	15 ~ 24 岁劳动年龄人口占上海劳动年龄人口的比例（%）	人口性别比（女性=100）
2025	22.03	249.29	0.55	8.93	107.61
2030	26.10	196.74	0.58	10.91	109.25
2035	32.80	164.26	0.64	12.23	109.26
2040	35.50	174.81	0.66	11.41	110.18
2045	42.59	219.72	0.70	11.14	110.17
2050	43.73	255.16	0.70	10.55	112.42

资料来源：根据五普、六普、七普和当地统计年鉴中的相关人口数据，运用人口预测模型测算得到。

2025—2050 年上海人口结构变动呈如下特征。

其一，老龄化程度将持续加重。65 岁以上老年人口比重和老龄化指数将呈现"双高"趋势：65 岁以上老年人口占当地总人口的比例可能从 2025 年的 22.03% 上升到 2050 年的 43.73%，2050 年时该比重将可能是 2025 年的 1.99 倍；老龄化指数将可能从 2025 年的 0.55 上升到 2050 年的 0.70，该指标增幅将约达 27.27%。

其二，性别结构将持续失衡，男性占比上升。人口性别比将可能从 2025 年时的 107.61 上升至 2050 年时的 112.42，性别结构失衡状态将持续并加剧。

其三，妇幼结构将有所上升。妇幼比将可能从 2025 年的 249.29‰波动上升到 2050 年的 255.16‰，妇幼比的上升表明预测期间上海 5 岁以下幼儿人口占当地育龄妇女人口的比例将会有所增加。

其四，劳动年龄人口老化趋势将略有减轻。15 ~ 24 岁劳动年龄人口占当地劳动年龄人口的比重将波动增长，从 2025 年的 8.93% 增加到 2050 年的 10.55%，而中老年劳动力占当地劳动年龄人口的比重将会有所下降。

（三）上海家庭户总量与平均家庭户规模变化

2025—2050 年上海家庭户总量将持续增加，平均家庭户规模将可能持续缩减，呈现由二人户逐渐转向一人户的趋势，如表 4 - 12 所示。

表 4 – 12 2025—2050 年上海家庭户总量与平均家庭户规模预测

年份	家庭户总量（户）	平均家庭户规模（人/户）
2025	10649228	2.27
2030	11735618	2.01
2035	12822008	1.85
2040	13908398	1.61
2045	14994788	1.50
2050	16081178	1.22

资料来源：根据五普、六普、七普各地区家庭户户数和表 4 – 10 数据测算得到。

表 4 – 12 显示，2025—2050 年，上海家庭户总量持续增长，2050 年上海家庭户总量将约为 16081178 户，将比 2025 年时增加 51.01%；自 2035 年开始，上海家庭规模呈现明显的"一人户"发展趋势，平均家庭户规模将从 2030 年的 2.01 人/户下降至 2035 年的 1.85 人/户，之后平均家庭户规模将持续缩减，2050 年时平均家庭户规模将减少到 1.22 人/户。

相较于全国人口发展趋势，2050 年上海人口规模的降幅将达 19.09%，较全国 10.07% 的降幅将高出 9.02 个百分点；2050 年 60 岁以上老年人口占人口总量的比例将达 56.45%，高于全国 46.05% 的占比；2040 年后 60 岁以上老年人口规模将可能持续高于 15 ~ 59 岁劳动年龄人口规模，将早于全国出现劳动年龄人口相对不足；2050 年较 2025 年的育龄妇女人口降幅约为 62.44%，远高于全国育龄妇女人口 33.50% 的降幅；预测期间的低龄劳动力占劳动年龄人口的比例在 8.93% ~ 12.23%，远低于全国 13.53% ~ 21.23% 的水平；2050 年妇幼比将为 255.16‰，低于全国的 298.32‰；2050 年人口性别比将升至 112.42，高于全国 108.05 的水平；2050 年平均家庭户规模将为 1.22 人/户，低于全国 1.66 人/户的水平。

综上分析，2025—2050 年，上海在人口规模的降幅、60 岁以上老年人口占比、劳动力人口年龄结构、育龄妇女人口规模降幅、妇幼比、人口性别比、平均家庭户规模等项指标的预测值均劣于全国预测水平，人口负增长的程度可能比全国严重。

五、江苏

（一）江苏人口规模变化

2025—2050 年江苏人口规模变动趋势的预测如表 4-13 所示。

表 4-13　2025—2050 年江苏人口规模变动趋势预测 （单位：万人）

年份	江苏人口规模	0~14 岁少儿人口	15~59 岁劳动年龄人口	60 岁以上老年人口	15~49 岁育龄妇女
2025	8365.20	1321.44	4731.53	2312.23	1654.67
2030	8198.49	1012.39	4392.56	2793.54	1591.97
2035	8311.81	848.07	4098.80	3364.94	1459.93
2040	7917.05	785.79	3809.36	3321.90	1196.47
2045	8020.31	745.06	3452.25	3823.00	1034.69
2050	7194.82	675.60	2876.51	3642.71	950.14

资料来源：根据五普、六普、七普和当地统计年鉴中的相关人口数据，运用人口预测模型测算得到。

2025—2050 年江苏人口规模变动呈如下特征。

其一，江苏人口规模将在波动中呈现负增长的发展趋势，且负增长趋势可能在 2045 年后逐渐加速。发展进程将分为五个阶段：第一阶段（2025—2030年），人口总量将下降，可能由 8365.20 万人下降到 8198.49 万人，将减少166.71 万人，减少幅度将约为 1.99%；第二阶段（2030—2035 年），人口总量将上升，可能由 8198.49 万人上升至 8311.81 万人，将增加 113.32 万人，增加幅度将约为 1.38%；第三阶段（2035—2040 年），人口总量将下降，可能从 8311.81 万人减少到 7917.05 万人，将减少 394.76 万人，减少幅度将约为4.75%；第四阶段（2040—2045 年），人口总量将上升，可能从 7917.05 万人上升至 8020.31 万人，将增加 103.26 万人，增加幅度将约为 1.30%；第五阶段（2045—2050 年），人口总量将下降，可能由 8020.31 万人下降到 7194.82万人，将减少 825.49 万人，减少幅度将约为 10.29%。人口规模将可能由2025 年的 8365.20 万人减至 2050 年的 7194.82 万人，预测期间将减少 1170.38万人，减少幅度将约达 13.99%。

其二，少儿人口、劳动年龄人口总量均将大幅减少。少儿人口、劳动年龄人口总量将分别比预测期初下降逾四成、逾三成：0~14 岁少儿人口将可能从2025 年的 1321.44 万人减至 2050 年的 675.60 万人，将减少 645.84 万人，减少幅度将约为 48.87%；15~59 岁劳动年龄人口将可能从 2025 年的 4731.53 万人减少到 2050 年的 2876.51 万人，将减少 1855.02 万人，减少幅度将约为 39.21%。

其三，60 岁以上老年人口总量将显著增长。2050 年 60 岁以上老年人口规模将可能达到 3642.71 万人，将约为 2025 年老年人口总量 2312.23 万人的1.58 倍，届时 60 岁以上老年人口占江苏人口总量的比重将约为 50.63%。

其四，育龄妇女人口规模将大幅度减少。2050 年育龄妇女人口规模将减至 950.14 万人，比 2025 年的 1654.67 万人减少 704.53 万人，届时育龄妇女人数将仅为 2025 年的 57.42%，减少幅度将约为 42.58%。

（二）江苏人口结构变化

2025—2050 年江苏的人口结构变动趋势预测数据如表 4-13 所示。

表 4-14　2025—2050 年江苏人口结构变动趋势预测

年份	65 岁以上老年人口占江苏总人口的比例（%）	妇幼比（‰）	老龄化指数	15~24 岁劳动年龄人口占江苏劳动年龄人口的比例（%）	人口性别比（女性=100）
2025	20.40	296.22	0.53	15.72	103.47
2030	25.02	242.15	0.56	19.30	104.79
2035	33.33	249.02	0.61	18.05	104.89
2040	35.54	309.01	0.62	13.97	105.88
2045	41.06	333.76	0.66	12.13	105.95
2050	40.44	302.09	0.66	12.69	106.85

资料来源：根据五普、六普、七普和当地统计年鉴中的相关人口数据，运用人口预测模型测算得到。

2025—2050 年江苏人口结构变动呈如下特征。

其一，老龄化程度将持续加重。65 岁以上老年人口比重和老龄化指数将呈现"双高"趋势：65 岁以上老年人口占当地总人口的比例将从 2025 年的20.40% 上升到 2050 年时的 40.44%，2050 年时该比重可能是 2025 年的 1.98倍；老龄化指数将从 2025 年时的 0.53 上升到 2050 年的 0.66，该指标增幅约达 24.53%。

其二，性别结构将维持均衡，男性占比将持续上升。人口性别比将从2025 年时的 103.47 上升至 2050 年的 106.85，预测期间仍将总体保持均衡状态。

其三，妇幼结构将有所上升。妇幼比将可能从 2025 年的 296.22‰波动上升到 2050 年的 302.09‰。妇幼比的上升表明预测期间江苏 5 岁以下幼儿人口占当地育龄妇女人口的比例将会震荡增大。

其四，劳动年龄人口老化趋势将加重。15 ~ 24 岁劳动年龄人口占当地劳动年龄人口的比重将出现波动并减少，从 2025 年的 15.72% 减少到 2050 年的12.69%，而中老年劳动力占当地劳动年龄人口的比重将会略有上升。

（三）江苏家庭户总量与平均家庭户规模变化

2025—2050 年江苏家庭户总量将持续增加，平均家庭户规模将可能持续缩减，呈现由二人户逐渐转向一人户的趋势，如表 4 - 15 所示。

表 4 - 15　2025—2050 年江苏家庭户总量与平均家庭户规模预测

年份	家庭户总量（户）	平均家庭户规模（人/户）
2025	31095656	2.66
2030	33229436	2.44
2035	35363216	2.32
2040	37496996	2.09
2045	39630776	2.00
2050	41764556	1.70

资料来源：根据五普、六普、七普各地区家庭户户数和表 4 - 13 数据测算得到。

表 4 - 15 显示，2025—2050 年，江苏家庭户总量持续增长，2050 年家庭户总量约为 41764556 户，比 2025 年时增加了 34.31%；自 2050 年开始，江苏家庭规模呈现明显的一人户发展趋势，平均家庭户规模将从 2045 年的2.00 人/户下降至 2050 年的 1.70 人/户。

与全国人口发展趋势相比，2050 年江苏人口规模的降幅将约为 13.99%，高出全国 10.07% 降幅的 3.92 个百分点；2050 年 60 岁以上老年人口占人口总量的比例将约为 50.63%，也高于全国 46.05% 的占比；2040 年后 60 岁以上老年人口规模将可能超过 15 ~ 59 岁劳动年龄人口规模，将早于全国出现劳动年龄人口相对不足;2050 年较 2025 年的育龄妇女人口降幅将约为 42.58%,高于全国育龄妇女人口 33.50% 的降幅;预测期间的低龄劳动力占劳动年龄人口的比例在 12.13% ~ 19.30%,低于全国 13.53% ~ 21.23% 的水平;2050 年人口性别比将升至 105.95,低于全国 108.05 的水平;2050 年妇幼比将为 302.09‰,高于全国 298.32‰ 的水平;2050 年平均家庭户规模将为 1.70 人/户,高于全国 1.66 人/户的水平。

综上分析,2025—2050 年,江苏的人口规模的降幅、60 岁以上老年人口占比、劳动力人口年龄结构、育龄妇女人口规模降幅等项指标的预测值均劣于全国预测水平;妇幼比、人口性别比、平均家庭户规模等指标的预测值将较全国的好。

六、浙江

(一) 浙江人口规模变化

2025—2050 年浙江人口规模变动趋势的预测数据如表 4 – 16 所示。

表 4 – 16 2025—2050 年浙江人口规模变动趋势预测 （单位：万人）

年份	浙江人口规模	0 ~ 14 岁少儿人口	15 ~ 59 岁劳动年龄人口	60 岁以上老年人口	15 ~ 49 岁育龄妇女
2025	6466.87	985.35	3896.05	1585.47	1330.49
2030	6378.60	804.08	3607.80	1966.72	1236.21
2035	6455.96	668.48	3301.58	2485.90	1113.81
2040	6211.41	578.39	3030.96	2602.06	932.46
2045	6285.96	522.70	2703.63	3059.63	795.17
2050	5726.41	473.71	2259.40	2993.30	702.10

资料来源:根据五普、六普、七普和当地统计年鉴中的相关人口数据,运用人口预测模型测算得到。

2025—2050 年浙江人口规模变动呈如下特征。

其一,浙江人口规模将在波动中呈现负增长的发展趋势,且负增长趋势将可能在 2045 年后逐渐加速。发展进程将分为五个阶段:第一阶段（2025—2030 年),人口总量将下降,可能由 6466.87 万人下降到 6378.60 万人,将减少 88.27 万人，减少幅度将约为 1.36%；第二阶段（2030—2035 年），人口总量将上升，可能由 6378.60 万人上升至 6455.96 万人，将增加 77.36 万人，增加幅度将约为 1.21%；第三阶段（2035—2040 年），人口总量将下降，可能从 6455.96 万人减少到 6211.41 万人，将减少 244.55 万人，减少幅度将约为 3.79%；第四阶段（2040—2045 年），人口总量将上升，从 6211.41 万人上升至 6285.96 万人，将增加 74.55 万人，增加幅度将约为 1.20%；第五阶段（2045—2050 年），人口总量将下降，可能由 6285.96 万人下降到 5726.41 万人，将减少 559.55 万人，减少幅度将为 8.90%。人口规模将由 2025 年的 6466.87 万人减至 2050 年的 5726.4 万人，预测期间将减少 740.47 万人，人口减少幅度将约达 11.45%。

其二，少儿人口、劳动年龄人口总量均将大幅减少。少儿人口、劳动年龄人口总量将分别比预测期初下降逾五成、逾四成：0~14 岁少儿人口将可能从 2025 年的 985.35 万人减至 2050 年的 473.71 万人，将减少 511.64 万人，减少幅度将约为 51.92%；15~59 岁劳动年龄人口将可能从 2025 年的 3896.05 万人减少到 2050 年 2259.40 万人，将减少 1636.65 万人，减少幅度将约为 42.01%。

其三，60 岁以上老年人口总量将显著增长。2050 年 60 岁以上老年人口规模将可能达到 2993.30 万人，约为 2025 年老年人口总量 1585.47 万人的 1.89 倍，届时 60 岁以上老年人口占浙江人口总量的比重将约为 52.27%。

其四，育龄妇女人口规模将大幅度减少。2050 年育龄妇女将可能从 2025 年时的 1330.49 万人减至 702.10 万人，将减少 628.39 万人，届时育龄妇女人口规模将仅为预测期初人口规模的 52.77%，减少幅度将约为 47.23%。

（二）浙江人口结构变化

2025—2050 年浙江的人口结构变动趋势预测数据如表 4-17 所示。

表 4-17　2025—2050 年浙江人口结构变动趋势预测

年份	65 岁以上老年人口占浙江总人口的比例（%）	妇幼比（‰）	老龄化指数	15~24 岁劳动年龄人口占浙江劳动年龄人口的比例（%）	人口性别比（女性=100）
2025	17.41	308.66	0.52	13.43	109.11
2030	22.25	254.77	0.55	14.99	109.97
2035	30.27	242.01	0.61	15.69	109.98
2040	34.55	268.30	0.62	14.11	110.80

年份	65 岁以上老年人口占浙江总人口的比例（%）	妇幼比（‰）	老龄化指数	15～24 岁劳动年龄人口占浙江劳动年龄人口的比例（%）	人口性别比（女性＝100）
2045	41. 12	294. 93	0. 67	12. 89	110. 78
2050	42. 36	295. 22	0. 67	12. 68	111. 86

资料来源：根据五普、六普、七普和当地统计年鉴中的相关人口数据，运用人口预测模型测算得到。

2025—2050 年浙江人口结构变动呈如下特征。

其一，老龄化程度将持续加重。65 岁以上老年人口比重和老龄化指数将呈现"双高"趋势：65 岁以上老年人口占当地总人口的比例将可能从 2025 年的 17. 41% 上升到 2050 年的 42. 36%，2050 年该比重将可能是 2025 年的 2. 43 倍；老龄化指数将可能从 2025 年的 0. 52 上升到 2050 年时的 0. 67，该指标增幅将约达 28. 85%。

其二，男性人口将持续上升，性别结构失衡将加剧。人口性别比将从 2025 年的 109. 11 上升至 2050 年的 111. 86，性别结构失衡状态将持续加剧。

其三，妇幼结构将有所下降。妇幼比将可能从 2025 年的 308. 66‰波动下降到 2050 年的 295. 22‰，妇幼比的下降表明预测期间浙江 5 岁以下幼儿人口占当地育龄妇女人口的比例将会震荡缩小。

其四，劳动年龄人口老化趋势加重。15～24 岁劳动年龄人口占当地劳动年龄人口的比重将波动减少，从 2025 年的 13. 43% 减少到 2050 年的 12. 68%，而中老年劳动力占当地劳动年龄人口的比重则将会略有上升。

（三）浙江家庭户总量与平均家庭户规模变化

2025—2050 年浙江家庭户总量将持续增加，平均家庭户规模将持续缩减，呈现由二人户逐渐转向一人户的趋势，如表 4 - 18 所示。

表 4 - 18　2025—2050 年浙江家庭户总量与平均家庭户规模预测

年份	家庭户总量（户）	平均家庭户规模（人/户）
2025	24133210	2. 63
2030	26851135	2. 33
2035	29569060	2. 14
2040	32286985	1. 89

年份	家庭户总量（户）	平均家庭户规模（人/户）
2045	35004910	1.76
2050	37722835	1.49

资料来源：根据五普、六普、七普各地区家庭户户数和表4－16数据测算得到。

表4－18显示，2025—2050年，浙江家庭户总量持续增长，2050年时家庭户总量约为37722835户，比2025年增加了56.31%；自2040年开始，浙江家庭规模呈现明显的"一人户"发展趋势，平均家庭户规模将从2035年的2.14人/户下降至2040年的1.89人/户，随后进一步下降，2050年时平均家庭户规模减少到1.49人/户。

对比全国人口发展趋势，2050年浙江人口规模的降幅约为11.45%，略高于全国10.07%的降幅；2050年60岁以上老年人口占人口总量的比例约为52.27%，高出全国46.05%占比的6.22个百分点；2040年后60岁以上老年人口规模可能超过15～59岁劳动年龄人口规模，将早于全国出现劳动年龄人口相对不足；2050年较2025年的育龄妇女人口降幅约为47.23%，高于全国育龄妇女人口33.50%的降幅；预测期间的低龄劳动力占劳动年龄人口的比例在15.69%～12.68%，低于全国21.23%～13.53%的水平；2050年妇幼比将为295.22‰，低于全国的298.32‰的水平；2050年人口性别比将升至111.86，高于全国108.05的水平；平均家庭户规模将为每户1.49人，低于全国每户1.66人的平均规模。

综上分析，2025—2050年，浙江在人口规模的降幅、60岁以上老年人口占比、育龄妇女人口规模降幅、劳动力人口年龄结构、妇幼比、人口性别比、平均家庭户规模等项指标的预测值可能劣于全国的预测水平。

七、福建

（一）福建人口规模变化

2025—2050年福建人口规模变动趋势的预测数据如表4－19所示。

表4-19 2025—2050年福建人口规模变动趋势预测   （单位：万人）

年份	福建人口规模	0~14岁少儿人口	15~59岁劳动年龄人口	60岁以上老年人口	15~49岁育龄妇女
2025	4197.50	870.88	2460.64	865.98	882.07
2030	4206.85	713.59	2402.11	1091.15	867.18
2035	4344.90	658.91	2273.38	1412.61	803.27
2040	4350.92	689.32	2148.01	1513.59	692.87
2045	4517.88	738.98	1974.28	1804.62	633.12
2050	4312.66	756.22	1746.28	1810.16	617.28

资料来源：根据五普、六普、七普和当地统计年鉴中的相关人口数据，运用人口预测模型测算得到。

2025—2050年福建人口规模变动呈如下特征。

其一，福建人口规模将在波动中呈现正增长的发展趋势。发展进程将分为两个阶段：第一阶段（2025—2045年），人口总量将可能持续上升，由4197.50万人波动上升至4517.88万人，将增加320.38万人，增幅将约为7.63%；第二阶段（2045—2050年），人口总量下降，由4517.88万人减少到2050年的4312.66万人，2050年相对于2045年的人口规模降幅约为4.54%。人口规模将可能由2025年的4197.50万人增至2050年的4312.66万人，预测期间将大约增加115.16万人，增加幅度将约为2.74%。

其二，少儿人口、劳动年龄人口总量均将减少。少儿人口、劳动年龄人口总量将分别比预测期初下降逾一成、逾两成：0~14岁少儿人口将可能从2025年的870.88万人减至2050年的756.22万人，将减少114.66万人，降幅将约为13.17%；15~59岁劳动年龄人口将可能从2025年的2460.64万人减至2050年的1746.28万人，将减少714.36万人，降幅将约达29.03%。

其三，60岁以上老年人口总量将显著增长。2050年60岁以上老年人口规模将可能达到1810.16万人，约为2025年老年人口总量865.98万人的2.09倍，届时60岁以上老年人口占福建人口总量的比重将约为41.97%。

其四，育龄妇女人口规模将大幅度下降。2050年育龄妇女将可能减至617.28万人，将减少264.79万人，育龄妇女人数将仅为2025年882.07万人的69.98%，降幅将约为30.02%。

（二）福建人口结构变化

2025—2050 年福建的人口结构变动趋势预测数据如表 4 - 20 所示。

表 4 - 20　2025—2050 年福建人口结构变动趋势预测

年份	65 岁以上老年人口占福建总人口的比例（%）	妇幼比（‰）	老龄化指数	15～24 岁劳动年龄人口占福建劳动年龄人口的比例（%）	人口性别比（女性 = 100）
2025	14.59	382.82	0.48	17.21	107.13
2030	18.47	337.56	0.50	21.35	108.10
2035	24.91	389.47	0.55	21.13	108.21
2040	28.40	517.24	0.55	16.77	108.85
2045	33.19	598.71	0.58	15.28	108.92
2050	33.52	586.25	0.58	16.89	109.97

资料来源：根据五普、六普、七普和当地统计年鉴中的相关人口数据，运用人口预测模型测算得到。

2025—2050 年福建人口结构变动呈如下特征。

其一，老龄化程度将持续加重。65 岁以上老年人口比重和老龄化指数将呈现"双高"趋势：65 岁以上老年人口占当地总人口的比例将从 2025 年的 14.59% 上升到 2050 年的 33.52%，2050 年时该比重将可能是 2025 年的 2.30 倍；老龄化指数将可能从 2025 年的 0.48 上升到 2050 年的 0.58，该指标增幅约达 20.83%。

其二，人口性别比将持续上升。男性占比将不断上升。人口性别比将可能从 2025 年的 107.13 上升至 2050 年的 109.97，自 2025 年后性别结构失衡将逐渐加重。

其三，妇幼结构将上升且将维持较高水平。妇幼比将从 2025 年的 382.82‰波动上升到 2050 年的 586.25‰，妇幼比的上升表明预测期间福建 5 岁以下幼儿人口占当地育龄妇女人口的比例将会震荡增大。

其四，劳动年龄人口老化趋势将加重。15～24 岁劳动年龄人口占当地劳动年龄人口的比重将小幅波动下降，将从 2025 年的 17.21% 下降到 2050 年的 16.89%，而中老年劳动力占当地劳动年龄人口的比重将会有所增加。

（三）福建家庭户总量与平均家庭户规模变化

2025—2050 年福建家庭户总量将持续增加；平均家庭户规模将持续缩减，

呈现由二人户逐渐转向一人户的趋势，如表 4 - 21 所示。

表 4 - 21   2025—2050 年福建家庭户总量与平均家庭户规模预测

年份	家庭户总量（户）	平均家庭户规模（人／户）
2025	15316166	2.70
2030	16723121	2.48
2035	18130076	2.36
2040	19537031	2.20
2045	20943986	2.13
2050	22350941	1.90

资料来源：根据五普、六普、七普各地区家庭户户数和表 4 - 19 数据测算得到。

表 4 - 21 显示，2025—2050 年，福建家庭户总量持续增长，2050 年家庭户总量约为 22350941 户，比 2025 年时增加了 45.93%；自 2050 年开始，福建家庭规模呈现一人户的发展趋势，平均家庭户规模将从 2045 年的 2.13 人／户下降至 2050 年的 1.90 人／户。

相较于全国人口发展趋势，预测期末，福建人口规模仍有 2.74% 的增幅，2045 年之前将持续人口正增长；2050 年 60 岁以上老年人口占人口总量的比例约为 41.97%，低于全国 46.05% 的占比；预测期间 15～59 岁劳动年龄人口规模将持续下降，至 2050 年其规模将小于 60 岁以上老年人口规模，和全国同步出现劳动年龄人口相对不足；2050 年较 2025 年的育龄妇女人口降幅将约为 30.02%，低于全国育龄妇女人口 33.50% 的降幅；预测期间的低龄劳动力占劳动年龄人口的比例在 15.28%～21.35%，略高于全国 13.53%～21.23% 的水平；2050 年妇幼比将为 586.25‰，高于全国的 298.32‰ 的水平；2050 年人口性别比将升至 109.97，高于全国 108.05 的水平；2050 年平均家庭户规模将为 1.90 人／户，亦高于全国 1.66 人／户的平均规模。

综上所述，2025—2050 年，福建除人口性别比的预测值较全国的略差外，60 岁以上老年人口占比、劳动力人口年龄结构、育龄妇女人口规模降幅、妇幼比、平均家庭户规模等项指标的预测值均好于全国预测水平。尽管 2045 年之后人口总量将可能开始减少，但预测期间福建人口发展将仍呈现正增长趋势，人口发展趋势将可能比全国好。

八、山东

（一）山东人口规模变化

2025—2050 年山东人口规模变动趋势的预测数据如表 4－22 所示。

表 4－22　2025—2050 年山东人口规模变动趋势预测　　（单位：万人）

年份	山东人口规模	0～14 岁少儿人口	15～59 岁劳动年龄人口	60 岁以上老年人口	15～49 岁育龄妇女
2025	10085.78	1987.33	5437.80	2660.65	1913.26
2030	10033.43	1652.57	5145.06	3235.80	1879.64
2035	10327.35	1482.25	4927.50	3917.60	1798.64
2040	10106.52	1525.45	4692.48	3888.59	1541.15
2045	10451.85	1630.19	4354.62	4467.04	1485.36
2050	9686.26	1658.32	3833.94	4194.00	1437.33

资料来源：根据五普、六普、七普和当地统计年鉴中的相关人口数据，运用人口预测模型测算得到。

2025—2050 年山东人口规模变动呈如下特征。

其一，山东人口规模将在波动中呈现负增长的发展趋势，且负增长趋势将可能在 2045 年后逐渐加速。发展进程将分为五个阶段：第一阶段（2025—2030 年），人口总量将下降，可能由 10085.78 万人下降到 10033.43 万人，将减少 52.35 万人，减少幅度将约为 0.52%；第二阶段（2030—2035 年），人口总量将上升，可能由 10033.43 万人上升至 10327.35 万人，将增加 293.92 万人，增加幅度将约为 2.93%；第三阶段（2035—2040 年），人口总量将下降，可能从 10327.35 万人下降到 10106.52 万人，将减少 220.83 万人，减少幅度将约为 2.14%；第四阶段（2040—2045 年），人口总量将上升，可能从 10106.52 万人上升至 10451.85 万人，增加约 345.33 万，增幅将约为 3.42%；第五阶段（2045—2050 年），人口总量将下降，可能由 10451.85 万人下降到 9686.26 万人，将下降 765.59 万人，减少幅度将约为 7.32%。人口规模将可能由 2025 年的 10085.78 万人减至 2050 年的 9686.26 万人，预测期间将减少 399.52 万人，减少幅度约达 3.96%。

其二，少儿人口、劳动年龄人口总量均将减少。少儿人口、劳动年龄人口总量将分别比预测期初下降逾一成、近三成：0～14岁少儿人口将可能从2025年的1987.33万人减至2050年的1658.32万人，将减少329.01万人，减少幅度将约为16.56%；15～59岁劳动年龄人口将可能从2025年的5437.80万人减少到2050年的3833.94万人，将减少1603.86万人，减少幅度将约为29.49%。

其三，60岁以上老年人口总量将显著增长。2050年60岁以上老年人口规模将可能达到4194.00万人，将约为2025年老年人口总量2660.65万人的1.58倍，届时60岁以上老年人口占山东人口总量的比重将约为43.30%。

其四，育龄妇女人口规模将大幅度减少。2050年育龄妇女将可能从2025年的1913.26万人减至1437.33万人，将约减少475.93万人，届时育龄妇女人数将为预测期初时的75.12%，育龄妇女人口降幅将约为24.88%。

（二）山东人口结构变化

2025—2050年山东的人口结构变动趋势预测数据如表4-23所示。

表4-23　2025—2050年山东人口结构变动趋势预测

年份	65岁以上老年人口占山东总人口的比例（％）	妇幼比（‰）	老龄化指数	15～24岁劳动年龄人口占山东劳动年龄人口的比例（％）	人口性别比（女性=100）
2025	19.22	388.95	0.51	19.20	103.06
2030	23.83	347.43	0.53	22.59	104.39
2035	31.03	390.20	0.58	22.59	104.60
2040	32.74	511.25	0.57	18.47	105.92
2045	36.78	560.98	0.60	15.29	106.09
2050	34.84	551.51	0.59	17.12	107.45

资料来源：根据五普、六普、七普和当地统计年鉴中的相关人口数据，运用人口预测模型测算得到。

2025—2050年山东人口结构变动呈如下特征。

其一，老龄化程度将持续加重。65岁以上老年人口比重和老龄化指数将呈现"双高"趋势：65岁以上老年人口占当地总人口的比例将可能从2025年的19.22%上升到2050年的34.84%，2050年时该比重可能是2025年的1.81倍；老龄化指数将从2025年时的0.51上升到2050年时的0.59，该指标增幅将约达15.69%。

其二，性别结构将维持均衡，男性占比将持续上升。人口性别比将可能从2025年的103.06上升至2050年的107.45，但预测期间总体仍将保持均衡状态。

其三，妇幼结构将有所上升。妇幼比将可能从2025年的388.95‰波动上升到2050年的551.51‰，妇幼比的上升表明预测期间山东5岁以下幼儿人口占当地育龄妇女人口的比例将会震荡增大。

其四，劳动年龄人口老化趋势将加重。15~24岁劳动年龄人口占当地劳动年龄人口的比重将略有下降，从2025年的19.20%减少到2050年的17.12%，而中老年劳动力占当地劳动年龄人口的比重则将会有所上升。

（三）山东家庭户总量与平均家庭户规模变化

2025—2050年山东家庭户总量将持续增加，平均家庭户规模将持续缩减，呈现由二人户逐渐转向一人户的趋势，如表4-24所示。

表4-24　2025—2050年山东家庭户总量与平均家庭户规模预测

年份	家庭户总量（户）	平均家庭户规模（人/户）
2025	41017396	2.45
2030	43136126	2.32
2035	45254856	2.27
2040	47373586	2.13
2045	49492316	2.10
2050	51611046	1.87

资料来源：根据五普、六普、七普各地区家庭户户数和表4-22数据测算得到。

表4-24显示，2025—2050年，山东家庭户总量持续增长，2050年家庭户总量约为51611046户，将比2025年时增加25.83%；自2050年开始，山东家庭规模呈现明显的"一人户"发展趋势，平均家庭户规模将从2025年的2.45人/户下降至2050年的1.87人/户。

与全国人口发展趋势相比，2050年山东人口规模的降幅将约为3.96%，低于全国10.07%降幅6.11个百分点；2050年60岁以上老年人口占人口总量的比例将约为43.30%，低于全国46.05%的占比；2045年起60岁以上老年人口规模将可能超过15~59岁劳动年龄人口规模，将早于全国出现劳动年龄人口相对不足；2050年较2025年的育龄妇女人口降幅将约为24.88%，低于全国育龄妇女人口 33.50% 的降幅；预测期间的低龄劳动力占劳动年龄人口的比例在 15.29% ~ 22.59%，高于全国 13.53% ~ 21.23% 的水平；2050 年妇幼比将为 551.51‰，高于全国的 298.32‰；2050 年人口性别比将约为 107.45，低于全国 108.05 的水平；2050 年平均家庭户规模将为 1.87 人/户，高于全国每户 1.66 人/户的平均规模。

综上分析，2025—2050 年，山东在人口规模的降幅、60 岁以上老年人口占比、劳动力人口年龄结构、育龄妇女人口规模降幅、妇幼比、人口性别比、平均家庭户规模等项指标的预测值均好于全国的预测水平，人口负增长趋势将可能比全国轻。

九、广东

（一）广东人口规模变化

2025—2050 年广东人口规模变动趋势的预测数据如表 4 – 25 所示。

表 4 – 25　2025—2050 年广东人口规模变动趋势预测　　（单位：万人）

年份	广东人口规模	0~14 岁少儿人口	15~59 岁劳动年龄人口	60 岁以上老年人口	15~49 岁育龄妇女
2025	12779.76	2772.01	7940.92	2066.83	2876.28
2030	12954.74	2427.05	7846.48	2681.21	2839.08
2035	13407.84	2275.29	7561.37	3571.18	2642.58
2040	13568.42	2285.46	7289.30	3993.66	2354.40
2045	14171.23	2404.10	6781.78	4985.35	2103.41
2050	13970.39	2537.21	6069.37	5363.81	1963.14

资料来源：根据五普、六普、七普和当地统计年鉴中的相关人口数据，运用人口预测模型测算得到。

2025—2050 年广东人口规模变动呈如下特征。

其一，广东人口规模将可能在波动中上升，预测期末与预测期初相比仍为正增长。发展进程将分为两阶段：第一阶段（2025—2045 年），人口总量将上升，可能由 2025 年的 12779.76 万人增长至 2045 年的 14171.23 万人，增加了 1391.47 万人，增幅将约为 10.89%；第二阶段（2045—2050 年），人口总量将下降，可能从 14171.23 万人回落至 13970.39 万人，将减少 200.84 万人，减幅将约为 1.42%，人口规模将可能由 2025 年的 12779.76 万人增加至 2050 年的 13970.39 万人，预测期间将增加 1190.63 万人，增加幅度约为 9.32%。

其二，少儿人口、劳动年龄人口总量均将减少。少儿人口、劳动年龄人口总量都将比预测期初下降，0～14 岁少儿人口将从 2025 年的 2772.01 万人减至 2050 年的 2537.21 万人，减少 234.80 万人，降幅将约为 8.47%；15～59 岁劳动年龄人口将可能从 2025 年的 7940.92 万人减至 2050 年的 6069.37 万人，将减少 1871.55 万人，减幅将约为 23.57%。

其三，60 岁以上老年人口总量将显著增长。2050 年 60 岁以上老年人口规模将可能达到 5363.81 万人，将约为 2025 年老年人口总量 2066.83 万人的 2.60 倍，届时 60 岁以上老年人口占全省人口总量的比例将约为 38.39%。

其四，育龄妇女人口规模将大幅度减少。2050 年育龄妇女将可能从 2025 年的 2876.28 万人减至 1963.14 万人，届时初育龄妇女人数将约为预测期人数的 68.25%，降幅将约为 31.75%。

（二）广东人口结构变化

2025—2050 年广东的人口结构变动趋势预测如表 4-26 所示。

表 4-26　2025—2050 年广东人口结构变动趋势预测

年份	65 岁以上老年人口占广东总人口的比例（%）	妇幼比（‰）	老龄化指数	15～24 岁劳动年龄人口占广东劳动年龄人口的比例（%）	人口性别比（女性＝100）
2025	11.11	423.74	0.45	15.84	112.81
2030	14.30	374.45	0.47	18.60	113.64
2035	19.89	393.97	0.52	18.62	113.54
2040	23.33	478.28	0.53	16.40	114.05
2045	28.03	582.09	0.56	16.24	113.89
2050	29.80	646.16	0.56	17.06	114.74

资料来源：根据五普、六普、七普和当地统计年鉴中的相关人口数据，运用人口预测模型测算得到。

2025—2050 年广东人口结构变动呈如下特征。

其一，老龄化程度将持续加重。65 岁以上老年人口比重和老龄化指数将呈现"双高"趋势：65 岁以上老年人口占当地总人口的比例将可能从 2025 年的 11.11% 上升到 2050 年时的 29.80%，2050 年时该比重将可能是 2025 年的 2.68 倍；老龄化指数将可能从 2025 年时的 0.45 上升到 2050 年时的 0.56，该指标升幅将约为 24.44%。

其二，性别结构失衡将持续加重。预测期间，男性人口将持续上升，人口性别比将可能从 2025 年的 112.81 上升至 2050 年时的 114.74，性别失衡将持续且显著加剧。

其三，妇幼结构将明显上升。妇幼比将可能从 2025 年的 423.74‰逐渐上升至 2050 年的 646.16‰，妇幼比的上升表明预测期间广东 5 岁以下幼儿人口占当地育龄妇女人口的比例将会震荡上升。

其四，劳动年龄人口老化趋势将减轻。15~24 岁劳动年龄人口占当地劳动年龄人口的比重将可能出现波动上升，从 2025 年的 15.84% 上升到 2050 年的 17.06%，而中老年劳动力占当地劳动年龄人口的比重则将会降低。

（三）广东家庭户总量与平均家庭户规模变化

2025—2050 年，广东家庭户总量将持续增加，平均家庭户规模将持续缩减，呈现由三人户逐渐转向二人户的趋势，如表 4-27 所示。

表 4-27　2025—2050 年广东家庭户总量与平均家庭户规模预测

年份	家庭户总量（户）	平均家庭户规模（人/户）
2025	39980818	3.20
2030	43823283	2.96
2035	47665748	2.81
2040	51508213	2.63
2045	55350678	2.56
2050	59193143	2.36

资料来源：根据五普、六普、七普各地区家庭户户数和表 4-25 数据测算得到。

表 4-27 显示，2025—2050 年间，广东家庭户总量持续增长，2050 年家庭户总量约为 59193143 户，比 2025 年增加了 48.05%；2025 年广东平均家庭户规模为 3.2 人/户，之后缩小，2030 年时由三人户转向二人户，之后将继续缩减，2050 年的平均家庭户规模将缩小到 2.36 人/户。

与全国人口发展趋势相比，预测期末，广东人口规模仍将约有 9.32% 的增幅，2045 年之前持续人口正增长；2050 年 60 岁以上老年人口占人口总量的比例约为 38.39%，低于全国 46.05% 的占比；预测期间 15～59 岁劳动年龄人口规模虽持续下降，但至 2050 年其规模仍大于 60 岁以上老年人口规模，劳动年龄人口相对充足；2050 年较 2025 年的育龄妇女人口降幅约为 31.75%，略低于全国育龄妇女人口 33.50% 的降幅；预测期间的低龄劳动力占劳动年龄人口的比例为 15.84%～18.62%，略低于全国 13.53%～21.23% 的水平；2050 年妇幼比将为 646.16‰，远高于全国的 298.32‰ 的水平；2050 年人口性别比将升至 114.74，高于全国 108.05 的水平；2050 年平均家庭户规模将为 2.36 人／户，亦高于全国 1.66 人／户的平均规模。

综上分析，2025—2050 年，广东除人口性别比、劳动力人口年龄结构的预测值较全国的略差外，在 60 岁以上老年人口占比、育龄妇女人口规模降幅、妇幼比、平均家庭户规模等项指标的预测值均好于全国的预测水平。虽然 2045 年之后广东人口总量将可能开始减少，但预测期间广东人口发展仍将呈现正增长趋势，人口发展趋势将可能比全国好。

十、海南

（一）海南人口规模变化

2025—2050 年海南人口规模变动趋势的预测数据如表 4－28 所示。

表 4－28　2025—2050 年海南人口规模变动趋势预测　　（单位：万人）

年份	海南人口规模	0～14 岁少儿人口	15～59 岁劳动年龄人口	60 岁以上老年人口	15～49 岁育龄妇女
2025	1064.00	234.25	624.85	204.90	224.78
2030	1062.37	194.40	617.45	250.52	223.06
2035	1093.39	177.11	596.87	319.41	206.53
2040	1087.78	167.53	574.13	346.12	186.80
2045	1116.64	161.40	531.24	424.00	168.57
2050	1065.47	152.61	479.67	433.19	162.96

资料来源：根据五普、六普、七普和当地统计年鉴中的相关人口数据，运用人口预测模型测算得到。

2025—2050 年海南人口规模变动呈如下特征。

其一，海南人口规模将在波动中略微增长。发展进程将分为五阶段：第一阶段（2025—2030 年），人口总量将减少，可能由 1064.00 万人减少至 1062.37 万人，将缩减 1.63 万人，降幅将约为 0.15%；第二阶段（2030—2035 年），人口总量将增加，可能从 1062.37 万人上升到 1093.39 万人，将增长 31.02 万人，增幅将约为 2.92%；第三阶段（2035—2040 年），人口总量将回落，可能从 1093.39 万人下降到 1087.78 万人，将减少 5.61 万人，降幅将约为 0.51%；第四阶段（2040—2045 年），人口总量将上升，可能从 1087.78 万人增加到 1116.64 万人，将增加 28.86 万人，增幅将约为 2.65%；第五阶段（2045—2050 年），人口总量将下降，可能从 1116.64 万人下降到 1065.47 万人，将减少 51.17 万人，降幅将约为 4.58%。人口规模将可能由 2025 年的 1064.00 万人，增加到 2050 年的 1065.47 万人，增幅将约为 0.14%。

其二，少儿人口总量将下降。少儿人口总量将比预测期初减少，0~14 岁少儿人口将可能从 2025 年的 234.25 万人减少至 2050 年的 152.61 万人，将减少 81.64 万人，减少幅度将约为 34.85%。

其三，劳动年龄人口总量将减少。劳动年龄人口总量将比预测期初下降，15~59 岁劳动年龄人口将可能从 2025 年的 624.85 万人减至 2050 年的 479.67 万人，将减少 145.18 万人，减幅将约达 23.23%。

其四，60 岁以上老年人口总量将显著增长。2050 年 60 岁以上老年人口规模将可能达到 433.19 万人，将约为 2025 年老年人口总量 204.90 万人的 2.11 倍，届时 60 岁以上老年人口占海南总人口的比重将约为 40.66%。

其五，育龄妇女人口规模将减小。2050 年育龄妇女将可能从 2025 年的 224.78 万减至 162.96 万人，将减少 61.82 万人，届时育龄妇女人数将约为预测期初人数的 72.50%，降幅将约为 27.50%。

（二）海南人口结构变化

2025—2050 年海南的人口结构变动趋势预测数据如表 4-29 所示。

表 4-29　2025—2050 年海南人口结构变动趋势预测

年份	65 岁以上老年人口占海南总人口的比例（%）	妇幼比（‰）	老龄化指数	15~24 岁劳动年龄人口占海南劳动年龄人口的比例（%）	人口性别比（女性=100）
2025	13.27	447.81	0.46	18.91	113.01
2030	16.82	366.09	0.48	21.64	114.39

年份	65岁以上老年人口占海南总人口的比例（%）	妇幼比（‰）	老龄化指数	15～24岁劳动年龄人口占海南劳动年龄人口的比例（%）	人口性别比（女性=100）
2035	22.75	380.82	0.53	19.98	114.31
2040	25.66	421.95	0.54	17.02	115.07
2045	30.76	448.62	0.58	16.44	114.95
2050	32.52	421.30	0.59	16.30	115.92

资料来源：根据五普、六普、七普和当地统计年鉴中的相关人口数据，运用人口预测模型测算得到。

2025—2050年海南人口结构变动呈如下特征。

其一，老龄化程度将持续加重。65岁以上老年人口比重和老龄化指数将呈现"双高"趋势：65岁以上老年人口占当地总人口的比例将从2025年的13.27%上升到2050年的32.52%，2050年该比重将是2025年的2.45倍；老龄化指数将从2025年的0.46上升到2050年的0.59，该指标增幅约达28.26%。

其二，性别结构失衡将持续加剧。人口性别比将可能从2025年的113.01上升至2050年的115.92，男性占比持续上升，男多女少程度不断加重，性别结构失衡持续加剧。

其三，妇幼结构将略降。妇幼比将可能从2025年的447.81‰逐渐下降至2050年的421.30‰，妇幼比的下降表明预测期间海南5岁以下幼儿人口占当地育龄妇女人口的比例将会震荡下降。

其四，劳动年龄人口老化趋势将加重。15～24岁劳动年龄人口占当地劳动年龄人口的比重将波动下降，从2025年的18.91%下降到2050年的16.30%，而中老年劳动力占当地劳动年龄人口的比重将会上升。

（三）海南家庭户总量与平均家庭户规模变化

2025—2050年海南家庭户总量将持续增加，平均家庭户规模将持续缩减，呈现由二人户逐渐向一人户转变的趋势，如表4-30所示。

表4-30 2025—2050年海南家庭户总量与平均家庭户规模预测

年份	家庭户总量（户）	平均家庭户规模（人/户）
2025	3600236.04	2.83
2030	3946768.69	2.58
2035	4305815.84	2.43
2040	4677377.49	2.23
2045	5061453.64	2.11
2050	5458044.29	1.87

资料来源：根据五普、六普、七普各地区家庭户户数和表4-28数据测算得到。

表4-30显示，2025—2050年，海南家庭户总量持续增长，2050年家庭户总量约为5458044.29户，将可能比2025年增加51.60%；2025年海南平均家庭户规模为2.83人/户，之后缩小，2050年时家庭规模由二人户转向一人户，2050年时平均家庭户规模缩小到1.87人/户。

对比预测的全国人口发展趋势，预测期末，海南人口规模仍将有约为0.14%的微弱增幅，预测期间总体呈现人口正增长；2050年60岁以上老年人口占人口总量的比例将约为40.66%，低于全国46.05%的占比；预测期间15~59岁劳动年龄人口规模虽持续下降，但至2050年其规模仍大于60岁以上老年人口规模，劳动年龄人口相对充足；2050年较2025年的育龄妇女人口降幅约为27.50%，低于全国育龄妇女人口33.50%的降幅；预测期间的低龄劳动力占劳动年龄人口的比例为16.30%~21.64%，高于全国13.53%~21.23%的水平；2050年妇幼比将为421.30‰，高于全国298.32‰的水平；2050年人口性别比将升至115.92，高于全国108.05的水平；2050年平均家庭户规模将为每户1.87人，亦高于全国每户1.66人的平均规模。

综上分析，2025—2050年，海南除人口性别比的预测值劣于全国的预测水平外，在60岁以上老年人口占比、劳动力人口年龄结构、育龄妇女人口规模降幅、妇幼比、平均家庭户规模等项指标的预测值均好于全国预测水平。虽然2045年之后人口总量将减少，但预测期间海南人口发展呈现正增长仍然可期。

第二节 中国中部地区各省的人口发展趋势

中国中部地区含山西、安徽、江西、河南、湖北、湖南六省，本节将运用前述预测方法，对这六个省的人口规模与人口结构发展趋势进行预测分析。

一、山西

（一）山西人口规模变化

2025—2050 年山西人口规模变动趋势的预测数据如表 4－31 所示。

表 4－31 2025—2050 年山西人口规模变动趋势预测 （单位：万人）

年份	山西人口规模	0~14 岁少儿人口	15~59 岁劳动年龄人口	60 岁以上老年人口	15~49 岁育龄妇女
2025	3466.91	619.82	2000.96	846.13	719.01
2030	3432.07	492.31	1896.20	1043.56	701.07
2035	3487.31	422.14	1754.44	1310.73	651.64
2040	3374.72	371.72	1664.69	1338.31	573.57
2045	3416.11	336.48	1524.44	1555.19	500.95
2050	3094.45	298.44	1331.68	1464.33	453.05

资料来源：根据五普、六普、七普和当地统计年鉴中的相关人口数据，运用人口预测模型测算得到。

2025—2050 年山西人口规模变动呈如下特征。

其一，山西人口规模将在波动中呈现负增长的发展趋势，且负增长趋势将可能在 2040 年前后逐渐加快。发展进程可分为五个阶段：第一阶段（2025—2030 年），人口总量将下降，由 3466.91 万人下降至 3432.07 万人，减少了34.84 万，减少幅度约为 1.00%；第二阶段（2030—2035 年），人口总量将上升，由 3432.07 万人增长至 3487.31 万人，增加了 55.24 万，增长幅度约为1.61%；第三阶段（2035—2040 年），人口总量将下降，由 3487.31 万人减少到 3374.72 万人，减少了 112.59 万，减少幅度约为 3.23%；第四阶段

（2040—2045 年），人口总量将上升，由 3374.72 万人增加到 3416.11 万人，增加了 41.39 万人，增长幅度约为 1.23%；第五阶段（2045—2050 年），人口总量将下降，可能由 3416.11 万人减少到 3094.45 万人，约减少 321.66 万人，减少幅度为 9.42%。人口规模将由 2025 年的 3466.91 万人减至 2050 年的 3094.45 万人，预测期间将大约减少 372.46 万人，人口总量的降幅将约为 10.74%。

其二，少儿人口、劳动年龄人口总量将大幅减少。少儿人口、劳动年龄人口总量将分别比预测期初下降逾五成、逾三成：0～14 岁少儿人口将可能从 2025 年的 619.82 万人减至 2050 年的 298.44 万人，减少 321.38 万人，降幅将约为 51.85%；15～59 岁劳动年龄人口将可能从 2025 年的 2000.96 万人减至 2050 年的 1331.68 万人，减少 669.28 万人，减幅将约达 33.45%。

其三，60 岁以上老年人口总量将显著增长。2050 年 60 岁以上老年人口规模将可能达到 1464.33 万人，约为 2025 年老年人口总量 846.13 万人的 1.73 倍，届时 60 岁以上老年人口总量占山西人口总量的比例将约为 47.32%。

其四，育龄妇女人口规模将大幅下降。2050 年育龄妇女将可能减至 453.05 万人，人数为预测期初 2025 年 719.01 万人的 63.01%，将减少 265.96 万人，降幅将约为 36.99%。

（二）山西人口结构变化

2025—2050 年山西的人口结构变动趋势预测数据如表 4－32 所示。

表 4－32　2025—2050 年山西人口结构变动趋势预测

年份	65 岁以上老年人口占山西总人口的比例（%）	妇幼比（‰）	老龄化指数	15～24 岁劳动年龄人口占山西劳动年龄人口的比例（%）	人口性别比（女性＝100）
2025	17.40	365.20	0.50	17.22	104.57
2030	22.45	274.04	0.53	19.13	105.28
2035	29.69	267.75	0.59	18.05	105.40
2040	33.59	289.24	0.60	15.67	106.10
2045	38.83	298.87	0.64	14.26	106.17
2050	38.63	277.45	0.64	13.41	106.71

资料来源：根据五普、六普、七普和当地统计年鉴中的相关人口数据，运用人口预测模型测算得到。

2025—2050 年山西人口结构变动呈如下特征。

其一，老龄化程度将持续加重。65 岁以上老年人口比重和老龄化指数将呈现"双高"趋势：65 岁以上老年人口占当地总人口的比例将可能从 2025 年时的 17.40% 上升到 2050 年的 38.63%，2050 年时该比重将可能是 2025 年的 2.22 倍；老龄化指数将可能从 2025 年的 0.50 上升到 2050 年的 0.64，该指标升幅将约达 28.00%。

其二，性别结构将总体均衡，男性占比将略有上升。人口性别比将可能从 2025 年的 104.57 上升至 2050 年的 106.71，总体将维持均衡。

其三，妇幼结构将波动下降。妇幼比将可能从 2025 年的 365.20‰波动下降到 2050 年的 277.45‰，妇幼比的震荡下降表明预测期间山西 5 岁以下幼儿人口占当地育龄妇女人口的比例将会降低。

其四，劳动年龄人口老化趋势将加重。15~24 岁劳动年龄人口占当地劳动年龄人口的比重将波动下降，从 2025 年的 17.22% 减少到 2050 年的 13.41%，而中老年劳动力占当地劳动年龄人口的比重则会相应上升。

（三）山西家庭户总量与平均家庭户规模变化

2025—2050 年山西家庭户总量将持续增加，平均家庭户规模将可能持续缩减，呈现由二人户逐渐转向一人户的趋势，如表 4-33 所示。

表 4-33　2025—2050 年山西家庭户总量与平均家庭户规模预测

年份	家庭户总量（户）	平均家庭户规模（人／户）
2025	13324644	2.60
2030	14348614	2.39
2035	15372584	2.27
2040	16396554	2.06
2045	17420524	1.96
2050	18444494	1.68

资料来源：根据五普、六普、七普各地区家庭户户数和表 4-31 数据测算得到。

表 4-33 显示，2025—2050 年间，山西家庭户总量持续增长，2050 年家庭户总量约为 18444494 户，比 2025 年时增加了 38.42%；自 2045 年开始，山西家庭规模呈现明显的一人户发展趋势，平均家庭户规模将从 2045 年的 1.96 人／户下降至 2050 年的 1.68 人／户。

相较于全国人口发展趋势，2050 年山西人口规模的降幅约为 10.74%，略高于全国 10.07% 的降幅；2050 年 60 岁以上老年人口占人口总量的比例将达到 47.32%，亦略高于全国 46.05% 的占比；2045 年起 60 岁以上老年人口规模将持续高于 15～59 岁劳动年龄人口规模，将早于全国出现劳动年龄人口相对不足；2050 年较 2025 年的育龄妇女人口降幅将约为 36.99%，约高出全国育龄妇女人口 33.50% 降幅 3.5 个百分点；预测期间的低龄劳动力占劳动年龄人口的比例在 13.41%～19.13%，略低于全国 13.53%～21.23% 的水平；2050 年妇幼比将为 277.45‰，低于全国的 298.32‰水平；2050 年人口性别比将约为 106.71，低于全国的 108.05 水平；2050 年平均家庭户规模将为 1.68 人/户，高于全国 1.66 人/户的平均规模。

综上对比分析，2025—2050 年，山西除人口性别比、平均家庭户规模指标的预测值好于全国该项指标的预测值外，人口规模的降幅、60 岁以上老年人口占比、劳动力人口年龄结构、育龄妇女人口规模降幅、妇幼比等项指标的预测值均在全国的预测水平附近，人口负增长的发展趋势将可能与全国的发展趋势大体同步。

二、安徽

（一）安徽人口规模变化

2025—2050 年安徽人口规模变动趋势的预测数据如表 4-34 所示。

表 4-34　2025—2050 年安徽人口规模变动趋势预测　（单位：万人）

年份	安徽人口规模	0～14 岁少儿人口	15～59 岁劳动年龄人口	60 岁以上老年人口	15～49 岁育龄妇女
2025	6085.89	1215.03	3395.80	1475.06	1190.41
2030	6054.91	996.08	3218.83	1840.00	1185.16
2035	6214.29	895.99	3044.38	2273.92	1144.43
2040	6016.49	873.40	2906.48	2236.61	1014.78
2045	6143.78	846.39	2764.41	2532.98	920.94
2050	5734.72	779.87	2502.54	2452.31	884.60

资料来源：根据五普、六普、七普和当地统计年鉴中的相关人口数据，运用人口预测模型测算得到。

2025—2050 年安徽人口规模变动呈如下特征。

其一，安徽人口规模将在波动中呈现负增长的发展趋势，且负增长趋势将在 2045 年后逐渐加速。发展进程将分为五个阶段：第一阶段（2025—2030年），人口总量将下降，可能由 6085.89 万人下降到 6054.91 万人，将减少30.98 万人，减少幅度将约为 0.51%；第二阶段（2030—2035 年），人口总量将上升，可能由 6054.91 万人上升至 6214.29 万人，将增加 159.37 万人，增加幅度将约为 2.63%；第三阶段（2035—2040 年），人口总量将下降，可能从6214.29 万人减少到 6016.49 万人，将减少 197.80 万人，减少幅度将约为3.18%；第四阶段（2040—2045 年），人口总量将上升，可能从 6016.49 万人上升至 6143.78 万人，将增加 127.29 万人，增加幅度将约为 2.12%；第五阶段（2045—2050 年），人口总量将下降，可能由 6143.78 万人下降到 5734.72万人，将减少 409.06 万人，减少幅度将约为 6.66%。人口规模将由 2025 年的6085.89 万人减至 2050 年的 5734.72 万人，预测期间将大约减少 351.17 万人，减少幅度将约达 5.77%。

其二，少儿人口、劳动年龄人口总量均将减少。少儿人口、劳动年龄人口总量将分别比预测期初下降逾三成、逾二成，0～14 岁少儿人口将可能从2025 年的 1215.03 万人减至 2050 年的 779.87 万人，将减少 435.16 万人，减少幅度将约为 35.81%；15～59 岁劳动年龄人口将可能从 2025 年的3395.80 万人减少到 2050 年的 2502.54 万人，将减少 893.26 万人，减少幅度将约为 26.30%。

其三，60 岁以上老年人口总量将显著增长。2050 年 60 岁以上老年人口规模将可能达到 2452.31 万人，约为 2025 年老年人口总量 1475.06 万人的1.66 倍，届时 60 岁以上老年人口占安徽人口总量的比重将约为 42.76%。

其四，育龄妇女人口规模将减少。2050 年育龄妇女将可能从 2025 年的1190.41 万人减至 884.60 万人，将约减少 305.81 万人。

（二）安徽人口结构变化

2025—2050 年安徽的人口结构变动趋势预测如表 4-35 所示。

表 4 - 35　2025—2050 年安徽人口结构变动趋势预测

年份	65 岁以上老年人口占安徽总人口的比例（%）	妇幼比（‰）	老龄化指数	15～24 岁劳动年龄人口占安徽劳动年龄人口的比例（%）	人口性别比（女性=100）
2025	17.22	393.01	0.50	19.83	104.30
2030	21.55	347.76	0.52	23.41	105.37
2035	29.33	361.50	0.57	21.80	105.54
2040	31.43	416.36	0.56	17.18	106.27
2045	36.00	428.67	0.60	15.17	106.37
2050	35.14	382.09	0.61	15.98	106.97

资料来源：根据五普、六普、七普和当地统计年鉴中的相关人口数据，运用人口预测模型测算得到。

2025—2050 年安徽人口结构变动呈如下特征。

其一，老龄化程度将持续加重。65 岁以上老年人口比重和老龄化指数将呈现"双高"趋势：65 岁以上老年人口占当地总人口的比例将从 2025 年的 17.22% 上升到 2050 年的 35.14%，2050 年时该比重将约为 2025 年的 2.04 倍；老龄化指数将从 2025 年的 0.5 上升到 2050 年的 0.61，该指标增幅将约达 22.00%。

其二，性别结构将维持均衡。人口性别比将从 2025 年的 104.30 持续上升至 2050 年的 106.97，男性占比持续上升，但预测期间安徽的人口性别比仍将总体保持均衡。

其三，妇幼结构将有所下降。妇幼比将可能从 2025 年的 393.01‰波动下降到 2050 年的 382.09‰，妇幼比的下降表明预测期间安徽 5 岁以下幼儿人口占当地育龄妇女人口的比例将会震荡缩小。

其四，劳动年龄人口老化趋势将加重。15～24 岁劳动年龄人口占当地劳动年龄人口的比重将波动减少，从 2025 年的 19.83% 减少到 2050 年的 15.98%，而中老年劳动力占当地劳动年龄人口的比重将会略有上升。

（三）安徽家庭户总量与平均家庭户规模变化

2025—2050 年安徽家庭户总量将持续增加，平均家庭户规模将持续缩减，呈现由二人户逐渐转向一人户的趋势，如表 4 - 36 所示。

表 4 - 36　2025—2050 年安徽家庭户总量规模与平均家庭户规模预测

年份	家庭户总量（户）	平均家庭户规模（人/户）
2025	27275450	2.22
2030	28674575	2.10
2035	30073700	2.06
2040	31472825	1.90
2045	32871950	1.86
2050	34271075	1.67

资料来源：根据五普、六普、七普各地区家庭户户数和表 4 - 34 数据测算得到。

表 4 - 36 显示，2025—2050 年，安徽家庭户总量持续增长，2050 年家庭户总量约为 34271075 户，比 2025 年时增加了 25.65%；自 2040 年开始，安徽家庭规模呈现明显的一人户发展趋势，平均家庭户规模将从 2035 年的 2.06 人/户下降至 2040 年的 1.90 人/户，随后进一步下降，2050 年时平均家庭户规模减少到 1.67 人/户。

与全国人口发展趋势相比，2050 年安徽人口规模的降幅将约为 5.77%，低于全国 10.07% 降幅的 4.30 个百分点；2050 年 60 岁以上老年人口占人口总量的比将约为 42.76%，也低于全国 46.05% 的占比；2050 年时 60 岁以上老年人口规模将仍小于 15～59 岁劳动年龄人口规模，劳动年龄人口相对充足；2050 年较 2025 年的育龄妇女人口降幅将约为 25.69%，低于全国育龄妇女人口 33.50% 的降幅；预测期间的低龄劳动力占劳动年龄人口的比例为 15.17%～23.41%，高于全国 13.53%～21.23% 的水平；2050 年妇幼比将约为 382.09‰，高于全国 298.32‰ 的水平；2050 年人口性别比将约为 106.97，低于全国 108.05 的水平；2050 年平均家庭户规模将为 1.69 人/户，高于全国 1.66 人/户的平均规模。

综上分析，2025—2050 年，安徽在人口规模的降幅、60 岁以上老年人口占比、劳动力人口年龄结构、育龄妇女人口规模降幅、妇幼比、人口性别比、平均家庭户规模等项指标上的预测值均将好于全国的预测水平，人口负增长的程度将可能比全国轻。

三、江西

（一）江西人口规模变化

2025—2050 年江西人口规模变动趋势的预测数据如表 4 - 37 所示。

表 4 - 37 2025—2050 年江西人口规模变动趋势预测　　（单位：万人）

年份	江西人口规模	0～14岁少儿人口	15～59岁劳动年龄人口	60岁以上老年人口	15～49岁育龄妇女
2025	4482.97	944.14	2575.79	963.04	934.34
2030	4506.84	755.19	2552.75	1198.90	925.11
2035	4655.63	699.59	2426.58	1529.46	890.35
2040	4584.89	688.90	2286.38	1609.61	810.06
2045	4670.25	648.02	2181.82	1840.41	770.10
2050	4339.71	564.56	2030.81	1744.34	738.97

资料来源：根据五普、六普、七普和当地统计年鉴中的相关人口数据，运用人口预测模型测算得到。

2025—2050 年江西人口规模变动呈如下特征。

其一，江西人口规模将在波动中呈现负增长的发展趋势。发展进程可分为四个阶段：第一阶段（2025—2035 年），人口总量将上升，可能由 2025 年的 4482.97 万人上升至 2035 年的 4655.63 万人，2035 年将比 2025 年人口总量增加 172.66 万人，2035 年与 2025 年时相比，人口总量增幅将约为 3.85%；第二阶段（2035—2040 年），人口总量下降，由 4655.63 万人减少到 4584.89 万人，2040 年相对于 2035 年时的人口规模降幅将约为 1.52%；第三阶段（2040—2045 年），人口总量上升，由 4584.8 万人增至 4670.25 万人，增幅将约为 1.86%；第四阶段（2045—2050 年），人口总量下降，由 4670.25 万人减少到 4339.71 万人，减少了 330.54 万人，降幅将约为 7.08%。人口规模将由 2025 年的 4482.97 万人减少至 2050 年的 4339.71 万人，预测期间将大约减少 143.26 万人，减少幅度将约为 3.20%。

其二，少儿人口、劳动年龄人口总量均将减少。少儿人口、劳动年龄人口总量将分别比预测期初下降逾四成、逾两成：0～14 岁少儿人口将可能从 2025 年的 944.14 万人减至 2050 年的 564.56 万人，将减少 379.58 万人，降幅将约为 40. 20% ；15 ~ 59 岁劳动年龄人口将可能从 2025 年的 2575. 7 万人减至 2050 年的 2030. 81 万人，将减少 544. 98 万人，减幅将约为 21. 16% 。

其三，60 岁以上老年人口总量将显著增长。2050 年 60 岁以上老年人口规模将可能达到 1744. 34 万人，约为 2025 年老年人口总量 963. 04 万人的 1. 81 倍，届时 60 岁以上老年人口占江西人口总量的比重将约为 40. 19% 。

其四，育龄妇女人口规模将大幅度减少。2050 年育龄妇女将可能减至 738. 97 万人，将减少 195. 37 万人，育龄妇女人数将约为 2025 年 934. 34 万的 79. 09% ，降幅将约为 20. 91% 。

（二）江西人口结构变化

2025—2050 年江西人口结构变动趋势预测如表 4 – 38 所示。

表 4 – 38　2025—2050 年江西人口结构变动趋势预测

年份	65 岁以上老年人口占江西总人口的比例（%）	妇幼比（‰）	老龄化指数	15 ~ 24 岁劳动年龄人口占江西劳动年龄人口的比例（%）	人口性别比（女性 = 100）
2025	15. 48	365. 28	0. 47	24. 79	106. 80
2030	19. 24	343. 02	0. 50	26. 13	107. 78
2035	25. 54	379. 78	0. 54	21. 69	107. 89
2040	28. 67	411. 05	0. 55	16. 15	108. 73
2045	34. 15	371. 06	0. 59	14. 46	108. 76
2050	33. 31	306. 25	0. 60	15. 73	109. 65

资料来源：根据五普、六普、七普和当地统计年鉴中的相关人口数据，运用人口预测模型测算得到。

2025—2050 年江西人口结构变动呈如下特征。

其一，老龄化程度将持续加重。65 岁以上老年人口比重和老龄化指数将呈现"双高"趋势：65 岁以上老年人口占当地总人口的比例将从 2025 年的 15. 48% 上升到 2050 年的 33. 31% ，2050 年时该比重将是 2025 年的 2. 15 倍；老龄化指数将从 2025 年的 0. 47 上升到 2050 年的 0. 60 ，该指标增幅将约达 27. 66% 。

其二，性别结构将由均衡转向失衡，男性占比将上升。人口性别比将可能从 2025 年的 106. 80 上升至 2050 年的 109. 65 ，男多女少，性别结构将逐渐失衡。

其三，妇幼比将逐渐下降。妇幼比将可能从 2025 年的 365.28‰波动下降到 2050 年的 306.25‰，妇幼比的下降表明预测期间江西 5 岁以下幼儿人口占当地育龄妇女人口的比例将会震荡缩小。

其四，劳动年龄人口老化趋势将加重。15～24 岁劳动年龄人口占当地劳动年龄人口的比重将出现波动并下降，从 2025 年的 24.79%下降到 2050 年的 15.73%，而中老年劳动力占当地劳动年龄人口的比重则会相应增加。

（三）江西家庭户总量与平均家庭户规模变化

2025—2050 年江西家庭户总量将持续增加；平均家庭户规模将呈现持续缩减的二人户特征，如表 4－39 所示。

表 4－39　2025—2050 年江西家庭户总量与平均家庭户规模预测

年份	家庭户总量（户）	平均家庭户规模（人/户）
2025	15075460	2.97
2030	16051510	2.81
2035	17027560	2.73
2040	18003610	2.55
2045	18979660	2.46
2050	19955710	2.17

资料来源：根据五普、六普、七普各地区家庭户户数和表 4－37 数据测算得到。

表 4－39 显示，2025—2050 年，江西家庭户总量持续增长，2050 年时家庭户总量约为 19955710，比 2025 年时增加了 32.37%；2050 年江西平均家庭户规模将从 2045 年的 2.46 人/户下降至 2050 年的 2.17 人/户。

与全国人口发展趋势相比，2050 年江西人口规模的降幅将约为 3.2%，低于全国 10.07%降幅的 6.87 百分点；2050 年 60 岁以上老年人口占人口总量的比例将约为 40.19%，也低于全国 46.05%的占比；2050 年的 15～59 岁劳动年龄人口规模仍将大于 60 岁以上老年人口规模，劳动年龄人口相对充足；2050年较 2025 年的育龄妇女人口降幅将约为 20.91%，低于全国育龄妇女人口 33.50%的降幅；预测期间的低龄劳动力占劳动年龄人口的比例在 14.46%～26.13%，高于全国 13.53%～21.23%的水平；2050 年妇幼比将为 306.25‰，高于全国的 298.32‰的水平；2050 年人口性别比将升至 109.65，高于全国 108.05 的水平；2050 年平均家庭户规模将为 2.17 人/户，亦高于全国 1.66

人/户的平均规模。

综上分析，2025—2050 年，江西除人口性别比指标的预测值较全国该项指标的预测值略差外，人口规模的降幅、60 岁以上老年人口占比、劳动力人口年龄结构、育龄妇女人口规模降幅、妇幼比、平均家庭户规模等项指标预测值将均好于全国的预测水平。

四、河南

（一）河南人口规模变化

2025—2050 年河南人口规模变动趋势的预测数据如表 4－40 所示。

表 4－40　2025—2050 年河南人口规模变动趋势预测　　　（单位：万人）

年份	河南人口规模	0～14 岁少儿人口	15～59 岁劳动年龄人口	60 岁以上老年人口	15～49 岁育龄妇女
2025	9886. 12	2202. 97	5437. 76	2245. 39	2043. 32
2030	9907. 24	1717. 19	5427. 79	2762. 26	2125. 82
2035	10260. 83	1594. 77	5281. 99	3384. 07	2074. 08
2040	10121. 37	1641. 22	5117. 99	3362. 16	1831. 11
2045	10386. 28	1636. 06	4906. 14	3844. 08	1730. 76
2050	9676. 61	1495. 93	4470. 69	3709. 99	1688. 39

资料来源：根据五普、六普、七普和当地统计年鉴中的相关人口数据，运用人口预测模型测算得到。

2025—2050 年河南人口规模变动呈如下特征。

其一，河南人口规模将呈现负增长的发展趋势。发展进程将分为四个阶段：第一阶段（2025—2035 年），人口总量将上升，可能由 2025 年的 9886. 12 万人上升至 2035 年时的 10260. 83 万人，将可能增加 374. 71 万人，增幅将约为 3. 79%；第二阶段（2035—2040 年），人口总量下降，从 10260. 83 万人减少到 10121. 37 万人，将减少 139. 46 万人，减少幅度将约为 1. 36%；第三阶段（2040—2045 年），人口总量将上升，可能从 10121. 37 万人上升到 10386. 28 万人，将增加 264. 91 万人，增幅将约为 2. 62%；第四阶段（2045—2050 年），人口总量将回落，将可能从 10386. 28 万人下降到 9676. 61 万人，将减少

709.68 万人，减少幅度将约为 6.83%。人口规模将可能由 2025 年的 9886.12 万人，减少至 2050 年的 9676.61 万人，预测期间将大约减少 209.51 万人，减少幅度将约为 2.12%。

其二，少儿人口、劳动年龄人口总量均将减少。少儿人口、劳动年龄人口总量将可能比预测期初分别下降逾三成、近两成：0～14 岁少儿人口将可能从 2025 年的 2202.97 万人减至 2050 年的 1495.93 万人，将减少 707.04 万人，降幅将约为 32.09%；15～59 岁劳动年龄人口将可能从 2025 年的 5437.76 万人减至 2050 年的 4470.69 万人，将减少 967.07 万人，降幅约达 17.78%。

其三，60 岁以上老年人口总量将显著增长。2050 年 60 岁以上老年人口规模将达到 3709.99 万人，约为 2025 年老年人口总量 2245.39 万人的 1.65 倍，届时 60 岁以上老年人口占河南省人口总量的比重约为 38.34%。

其四，育龄妇女人口规模将大幅度减少。2050 年育龄妇女将可能从 2025 年的 2043.32 万人减至 1688.39 万人，将减少约 354.93 万人，届时育龄妇女人数将约为预测期初人数的 82.63%，降幅将约为 17.37%。

（二）河南人口结构变化

2025—2050 年河南的人口结构变动趋势预测如表 4－41 所示。

表 4－41　2025—2050 年河南人口结构变动趋势预测

年份	65 岁以上老年人口占河南总人口的比例（%）	妇幼比（‰）	老龄化指数	15～24 岁劳动年龄人口占河南劳动年龄人口的比例（%）	人口性别比（女性＝100）
2025	16.55	379.90	0.47	25.20	101.20
2030	20.37	330.21	0.50	28.54	102.42
2035	26.67	376.83	0.54	23.71	102.76
2040	28.15	457.02	0.54	16.57	103.76
2045	32.03	445.18	0.57	14.37	103.97
2050	30.41	372.48	0.57	16.10	104.96

资料来源：根据五普、六普、七普和当地统计年鉴中的相关人口数据，运用人口预测模型测算得到。

2025—2050 年河南人口结构变动呈如下特征。

其一，老龄化程度将持续加重。65 岁以上老年人口比重和老龄化指数将呈现"双高"趋势：65 岁以上老年人口占当地总人口的比例将从 2025 年的

16.55% 上升到 2050 年的 30.41%，2050 年该比重将约为 2025 年时的 1.84 倍；老龄化指数将从 2025 年的 0.47 上升到 2050 年的 0.57，该指标增幅约为 21.28%。

其二，性别结构将维持均衡，男性占比有所上升。人口性别比将可能从 2025 年的 101.20 上升至 2050 年的 104.96，预测期间性别结构总体将保持均衡状态。

其三，妇幼结构将波动下降。妇幼比将从 2025 年的 379.90‰波动下降到 2050 年的 372.48‰，妇幼比的下降表明预测期间河南 5 岁以下幼儿人口占当地育龄妇女人口的比例将略有降低。

其四，劳动年龄人口老化趋势将加重。15～24 岁劳动年龄人口占当地劳动年龄人口的比重将出现波动下降，将从 2025 年的 25.20% 下降到 2050 年的 16.10%，而中老年劳动力占当地劳动年龄人口的比重则会相应有所增加。

（三）河南家庭户总量与平均家庭户规模变化

2025—2050 年，河南家庭户总量将持续增加，平均家庭户规模将持续缩减，呈现由三人户逐渐转向二人户的趋势，如表 4 - 42 所示。

表 4 - 42　2025—2050 年河南家庭户总量与平均家庭户规模预测

年份	家庭户总量（户）	平均家庭户规模（人/户）
2025	29795916	3.32
2030	31679746	3.13
2035	33563576	3.06
2040	35447406	2.86
2045	37331236	2.78
2050	39215066	2.47

资料来源：根据五普、六普、七普各地区家庭户户数和表 4 - 40 数据测算得到。

表 4 - 42 显示，2025—2050 年，河南家庭户总量将持续增长，2050 年家庭户总量约为 39215066，将比 2025 年增加 31.61%；2025 年河南平均家庭户规模为 3.32 人/户，之后缩小，2040 年河南平均家庭户规模将下降到 2.86 人/户，开始从三人户向两人户过渡，2050 年进一步缩小到 2.47 人/户。

与全国人口发展趋势相比，2050 年河南人口规模的降幅将约为 2.12%，低于全国 10.07% 降幅的 7.95 个百分点；2050 年 60 岁以上老年人口占人口总量的比例约为 38.34%，也低于全国 46.05% 的占比；预测期间 15~59 岁劳动年龄人口规模虽波动下降，但至 2050 年其规模仍大于 60 岁以上老年人口规模，劳动年龄人口相对充足；2050 年较 2025 年的育龄妇女人口降幅将约为 17.37%，远低于全国育龄妇女人口 33.50% 的降幅；预测期间的低龄劳动力占劳动年龄人口的比例在 14.37%~28.54%，高于全国 13.53%~21.23% 的水平；2050 年的妇幼比将约为 372.48‰，高于全国 298.32‰的水平；2050 年人口性别比将约为 104.96，低于全国 108.05 的水平；2050 年平均家庭户规模将为 2.47 人/户，高于全国每户 1.66 人/户的平均规模。

综上分析，2025—2050 年，河南的人口规模降幅、60 岁以上老年人口占比、劳动力人口年龄结构、育龄妇女人口规模降幅、妇幼比、人口性别比、平均家庭户规模等指标的预测值均将好于全国预测水平，人口负增长趋势将可能比全国轻。

五、湖北

（一）湖北人口规模变化

2025—2050 年湖北人口规模变动趋势的预测数据如表 4-43 所示。

表 4-43　2025—2050 年湖北人口规模变动趋势预测　（单位：万人）

年份	湖北人口规模	0~14 岁少儿人口	15~59 岁劳动年龄人口	60 岁以上老年人口	15~49 岁育龄妇女
2025	5779.23	992.50	3235.33	1551.40	1113.04
2030	5729.73	798.16	3014.66	1916.91	1079.68
2035	5820.77	683.74	2812.46	2324.57	1004.42
2040	5593.36	646.91	2637.37	2309.08	846.44
2045	5674.84	624.31	2417.11	2633.42	745.45
2050	5132.18	578.60	2070.46	2483.12	702.44

资料来源：根据五普、六普、七普和当地统计年鉴中的相关人口数据，运用人口预测模型测算得到。

2025—2050 年湖北人口规模变动呈如下特征。

其一，湖北人口规模将在波动中呈现负增长的发展趋势，预计 2045 年后人口负增长趋势将加速。发展进程将分为五个阶段：第一阶段（2025—2030

年），人口总量将下降，可能由5779.23万人减少到5729.73万人，将减少49.50万人，减幅将约为0.86%；第二阶段（2030—2035年），人口总量将上升，可能从5729.73万人增加到5820.77万人，将增加91.04万人，增幅将约为1.59%；第三阶段（2035—2040年），人口总量将下降，可能由5820.77万人减少到5593.36万人，将减少227.41万人，降幅将约为3.91%；第四阶段（2040—2045年），人口总量将上升，可能由5593.36万人增加到5674.84万人，将增加81.48万人，增幅将约为1.46%；第五阶段（2045—2050年），人口总量将下降，可能由5674.84万人减少到5132.18万人，将减少542.66万人，降幅将约为9.56%。人口规模将由2025年的5779.23万人减少至2050年的5132.18万人，预测期间将大约减少647.05万人，降幅约为11.20%。

其二，少儿人口、劳动年龄人口总量均将减少。少儿人口、劳动年龄人口总量将分别比预测期初下降逾四成、逾三成：0~14岁少儿人口将可能从2025年的992.50万人减至2050年的578.60万人，将减少413.90万人，降幅将约为41.70%；15~59岁劳动年龄人口将可能从2025年的3235.33万人减至2050年的2070.46万人，将减少1164.87万人，减幅将约为36.00%。

其三，60岁以上老年人口总量将显著增长。2050年60岁以上老年人口规模将可能达到2483.12万人，将约为2025年老年人口总量1551.40万人的1.60倍，届时60岁以上老年人口占湖北人口总量的比重将约为48.38%。

其四，育龄妇女人口规模将大幅度减少。2050年育龄妇女将从2025年的1113.04万人减至702.44万人，将约减少410.6万人，届时育龄妇女人数将约为预测期初人数的63.11%，降幅将约为36.89%。

（二）湖北人口结构变化

2025—2050年，湖北的人口结构变动趋势预测如表4-44所示。

表4-44 2025—2050年湖北人口结构变动趋势预测

年份	65岁以上老年人口占湖北总人口的比例（%）	妇幼比（‰）	老龄化指数	15~24岁劳动年龄人口占湖北劳动年龄人口的比例（%）	人口性别比（女性=100）
2025	18.91	340.38	0.52	16.61	106.01
2030	24.62	294.14	0.55	20.10	107.01
2035	32.58	298.72	0.60	19.44	107.08
2040	35.20	363.16	0.60	15.58	108.05

年份	65 岁以上老年人口占湖北总人口的比例（%）	妇幼比（‰）	老龄化指数	15～24 岁劳动年龄人口占湖北劳动年龄人口的比例（%）	人口性别比（女性＝100）
2045	40.16	395.64	0.64	13.69	108.08
2050	39.23	361.47	0.64	14.40	109.17

资料来源：根据五普、六普、七普和当地统计年鉴中的相关人口数据，运用人口预测模型测算得到。

2025—2050 年湖北人口结构变动呈如下特征。

其一，老龄化程度将持续加重。65 岁以上老年人口比重和老龄化指数将呈现"双高"趋势：65 岁以上老年人口占当地总人口的比例将从 2025 年的 18.91%上升到 2050 年的 39.23%，2050 年时该比重将是 2025 年的 2.07 倍；老龄化指数将从 2025 年的 0.52 上升到 2050 年的 0.64，该指标增幅约达 23.08%。

其二，性别结构将逐渐失衡，男性占比将持续上升。人口性别比将从 2025 年的 106.01 上升至 2050 年的 109.17，2040 年起性别结构将趋失衡。

其三，妇幼结构将逐渐上升。妇幼比将从 2025 年的 340.38‰波动上升到 2050 年的 361.47‰，妇幼比上升表明预测期间湖北 5 岁以下幼儿人口占当地育龄妇女人口的比例将会震荡上升。

其四，劳动年龄人口老化趋势将加重。15～24 岁劳动年龄人口占当地劳动年龄人口的比重将出现波动下降，从 2025 年的 16.61%下降到 2050 年的 14.40%，而中老年劳动力占当地劳动年龄人口的比重将会有所增加。

（三）湖北家庭户总量与平均家庭户规模变化

预测期间，湖北家庭户总量将持续增加，平均家庭户规模将持续缩减，呈现由二人户逐渐转向一人户发展的趋势，如表 4－45 所示。

表 4－45　2025—2050 年湖北家庭户总量与平均家庭户规模预测

年份	家庭户总量（户）	平均家庭户规模（人/户）
2025	25612438	2.21
2030	26691753	2.10
2035	27771068	2.05
2040	28850383	1.90
2045	29929698	1.86
2050	31009013	1.62

资料来源：根据五普、六普、七普各地区家庭户户数和表 4－43 数据测算得到。

表 4-45 显示，2025—2050 年间，湖北家庭户总量持续增长，2050 年时家庭户总量约为 31009013，将比 2025 年增加 21.07%；2025 年湖北平均家庭户规模为 2.21 人/户，之后缩小，2040 年湖北平均家庭户规模将下降到 1.90 人/户，2050 年将进一步缩小到 1.62 人/户。

相较于全国人口发展趋势，2050 年湖北人口规模的降幅将约为 11.20%，略高于全国 10.07% 的降幅；2050 年 60 岁以上老年人口占人口总量的比例将约为 48.38%，亦略高于全国 46.05% 的占比；预测期间 15~59 岁劳动年龄人口规模将持续下降，可能自 2040 年后劳动年龄人口规模小于 60 岁以上老年人口规模，早于全国出现劳动年龄人口相对不足；2050 年较 2025 年的育龄妇女人口降幅将约为 36.89%，高于全国育龄妇女人口 33.50% 的降幅；预测期间的低龄劳动力占劳动年龄人口的比例为 13.69%~20.10%，接近全国 13.53%~21.23% 的水平；2050 年的妇幼比将约为 361.478‰，高于全国 298.32‰ 的水平；2050 年人口性别比将升至 109.17，高于全国 108.05 的水平；2050 年平均家庭户规模将为 1.62 人/户，低于全国每户 1.66 人/户的平均规模。

综上分析，2025—2050 年，湖北除妇幼比指标的预测值略好于全国外，在人口规模的降幅、60 岁以上老年人口占比、劳动力人口年龄结构、育龄妇女人口规模降幅、人口性别比、平均家庭户规模等指标的预测值均较全国的略差。

六、湖南

（一）湖南人口规模变化

2025—2050 年湖南人口规模变动趋势的预测数据如表 4-46 所示。

表 4-46 2025—2050 年湖南人口规模变动趋势预测 （单位：万人）

年份	湖南人口规模	0~14 岁少儿人口	15~59 岁劳动年龄人口	60 岁以上老年人口	15~49 岁育龄妇女
2025	6535.52	1260.43	3604.48	1670.61	1267.41
2030	6500.71	1006.29	3443.70	2050.72	1280.73

年份	湖南人口规模	0~14岁少儿人口	15~59岁劳动年龄人口	60岁以上老年人口	15~49岁育龄妇女
2035	6680.28	920.70	3252.31	2507.27	1210.56
2040	6489.59	926.05	3098.30	2465.24	1055.92
2045	6614.71	905.19	2888.09	2821.43	1002.08
2050	6071.30	818.75	2588.68	2663.87	966.59

资料来源：根据五普、六普、七普和当地统计年鉴中的相关人口数据，运用人口预测模型测算得到。

2025—2050年湖南人口规模变动呈如下特征。

其一，湖南人口规模将在波动中呈现负增长，负增长趋势将在2045年后加速。发展进程可分为五个阶段：第一阶段（2025—2030年），人口总量将下降，可能由2025年的6535.52万人下降至2030年的6500.71万人，将减少34.81万人，减少幅度约为0.53%；第二阶段（2030—2035年），人口总量将上升，可能从6500.71万人增加到6680.28万人，将增加179.57万人，增幅将约为2.76%；第三阶段（2035—2040年），人口总量将减少，可能从6680.28万人减少到6489.59万人，将减少190.69万人，减少幅度将约为2.85%；第四阶段（2040—2045年），人口总量将增加，可能从6489.59万人增加到6614.71万人，将增长125.12万人，增幅将约为1.93%；第五阶段（2045—2050年），人口总量将回落，预计可能从6614.71万人减少到6071.30万人，将减少543.41万人，降幅将约为8.22%。人口规模将由2025年的6535.52万人减少至2050年的6071.3万人，预测期间将大约减少464.22万人，减少幅度将约为7.10%。

其二，少儿人口、劳动年龄人口总量均将减少。少儿人口、劳动年龄人口总量将分别比预测期初下降逾三成、逾两成：0~14岁少儿人口将可能从2025年的1260.43万人减至2050年的818.75万人，减少441.68万人，降幅将约为35.04%；15~59岁劳动年龄人口将可能从2025年的3604.48万人持续减至2050年的2588.68万人，将减少1015.80万人，减幅将约为28.18%。

其三，60岁以上老年人口总量将显著增长。2050年60岁以上老年人口规模将可能达到2663.87万人，约为2025年老年人口总量1670.61万人的1.59倍，届时60岁以上老年人口占湖南省人口总量的比重将约为43.88%。

其四，育龄妇女人口规模将大幅度减少。2050 年育龄妇女将可能从 2025 年的 1267.41 万人减至 966.59 万人，届时育龄妇女人数将为预测期初人数的 76.26%，降幅将约为 23.74%。

（二）湖南人口结构变化

2025—2050 年，湖南的人口结构变动趋势预测如表 4 – 47 所示。

表 4 – 47　2025—2050 年湖南人口结构变动趋势预测

年份	65 岁以上老年人口占湖南总人口的比例（%）	妇幼比（‰）	老龄化指数	15～24 岁劳动年龄人口占湖南劳动年龄人口的比例（%）	人口性别比（女性＝100）
2025	18.30	355.66	0.50	21.83	104.96
2030	22.91	324.50	0.52	24.84	105.99
2035	30.37	366.78	0.57	21.92	106.15
2040	32.54	436.17	0.57	16.04	106.93
2045	36.81	419.07	0.61	14.28	107.01
2050	35.88	354.93	0.61	16.06	107.77

资料来源：根据五普、六普、七普和当地统计年鉴中的相关人口数据，运用人口预测模型测算得到。

2025—2050 年湖南人口结构变动呈如下特征。

其一，老龄化程度将持续加重。65 岁以上老年人口比重和老龄化指数将呈现"双高"趋势：65 岁以上老年人口占当地总人口的比例将从 2025 年的 18.30% 上升到 2050 年的 35.88%，2050 年该比重将是 2025 年的 1.96 倍；老龄化指数将从 2025 年的 0.5 上升到 2050 年的 0.61，该指标的升幅约达 22.00%。

其二，人口性别比将逐渐上升。人口性别比将从 2025 年的 104.96 逐渐小幅上升至 2050 年的 107.77，但预测期间总体而言，性别结构仍将保持基本均衡。

其三，妇幼结构将略微下降。妇幼比将可能从 2025 年的 355.66‰略降低至 2050 年的 354.93‰，妇幼比下降表明预测期间湖南 5 岁以下幼儿人口占当地育龄妇女人口的比例将有所降低。

其四，劳动年龄人口老化趋势将加重。15～24 岁劳动年龄人口占当地劳动年龄人口的比重将出现波动下降，从 2025 年的 21.83% 下降到 2050 年的

16.06%，而中老年劳动力占当地劳动年龄人口的比重则会相应增加。

（三）湖南家庭户总量与平均家庭户规模变化

2025—2050 年湖南家庭户总量将持续增加，平均家庭户规模将持续缩减，呈现由二人户逐渐转向一人户的趋势，如表 4 – 48 所示。

表 4 – 48　2025—2050 年湖南家庭户总量与平均家庭户规模预测

年份	家庭户总量（户）	平均家庭户规模（人/户）
2025	26781112	2.44
2030	28085172	2.31
2035	29389232	2.27
2040	30693292	2.11
2045	31997352	2.07
2050	33301412	1.82

资料来源：根据五普、六普、七普各地区家庭户户数和表 4 – 46 数据测算得到。

表 4 – 48 显示，2025—2050 年，湖南家庭户总量将持续增长，2050 年家庭户总量约为 33301412，将比 2025 年增加 24.35%；2025 年湖南平均家庭户规模为 2.44 人/户，之后将缩小至 2050 年的 1.82 人/户，2050 年前后将由二人户转向一人户。

相较于全国人口负增长趋势，2050 年湖南人口规模的降幅将约为 7.10%，低于全国 10.07% 降幅的 2.97 个百分点；2050 年，60 岁以上老年人口占人口总量的比例约为 43.88%，略低于全国 46.05% 的占比；2050 年起，60 岁以上老年人口规模将可能超过 15～59 岁劳动年龄人口规模，将与全国同时出现劳动年龄人口相对不足；2050 年较 2025 年的育龄妇女人口降幅约为 23.74%，低于全国育龄妇女人口 33.50% 的降幅；预测期间的低龄劳动力占劳动年龄人口的比例为 14.28%～24.84%，高于全国 13.53%～21.23% 的水平；2050 年妇幼比将为 354.93‰，高于全国的 298.32‰ 的水平；2050 年人口性别比将约为 107.77，低于全国 108.05 的水平；2050 年平均家庭户规模将为 1.82 人/户，高于全国每户 1.66 人的平均规模。

综上所述，2025—2050 年，湖南的人口规模的降幅、60 岁以上老年人口占比、劳动力人口年龄结构、育龄妇女人口规模降幅、妇幼比、人口性别比、平均家庭户规模等项指标的预测值均将好于全国的预测水平。

第三节 中国中西部地区各省（区、市）的人口发展趋势

中西部地区含内蒙古、广西、重庆、四川、贵州、云南、西藏、陕西、甘肃、青海、宁夏、新疆十二个省（区、市），本节将按前述预测方法，对中西部地区各地的人口规模与人口结构发展趋势进行预测分析。

一、内蒙古

（一）内蒙古人口规模变化

2025—2050 年内蒙古人口规模变动趋势的预测数据如表 4-49 所示。

表 4-49　2025—2050 年内蒙古人口规模变动趋势预测　　（单位：万人）

年份	内蒙古人口规模	0～14 岁少儿人口	15～59 岁劳动年龄人口	60 岁以上老年人口	15～49 岁育龄妇女
2025	2361.39	368.80	1371.76	620.83	462.08
2030	2339.49	299.27	1259.91	780.31	432.39
2035	2376.54	265.05	1125.51	985.98	383.99
2040	2306.86	248.62	1030.25	1027.99	325.88
2045	2343.06	240.98	910.68	1191.40	288.75
2050	2110.84	228.95	776.83	1105.06	269.18

资料来源：根据五普、六普、七普和当地统计年鉴中的相关人口数据，运用人口预测模型测算得到。

2025—2050 年内蒙古人口规模变动呈如下特征。

其一，内蒙古人口规模将在波动中呈现负增长的发展趋势，且负增长趋势将在 2045 年后逐渐加速。发展进程将分为五个阶段：第一阶段（2025—2030年），人口总量将下降，可能由 2361.39 万人下降至 2339.49 万人，将减少21.90 万，减少幅度约为 0.93%；第二阶段（2030—2035 年），人口总量将上升，可能由 2339.49 万人增长至 2376.54 万人，将增加 37.05 万人，增长幅度约为 1.58%；第三阶段（2035—2040 年），人口总量将下降，可能由 2376.54

119

万人减少到 2306.86 万人，将减少 69.68 万人，减少幅度约为 2.93%；第四阶段（2040—2045 年），人口总量将上升，将由 2306.86 万人增加到 2343.06 万人，将增加 36.2 万人，增长幅度约为 1.57%；第五阶段（2045—2050 年），人口总量将下降，可能由 2343.06 万人减少到 2110.84 万人，将减少 232.22 万人，减少幅度约为 9.91%。人口规模将由 2025 年的 2361.39 万人，减至 2050 年的 2110.84 万人，预测期间将大约减少 250.55 万人，减少幅度约为 10.61%。

其二，少儿人口、劳动年龄人口总量均将大幅减少。少儿人口、劳动年龄人口总量将分别比预测期初下降逾三成、逾四成：0～14 岁少儿人口将可能从 2025 年的 368.80 万人减至 2050 年的 228.95 万人，将减少 139.85 万人，降幅约为 37.92%；15～59 岁劳动年龄人口将可能从 2025 年的 1371.76 万人减至 2050 年的 776.83 万人，将减少 594.93 万人，降幅约为 43.37%。

其三，60 岁以上老年人口总量将显著增长，接近翻番。2050 年 60 岁以上老年人口规模将可能达到 1105.06 万人，约为 2025 年老年人口总量 620.83 万人的 1.78 倍，届时 60 岁以上老年人口占内蒙古人口总量的比重将约为 52.35%。

四是育龄妇女人口规模将大幅度减少。2050 年育龄妇女将可能从 2025 年的 462.08 万人减至 269.18 万人，将减少 192.90 万人，届时育龄妇女人数将仅为预测期初人数的 58.25%，降幅约为 41.75%。

（二）内蒙古人口结构变化

2025—2050 年内蒙古的人口结构变动趋势预测如表 4-50 所示。

表 4-50　2025—2050 年内蒙古人口结构变动趋势预测

年份	65 岁以上老年人口占内蒙古总人口的比例（%）	妇幼比（‰）	老龄化指数	15～24 岁劳动年龄人口占内蒙古劳动年龄人口的比例（%）	人口性别比（女性 =100）
2025	18.33	336.43	0.53	14.53	104.65
2030	24.31	280.73	0.56	17.03	105.28
2035	32.55	298.90	0.61	16.86	105.40
2040	37.54	360.29	0.62	14.94	106.47
2045	43.43	397.02	0.66	14.52	106.54
2050	43.67	384.20	0.66	14.78	107.83

资料来源：根据五普、六普、七普和当地统计年鉴中的相关人口数据，运用人口预测模型测算得到。

2025—2050 年内蒙古人口结构变动呈如下特征。

其一，老龄化程度将持续加重。65 岁以上老年人口比重和老龄化指数将呈现"双高"趋势：65 岁以上老年人口占当地总人口的比例将从 2025 年的 18.33% 上升到 2050 年的 43.67%，2050 年该比重将是 2025 年的 2.38 倍；老龄化指数将从 2025 年的 0.53 上升到 2050 年的 0.66，该指标增幅约为 24.53%。

其二，性别结构将维持总体均衡，男性占比逐渐上升。人口性别比将从 2025 年的 104.65 上升至 2050 年的 107.83，但就预测期间总体而言，性别结构仍将保持基本均衡。

其三，妇幼结构将有所上升。妇幼比将可能从 2025 年的 336.43‰波动上升到 2050 年的 384.20 ‰，妇幼比的上升表明预测期间内蒙古 5 岁以下幼儿人口占当地育龄妇女人口的比例将会震荡上升。

其四，劳动年龄人口老化趋势将略有减轻。15～24 岁劳动年龄人口占当地劳动年龄人口的比重将出现波动上升，从 2025 年的 14.53% 微增加到 2050 年的 14.78%，而中老年劳动力占当地劳动年龄人口的比重则会略有降低。

（三）内蒙古家庭户总量与平均家庭户规模变化

2025—2050 年内蒙古家庭户总量将持续增加，平均家庭户规模将可能持续缩减，2035 年后呈现由二人户逐渐转向一人户的趋势，如表 4–51 所示。

表 4–51　2025—2050 年内蒙古家庭户总量与平均家庭户规模预测

年份	家庭户总量（户）	平均家庭户规模（人/户）
2025	10509324	2.25
2030	11184194	2.09
2035	11859064	2.00
2040	12533934	1.84
2045	13208804	1.77
2050	13883674	1.52

资料来源：根据五普、六普、七普各地区家庭户户数和表 4–49 数据测算得到。

表 4–51 显示，2025—2050 年，内蒙古家庭户总量持续增长，2050 年时家庭户总量约为 13883674 户，比 2025 年增加了 32.11%；自 2040 年开始，内蒙古家庭规模呈现明显的"一人户"发展趋势，平均家庭户规模将从 2040 年的 1.84 人/户下降至 2050 年的 1.52 人/户。

相较于全国人口发展趋势，2050 年内蒙古人口规模的降幅将约为 10.61%，略高于全国的 10.07%；2050 年 60 岁以上老年人口占人口总量的比例将约为 52.35%，高于全国 46.05% 的占比；2040 年后 60 岁以上老年人口规模将可能超过 15~59 岁劳动年龄人口规模，将早于全国出现劳动年龄人口相对不足；2050 年较 2025 年的育龄妇女人口降幅将约为 41.75%，高于全国育龄妇女人口 33.50% 的降幅；预测期间的低龄劳动力占劳动年龄人口的比例为 14.52%~17.03%，低于全国 13.53%~21.23% 的水平；2050 年妇幼比将为 384.20‰，高于全国 298.32‰ 的水平；2050 年人口性别比将约为 107.83，低于全国 108.05 的水平；2050 年平均家庭户规模将为 1.52 人/户，亦略低于全国 1.66 人/户的平均规模。

从总体上看，2025—2050 年，内蒙古人口发展中在人口规模的降幅、妇幼比、人口性别比等项的预测值将接近全国的预测水平；但在 60 岁以上老年人口占比、育龄妇女人口规模降幅、劳动力人口年龄结构、平均家庭户规模等项指标的预测值将均较全国预测水平要差。

二、广西

(一) 广西人口规模变化

2025—2050 年广西人口规模变动趋势预测数据如表 4-52 所示。

表 4-52　2025—2050 年广西人口规模变动趋势预测　　（单位：万人）

年份	广西人口规模	0~14 岁少儿人口	15~59 岁劳动年龄人口	60 岁以上老年人口	15~49 岁育龄妇女
2025	5100.81	1274.52	2767.26	1059.03	1022.51
2030	5201.90	1123.30	2800.10	1278.50	1053.23
2035	5502.90	1151.08	2751.52	1600.30	1015.00
2040	5607.53	1263.39	2675.23	1668.91	955.24
2045	5913.03	1349.82	2574.23	1988.98	952.52
2050	5783.69	1363.29	2491.77	1928.63	979.66

资料来源：根据五普、六普、七普和当地统计年鉴中的相关人口数据，运用人口预测模型测算得到。

2025—2050 年广西人口规模变动呈如下特征。

其一，广西人口规模将在波动中呈现增长趋势，发展进程将分为两个阶段：第一阶段（2025—2045 年），人口总量将持续上升，可能由 5100.81 万人增长至 5913.03 万人，将增加 812.22 万人，增幅约为 15.92%；第二阶段（2045—2050 年），人口总量将下降，可能从 5913.03 万人回落至 5783.69 万人，将减少 129.34 万人，减少幅度约为 2.19%。人口规模将可能由 2025 年的 5100.81 万人，增加至 2050 年的 5783.69 万人，预测期间将大约增加 682.88 万人，增加幅度约为 13.39%。

其二，少儿人口总量将增加。少儿人口总量将比预测期初增加，0~14 岁少儿人口将可能从 2025 年的 1274.52 万人增加至 2050 年的 1363.29 万人，将增长 88.77 万人，增幅约为 6.96%。

其三，劳动年龄人口总量将减少。劳动年龄人口总量将比预测期初下降，15~59 岁劳动年龄人口将可能从 2025 年的 2767.26 万人减至 2050 年的 2491.77 万人，将减少 275.49 万人，减幅约为 9.96%。

其四，60 岁以上老年人口总量将显著增长。2050 年 60 岁以上老年人口规模将可能达到 1928.63 万人，约为 2025 年老年人口总量 1059.03 万人的 1.82 倍。届时 60 岁以上老年人口占广西人口总量的比重将约为 33.35%。

五是育龄妇女人口规模将减少。2050 年育龄妇女将可能从 2025 年的 1022.51 万人减至 979.66 万人，将减少 42.85 万人，届时育龄妇女人数将约为预测期初时人数的 95.81%，降幅约为 4.19%。

（二）广西人口结构变化

2025—2050 年广西的人口结构变动趋势预测如表 4-53 所示。

表 4-53　2025—2050 年广西人口结构变动趋势预测

年份	65 岁以上老年人口占广西总人口的比例（%）	妇幼比（‰）	老龄化指数	15~24 岁劳动年龄人口占广西劳动年龄人口的比例（%）	人口性别比（女性=100）
2025	14.90	506.54	0.46	23.90	107.26
2030	17.98	490.23	0.47	27.26	108.61
2035	23.05	584.55	0.50	24.55	108.75
2040	24.24	697.44	0.49	19.45	109.83
2045	27.98	710.95	0.52	19.27	109.88
2050	27.33	655.31	0.51	21.72	110.79

资料来源：根据五普、六普、七普和当地统计年鉴中的相关人口数据，运用人口预测模型测算得到。

2025—2050 年广西人口结构变动呈如下特征。

其一，老龄化程度将持续加重。65 岁以上老年人口比重和老龄化指数将呈现"双高"趋势：65 岁以上老年人口占当地总人口的比例将从 2025 年的 14.90% 上升到 2050 年的 27.33%，2050 年时该比重将是 2025 年的 1.83 倍；老龄化指数将从 2025 年的 0.46 上升到 2050 年的 0.51，该指标增幅约达 10.87%。

其二，人口性别比将持续上升，性别结构失衡将逐渐加剧。人口性别比将从 2025 年的 107.26 持续上升至 2050 年的 110.79，性别结构失衡程度将持续加剧。

其三，妇幼比将震荡提升。妇幼比将从 2025 年的 506.54‰逐渐上升至 2050 年的 655.31‰，妇幼比的上升表明预测期间广西 5 岁以下幼儿人口占当地育龄妇女人口的比例将会震荡增大。

其四，劳动年龄人口老化趋势将加重。15～24 岁劳动年龄人口占当地劳动年龄人口的比重将出现波动中略微下降，将从 2025 年的 23.90% 略降到 2050 年的 21.72%，而中老年劳动力占当地劳动年龄人口的比重则会相应上升。

（三）广西家庭户总量与平均家庭户规模变化

2025—2050 年，广西家庭户总量将会持续增加，家庭户规模将可能持续缩减，2025 年后将呈现由三人户逐渐转向二人户，2045 年后开始向一人户转变的趋势，如表 4 – 54 所示。

表 4 – 54　2025—2050 年广西家庭户总量与平均家庭户规模预测

年份	家庭户总量（户）	平均家庭户规模（人/户）
2025	17012647.2	3.00
2030	19307849.2	2.69
2035	21908411.2	2.51
2040	24814333.2	2.26
2045	28025615.2	2.11
2050	31542257.2	1.83

资料来源：根据五普、六普、七普各地区家庭户户数和表 4 – 52 数据测算得到。

表 4 – 54 显示，2025—2050 年，广西家庭户总量持续增长，2050 年家庭

户总量约为 31542257.2 户，比 2025 年时增加了 85.40%；2025 年广西平均家庭户规模为 3 人/户，之后缩小，2030 年由三人户转向二人户，2030 年时广西平均家庭户规模为 2.69 人/户，2045 年后继续缩减，由二人户转向一人户，2050 年的平均家庭户规模缩小到 1.83 人/户。

对比全国人口发展趋势，预测期末，广西人口规模仍有 13.39% 的增幅，2045 年之前人口持续正增长；2050 年 60 岁以上老年人口占人口总量的比例将约为 33.35%，低于全国 46.05% 的占比；预测期间，15～59 岁劳动年龄人口规模虽持续下降，但至 2050 年其规模仍大于 60 岁以上老年人口规模，劳动年龄人口相对充足；2050 年较 2025 年的育龄妇女人口降幅将约为 4.19%，远低于全国育龄妇女人口 33.50% 的降幅；预测期间的低龄劳动力占劳动年龄人口的比例为 19.27%～27.26%，远高于全国 13.53%～21.23% 的水平；2050 年妇幼比将为 655.31‰，远高于全国的 298.32‰的水平；2050 年人口性别比将升至 110.79，高于全国 108.05 的水平；平均家庭户规模将为 1.83 人/户，亦高于全国 1.66 人/户的平均规模。

综上分析，2025—2050 年，广西除人口性别比指标的预测值劣于全国该项指标的预测值外，60 岁以上老年人口占比、劳动力人口年龄结构、育龄妇女人口规模降幅、妇幼比、平均家庭户规模等指标的预测值均好于全国的预测水平。虽然 2045 年之后人口总量将可能有所下降，但预测期间广西人口发展仍将呈现正增长，人口发展趋势将比全国好。

三、重庆

（一）重庆人口规模变化

2025—2050 年重庆人口规模变动趋势的预测数据如表 4-55 所示。

表 4-55　2025—2050 年重庆人口规模变动趋势预测　　　　（单位：万人）

年份	重庆人口规模	0～14 岁少儿人口	15～59 岁劳动年龄人口	60 岁以上老年人口	15～49 岁育龄妇女
2025	3157.43	531.15	1770.66	855.62	605.18
2030	3117.79	440.30	1643.24	1034.25	602.84

年份	重庆人口规模	0~14岁少儿人口	15~59岁劳动年龄人口	60岁以上老年人口	15~49岁育龄妇女
2035	3172.18	393.36	1474.77	1304.05	574.63
2040	3008.63	359.83	1426.80	1222.00	510.03
2045	3040.02	325.75	1347.41	1366.86	454.40
2050	2743.36	285.50	1204.14	1253.72	410.48

资料来源：根据五普、六普、七普和当地统计年鉴中的相关人口数据，运用人口预测模型测算得到。

2025—2050年重庆人口规模变动呈如下特征。

其一，重庆人口规模将在波动中呈现负增长的趋势。发展进程将分为五个阶段：第一阶段（2025—2030年），人口总量将减少，可能由3157.43万人减少3117.79万人，将缩减39.64万人，减少幅度约为1.26%；第二阶段（2030—2035年），人口总量将增加，可能从3117.79万人上升到3172.18万人，将增长54.39万人，增幅约为1.74%；第三阶段（2035—2040年），人口总量将回落，可能从3172.18万人下降到3008.63万人，将减少163.55万人，降低幅度约为5.16%；第四阶段（2040—2045年），人口总量将上升，可能从3008.63万人增加到3040.02万人，将增加31.39万人，增幅约为1.04%；第五阶段（2045—2050年），人口总量将下降，可能从3040.02万人下降到2743.36万人，将减少296.66万人，减少幅度约为9.76%。人口规模将可能由2025年的3157.43万人，减少到2050年的2743.36万人，预计将减少414.07万人，人口降幅约为13.11%。

其二，少儿人口总量将减少。少儿人口总量将比预测期初减少，0~14岁少儿人口将可能从2025年的531.15万人减少至2050年的285.50万人，将减少245.65万人，减少幅度约为46.25%。

其三，劳动年龄人口总量将减少。劳动年龄人口总量将比预测期初下降，15~59岁劳动年龄人口将可能从2025年的1770.66万人减至2050年的1204.14万人，将减少566.52万人，减幅约达31.99%。

其四，60岁以上老年人口总量将显著增长。2050年60岁以上老年人口规模将可能达到1253.72万人，约为2025年老年人口总量855.62万人的1.47倍，届时60岁以上老年人口占重庆人口总量的比重将约为45.70%。

其五，育龄妇女人口规模将减少。2050 年育龄妇女将从 2025 年的 605.18 万人减至 410.48 万人，将约减少 194.70 万人，届时育龄妇女人数将约为预测期初时人数的 67.83%，降幅将约为 32.17%。

（二）重庆人口结构变化

2025—2050 年重庆的人口结构变动趋势预测如表 4 – 56 所示。

表 4 – 56 2025—2050 年重庆人口结构变动趋势预测

年份	65 岁以上老年人口占重庆总人口的比例（%）	妇幼比（‰）	老龄化指数	15～24 岁劳动年龄人口占重庆劳动年龄人口的比例（%）	人口性别比（女性＝100）
2025	20.18	361.92	0.52	19.14	102.64
2030	24.39	307.78	0.54	20.07	103.59
2035	32.27	303.06	0.60	18.52	103.75
2040	35.92	318.04	0.60	15.41	104.34
2045	39.72	313.23	0.64	14.28	104.43
2050	37.82	289.93	0.64	14.44	104.92

资料来源：根据五普、六普、七普和当地统计年鉴中的相关人口数据，运用人口预测模型测算得到。

2025—2050 年重庆人口结构变动呈如下特征。

其一，老龄化程度将持续加重。65 岁以上老年人口比重和老龄化指数将呈现"双高"趋势：65 岁以上老年人口占当地总人口的比例将从 2025 年的 20.18% 上升到 2050 年的 37.82%，2050 年时该比重将是 2025 年的 1.87 倍；老龄化指数将从 2025 年的 0.52 上升到 2050 年的 0.64，该指标增幅约为 23.08%。

其二，性别结构将维持均衡，男性占比略有上升。人口性别比将从 2025 年的 102.64 持续上升至 2050 年的 104.92，预测期间的男女性别结构仍将保持均衡。

其三，妇幼结构将波动下降。妇幼比将可能从 2025 年的 361.92‰逐渐下降至 2050 年的 289.93‰，妇幼比的下降表明预测期间重庆 5 岁以下幼儿人口占当地育龄妇女人口的比例将会震荡下降。

其四，劳动年龄人口老化趋势将加重。15～24 岁劳动年龄人口占当地劳动年龄人口的比重将波动下降，从 2025 年的 19.14% 下降到 2050 年的

14.44%，而中老年劳动力占当地劳动年龄人口的比重则会相应上升。

（三）重庆家庭户总量与平均家庭户规模变化

2025—2050 年重庆家庭户总量将持续增加，平均家庭户规模将可能持续缩减，呈现由二人户逐渐向一人户转变的趋势，平均家庭户规模接近一人，如表 4 - 57 所示。

表 4 - 57　2025—2050 年重庆家庭户总量与平均家庭户规模预测

年份	家庭户总量（户）	平均家庭户规模（人/户）
2025	13381800. 8	2. 36
2030	15138846. 3	2. 06
2035	17190856. 8	1. 85
2040	19537832. 3	1. 54
2045	22179772. 8	1. 37
2050	25116678. 3	1. 09

资料来源：根据五普、六普、七普各地区家庭户户数和表 4 - 55 数据测算得到。

表 4 - 57 显示，2025—2050 年，重庆家庭户总量持续增长，2050 年时家庭户总量约为 25116678. 3，将比 2025 年增加 87.69%；2025 年重庆平均家庭户规模为 2.36 人/户，之后平均家庭户规模持续缩小，2035 年平均家庭户规模由二人户转变为一人户，平均家庭户规模为 1.85 人/户，2050 年平均家庭户规模缩小到 1.09 人/户。

相较于全国人口发展趋势，2050 年重庆人口规模的降幅将约为 13.11%，较全国 10.07%的降幅高出 3.04 个百分点；2050 年 60 岁以上老年人口占人口总量的比例将达 45.70，略低于全国 46.05%的占比；自 2045 年起，60 岁以上老年人口规模将可能持续高于 15 ~ 59 岁劳动年龄人口规模，将早于全国出现劳动年龄人口相对不足；2050 年较 2025 年的育龄妇女人口降幅将约为 32.17%，略低于全国育龄妇女人口 33.50%的降幅；预测期间的低龄劳动力占劳动年龄人口的比例为 14.28% ~ 20.07%，略低于全国 13.53% ~ 21.23%的水平；2050 年妇幼比将约为 289.93‰，低于全国 298.32‰的水平；2050 年人口性别比将约为 104.92，低于全国 108.05 的水平；2050 年平均家庭户规模将为 1.09 人/户，亦低于全国 1.66 人/户的平均规模。

综上分析，2025—2050 年，重庆 60 岁以上老年人口占比、育龄妇女人口规模降幅、人口性别比等项指标的预测值均好于全国的预测水平；但在人口规模的降幅、劳动力人口年龄结构、妇幼比、平均家庭户规模等项指标的预测值都较全国的要差。

四、四川

（一）四川人口规模变化

2025—2050 年四川的人口规模变动趋势的预测数据如表 4 – 58 所示。

表 4 – 58　2025—2050 年四川人口规模变动趋势预测　　（单位：万人）

年份	四川人口规模	0～14 岁少儿人口	15～59 岁劳动年龄人口	60 岁以上老年人口	15～49 岁育龄妇女
2025	8251.72	1410.11	4630.64	2210.97	1576.19
2030	8153.53	1168.85	4293.59	2691.09	1551.05
2035	8321.13	1061.37	3863.77	3395.99	1486.81
2040	7930.05	1005.08	3679.92	3245.05	1321.72
2045	8048.98	947.40	3486.08	3615.50	1187.47
2050	7314.48	861.46	3122.71	3330.31	1083.66

资料来源：根据五普、六普、七普和当地统计年鉴中的相关人口数据，运用人口预测模型测算得到。

2025—2050 年四川人口规模变动呈如下特征。

其一，四川人口总量规模将在波动中呈现负增长的趋势。发展进程将分为五个阶段：第一阶段（2025—2030 年），人口总量将减少，可能由 8251.72 万人减少至 8153.53 万人，将缩减 98.19 万人，减少幅度约为 1.19%；第二阶段（2030—2035 年），人口总量将增加，可能从 8153.53 万人上升到 8321.13 万人，将增长 167.60 万人，增幅约为 2.06%；第三阶段（2035—2040 年），人口总量将回落，可能从 8321.13 万人下降到 7930.05 万人，将减少 391.08 万人，降低幅度约为 4.70%；第四阶段（2040—2045 年），人口总量将上升，可能从 7930.05 万人增加到 8048.98 万人，将增加 118.93 万人，增幅约为 1.50%；第五阶段（2045—2050 年），人口总量将下降，可能从 8048.98 万人下降到 7314.48 万人，将减少 734.50 万人，减少幅度约为 9.13%。人口规模将可能由 2025 年的 8251.72 万人减少到 2050 年的 7314.48 万人, 将约减少 937.24 万人, 人口减少幅度约为 11.36%。

其二, 少儿人口总量将减少。预测期间少儿人口规模将较大幅度下降, 0~14 岁少儿人口将从 2025 年的 1410.11 万人减少至 2050 年的 861.46 万人, 将约减少 548.65 万人, 降幅约为 38.91%。

其三, 劳动年龄人口总量将下降。劳动年龄人口总量将比预测期初下降, 15~59 岁劳动年龄人口将可能从 2025 年的 4630.64 万人减至 2050 年的 3122.71 万人, 将约减少 1507.93 万人, 减幅约为 32.56%。

其四, 60 岁以上老年人口总量将显著增长。2050 年 60 岁以上老年人口规模将达到 3330.31 万人, 约为 2025 年老年人口总量 2210.97 万人的 1.51 倍, 届时 60 岁以上老年人口占四川人口总量的比重将约为 45.53%。

其五, 育龄妇女人口规模将减少。2050 年育龄妇女将可能从 2025 年的 1576.19 万人减至 1083.66 万人, 将约减少 492.53 万人, 届时育龄妇女人数将约为预测期初人数的 68.75%, 降幅约为 31.25%。

(二) 四川人口结构变化

2025—2050 年四川的人口结构变动趋势预测如表 4-59 所示。

表 4-59 2025—2050 年四川人口结构变动趋势预测

年份	65 岁以上老年人口占四川总人口的比例 (%)	妇幼比 (‰)	老龄化指数	15~24 岁劳动年龄人口占四川劳动年龄人口的比例 (%)	人口性别比 (女性=100)
2025	20.06	364.11	0.52	18.32	102.57
2030	24.04	317.80	0.54	20.23	103.45
2035	32.02	324.52	0.59	19.04	103.63
2040	35.50	356.32	0.59	15.81	104.35
2045	39.86	362.60	0.63	14.56	104.47
2050	37.79	343.00	0.63	15.11	105.20

资料来源: 根据五普、六普、七普和当地统计年鉴中的相关人口数据, 运用人口预测模型测算得到。

2025—2050 年四川人口结构变动呈如下特征。

其一, 老龄化程度将持续加重。65 岁以上老年人口比重和老龄化指数将呈现"双高"趋势: 65 岁以上老年人口占当地总人口的比例将从 2025 年的

20.06% 上升到 2050 年的 37.79%，2050 年该比重将是 2025 年的 1.88 倍；老龄化指数将从 2025 年的 0.52 上升到 2050 年的 0.63，该指标增幅约为 21.15%。

其二，性别结构将维持均衡，男性占比将略有上升。人口性别比将可能从 2025 年的 102.57 持续上升至 2050 年的 105.20，预测期间仍将保持男女性别结构的均衡。

其三，妇幼结构将波动下降。妇幼比将从 2025 年的 364.11‰逐渐下降至 2050 年的 343.00‰，妇幼比的下降表明预测期间四川 5 岁以下幼儿人口占当地育龄妇女人口的比例将会震荡缩小。

其四，劳动年龄人口老化趋势将加重。15～24 岁劳动年龄人口占当地劳动年龄人口的比重将出现波动下降，可能从 2025 年的 18.32% 下降到 2050 年的 15.11%，而中老年劳动力占当地劳动年龄人口的比重则会相应上升。

（三）四川家庭户总量与平均家庭户规模变化

2025—2050 年四川家庭户总量将持续增加，平均家庭户规模将持续缩减，呈现由二人户逐渐向一人户转变的趋势，如表 4-60 所示。

表 4-60 2025—2050 年四川家庭户总量与平均家庭户规模预测

年份	家庭户总量（户）	平均家庭户规模（人/户）
2025	29253010	2.82
2030	31032435	2.63
2035	32811860	2.54
2040	34591285	2.29
2045	36370710	2.21
2050	38150135	1.92

资料来源：根据五普、六普、七普各地区家庭户户数和表 4-58 数据测算得到。

表 4-60 显示，2025—2050 年，四川家庭户总量持续增长，2050 年家庭户总量约为 38150135，比 2025 年增加了 30.41%；2025 年时四川平均家庭户规模为 2.82 人/户，之后平均家庭户规模不断缩小，2050 年时平均家庭户规模缩小到 1.92 人/户。

相较于全国人口发展趋势，2050 年四川人口规模的降幅将约为 11.36%，比全国 10.07% 降幅略高 1.29 个百分点；2050 年 60 岁以上老年人口占人口总量的比例将约为 45.53%，略低于全国 46.05% 的占比；预测期间 15 ~ 59 岁劳动年龄人口规模波动下降，自 2045 年起，其规模将小于 60 岁以上老年人口规模，可能早于全国出现劳动年龄人口相对不足；2050 年较 2025 年的育龄妇女人口降幅将约为 31.25%，低于全国育龄妇女人口 33.50% 的降幅；预测期间的低龄劳动力占劳动年龄人口的比例为 14.56% ~ 20.23%，接近全国 13.53% ~ 21.23% 的水平；2050 年的妇幼比将约为 343.00‰，高于全国 298.32‰ 的水平；2050 年人口性别比将约为 105.20，低于全国 108.05 的水平；2050 年的平均家庭户规模将为 1.92 人/户，高于全国 1.66 人/户的平均规模。

综上分析，2025—2050 年，四川除人口规模的降幅将较全国略差，劳动力人口年龄结构与预测的全国水平大体相同；60 岁以上老年人口占比、育龄妇女人口规模降幅、妇幼比、人口性别比、平均家庭户规模等项指标的预测值均将好于全国的预测水平，人口负增长的程度将可能比全国轻。

五、贵州

（一）贵州人口规模变化

2025—2050 年贵州人口规模变动趋势的预测数据如表 4 - 61 所示。

表 4 - 61　2025—2050 年贵州人口规模变动趋势预测　（单位：万人）

年份	贵州人口规模	0 ~ 14 岁少儿人口	15 ~ 59 岁劳动年龄人口	60 岁以上老年人口	15 ~ 49 岁育龄妇女
2025	3960.53	1067.11	2157.53	735.89	805.98
2030	4055.12	963.69	2166.56	924.87	826.31
2035	4273.54	967.76	2113.12	1192.66	825.99
2040	4317.60	980.72	2103.96	1232.92	808.56
2045	4517.58	987.69	2104.16	1425.73	795.60
2050	4435.23	975.12	2071.56	1388.55	786.67

资料来源：根据五普、六普、七普和当地统计年鉴中的相关人口数据，运用人口预测模型测算得到。

2025—2050 年贵州人口规模变化呈如下特征。

其一，贵州人口规模将在波动中呈现正增长的趋势。发展进程将分为两个阶段：第一阶段（2025—2045 年），人口规模将增加，可能由 3960.53 万人增加至 4517.58 万人，将增加 557.05 万人，增幅约为 14.07%；第二阶段（2045—2050 年），人口规模将减少，可能由 4517.58 万人下降至 4435.23 万人，将减少 82.35 万人，降幅约为 1.82%。人口规模将可能由 2025 年的 3960.53 万人增长到 2050 年的 4435.23 万人，将增加 474.70 万人，增长幅度约为 11.99%。

其二，少儿人口规模将减少。少儿人口规模将比预测期初下降，0～14 岁少儿人口将可能从 2025 年的 1067.11 万人减少至 2050 年的 975.12 万人，将减 91.99 万人，减少幅度约为 8.62%。

其三，劳动年龄人口规模将下降。劳动年龄人口规模将比预测期初减少，15～59 岁劳动年龄人口将可能从 2025 年的 2157.53 万人减至 2050 年的 2071.56 万人，将减少 85.97 万人，降幅约为 3.98%。

其四，60 岁以上老年人口规模将显著增长。2050 年 60 岁以上老年人口规模将可能达到 1388.55 万人，将约为 2025 年老年人口规模 735.89 万人的 1.89 倍，届时 60 岁以上老年人口占贵州人口规模的比重将约为 31.31%。

其五，育龄妇女人口规模将缩减。2050 年育龄妇女将可能从 2025 年的 805.98 万人减至 786.67 万人，将减少 19.31 万人，届时育龄妇女人数将约为预测期初人数的 97.60%，降幅约为 2.40%。

（二）贵州人口结构变化

2025—2050 年贵州人口结构变动趋势预测如表 4-62 所示。

表 4-62　2025—2050 年贵州人口结构变动趋势预测

年份	65 岁以上老年人口占贵州总人口的比例（%）	妇幼比（‰）	老龄化指数	15～24 岁劳动年龄人口占贵州劳动年龄人口的比例（%）	人口性别比（女性＝100）
2025	13.40	607.60	0.44	23.79	105.12
2030	16.27	538.34	0.45	26.24	106.06
2035	21.45	568.85	0.49	24.36	106.33
2040	23.37	597.59	0.48	21.59	107.40
2045	27.03	595.94	0.51	21.24	107.57
2050	25.80	581.11	0.51	21.49	108.49

资料来源：根据五普、六普、七普和当地统计年鉴中的相关人口数据，运用人口预测模型测算得到。

2025—2050 年贵州人口结构变动呈如下特征。

其一，老龄化程度将持续加重。65岁以上老年人口比重和老龄化指数将呈现"双高"趋势：65岁以上老年人口占贵州总人口的比例将可能从2025年的13.40%上升到2050年的25.80%，2050年该比重将约为2025年的1.93倍；老龄化指数将可能从2025年的0.44上升到2050年的0.51，该指标增幅约为15.91%。

其二，性别结构将逐渐失衡，男性占比将持续上升。人口性别比将可能从2025年的105.12上升至2050年的108.49，男性占比持续上升，性别结构均衡状态将可能在2050年前后改变。

其三，妇幼结构将波动下降。妇幼比将可能从2025年的607.60‰逐渐下降至2050年的581.11‰，妇幼比的下降表明预测期间贵州5岁以下幼儿人口占当地育龄妇女人口的比例将会下降。

其四，劳动年龄人口老化趋势将加重。15～24岁劳动年龄人口占当地劳动年龄人口的比重将波动下降，从2025年的23.79%下降到2050年的21.49%，而中老年劳动力占贵州劳动年龄人口的比重将会相应上升。

（三）贵州家庭户总量与平均家庭户规模变化

2025—2050年，贵州家庭户总量将持续增加，平均家庭户规模将可能持续缩减，呈现由二人户逐渐向一人户转变的趋势，如表4-63所示。

表4-63　2025—2050年贵州家庭户总量与平均家庭户规模预测

年份	家庭户总量（户）	平均家庭户规模（人/户）
2025	13920276.4	2.88
2030	15501270.4	2.65
2035	17287034.4	2.50
2040	19277568.4	2.27
2045	21472872.4	2.13
2050	23872946.4	1.88

资料来源：根据五普、六普、七普各地区家庭户户数和表4-61数据测算得到。

表4-63显示，2025—2050年，贵州家庭户总量持续增长，2050年家庭户总量约为23872946.4户，比2025年增加了71.50%；2025年贵州平均家庭户规模为2.88人/户，之后平均家庭户规模不断缩小，2050年缩小到1.88人/户。

对比全国人口发展趋势，2050年，贵州人口规模的增幅约为11.99%，

2045 年之前仍将持续人口正增长；2050 年 60 岁以上老年人口占人口总量的比例将约为 31.31%，低于全国 46.05% 的占比；预测期间，15～59 岁劳动年龄人口规模虽持续下降，但至 2050 年其规模仍大于 60 岁以上老年人口规模，劳动年龄人口相对充足；2050 年较 2025 年的育龄妇女人口降幅将约为 2.40%，远低于全国育龄妇女人口 33.50% 的降幅；预测期间的低龄劳动力占劳动年龄人口的比例为 21.24%～26.24%，远高于全国 13.53%～21.23% 的水平；2050 年的妇幼比将约为 581.11‰，高于全国 298.32‰ 的水平；2050 年人口性别比将约为 108.49，稍高于全国 108.05 的水平；2050 年平均家庭户规模将为 1.88 人／户，亦高于全国 1.66 人／户的平均规模。

综上分析，2025—2050 年，贵州除人口性别比预测值将比全国该项指标预测水平略差外，在 60 岁以上老年人口占比、劳动力人口年龄结构、育龄妇女人口规模降幅、妇幼比、平均家庭户规模等项指标的预测值均好于全国预测水平。虽 2045 年后人口总量将可能开始减少，但预测期间贵州人口将仍呈正增长，人口发展趋势将比全国要好。

六、云南

（一）云南人口规模变化

2025—2050 年云南人口规模变动趋势的预测数据如表 4-64 所示。

表 4-64　2025—2050 年云南人口规模变动趋势预测　（单位：万人）

年份	云南人口规模	0～14 岁少儿人口	15～59 岁劳动年龄人口	60 岁以上老年人口	15～49 岁育龄妇女
2025	4725.11	1026.72	2778.13	920.26	992.82
2030	4762.15	888.43	2691.12	1182.60	968.15
2035	4909.90	823.85	2544.87	1541.18	934.78
2040	4857.21	776.58	2420.35	1660.28	870.32
2045	4972.91	733.87	2303.27	1935.77	820.36
2050	4727.85	677.02	2136.21	1914.62	771.12

资料来源：根据五普、六普、七普和当地统计年鉴中的相关人口数据，运用人口预测模型测算得到。

2025—2050 年云南人口规模变化呈如下特征。

其一，云南人口规模将在波动中呈现正增长的趋势，发展进程将分为四个阶段：第一阶段（2025—2035 年），人口规模将增加，可能由 4725.11 万人增加至 4909.90 万人，将增加 184.79 万人，增幅约为 3.91%；第二阶段（2035—2040 年），人口规模将减少，可能由 4909.90 万人下降至 4857.21 万人，将减少 52.69 万人，减少幅度约为 1.07%；第三阶段（2040—2045 年），人口规模将增加，可能由 4857.21 万人增加至 4972.91 万人，将增加 115.70 万人，增幅约为 2.38%；第四阶段（2045—2050 年），人口规模将减少，可能由 4972.91 万人下降至 4727.85 万人，将减少 245.06 万人，减少幅度约为 4.93%。人口规模将可能由 2025 年的 4725.11 万人增长到 2050 年的 4727.85 万人，将增加 2.74 万人，增长幅度为 0.06%。

其二，少儿人口规模将减少。少儿人口规模将比预测期初下降，0～14 岁少儿人口将可能从 2025 年的 1026.72 万人减少至 2050 年 677.02 万人，将减少 349.70 万人，减少幅度为 34.06%。

其三，劳动年龄人口规模将下降。劳动年龄人口规模将比预测期初减少，15～59 岁劳动年龄人口将可能从 2025 年的 2778.13 万人减至 2050 年的 2136.21 万人，将减少 641.92 万人，降幅约为 23.11%。

其四，60 岁以上老年人口规模将显著增长。2050 年 60 岁以上老年人口规模将可能达到 1914.62 万人，将约为 2025 年老年人口规模 920.26 万人的 2.08 倍，届时 60 岁以上老年人口占云南人口规模的比重将约为 40.50%。

其五，育龄妇女规模将缩减。2050 年育龄妇女将可能从 2025 年的 992.82 万人减至 771.12 万人，将减少 221.70 万人，届时育龄妇女人数将约为预测期初人数的 77.67%，降幅约为 22.33%。

（二）云南人口结构变化

2025—2050 年云南人口结构变动趋势预测数据如表 4-65 所示。

表 4-65　2025—2050 年云南人口结构变动趋势预测

年份	65 岁以上老年人口占云南总人口的比例（%）	妇幼比（‰）	老龄化指数	15～24 岁劳动年龄人口占云南劳动年龄人口的比例（%）	人口性别比（女性=100）
2025	13.36	453.01	0.46	20.10	107.44
2030	17.46	395.77	0.49	20.98	108.24

年份	65 岁以上老年人口占云南总人口的比例（％）	妇幼比（‰）	老龄化指数	15～24 岁劳动年龄人口占云南劳动年龄人口的比例（％）	人口性别比（女性＝100）
2035	23.87	400.12	0.53	20.18	108.33
2040	27.54	414.32	0.54	18.28	109.28
2045	33.06	407.31	0.58	17.28	109.30
2050	33.44	386.44	0.59	17.24	110.34

资料来源：根据五普、六普、七普和当地统计年鉴中的相关人口数据，运用人口预测模型测算得到。

2025—2050 年云南人口结构变动呈如下特征。

其一，老龄化程度将持续加重。65 岁以上老年人口比重和老龄化指数将呈现"双高"趋势：65 岁以上老年人口占云南总人口的比例将可能从 2025 年的 13.36% 上升到 2050 年的 33.44%，2050 年该比重将可能是 2025 年的 2.50 倍；老龄化指数将可能从 2025 年的 0.46 上升到 2050 年的 0.59，该指标增幅约为 28.26%。

其二，性别结构失衡将可能加剧，男性占比将持续上升。人口性别比将可能从 2025 年的 107.44 持续上升至 2050 年的 110.34，男性占比上升，预测期间将可能持续性别结构失衡。

其三，妇幼结构将波动下降。妇幼比将可能从 2025 年的 453.01‰逐渐下降至 2050 年的 386.44‰，妇幼比的下降表明预测期间云南 5 岁以下幼儿人口占当地育龄妇女人口的比例将会震荡缩小。

其四，劳动年龄人口老化趋势将加重。15～24 岁劳动年龄人口占云南劳动年龄人口的比重将波动下降，从 2025 年的 20.10% 下降到 2050 年的 17.24%，而中老年劳动力占云南劳动年龄人口的比重将会相应上升。

（三）云南家庭户总量与平均家庭户规模变化

2025—2050 年，云南家庭户总量将持续增加，平均家庭户规模将可能持续缩减，呈现由二人户逐渐向一人户转变的趋势，如表 4-66 所示。

表 4-66　2025—2050 年云南家庭户总量与平均家庭户规模预测

年份	家庭户总量（户）	平均家庭户规模（人／户）
2025	16268194.4	2.93

年份	家庭户总量（户）	平均家庭户规模（人/户）
2030	18496678.4	2.60
2035	21055182.4	2.35
2040	23943706.4	2.05
2045	27162250.4	1.85
2050	30710814.4	1.55

资料来源：根据五普、六普、七普各地区家庭户户数和表4-64数据测算得到。

表4-66显示，2025—2050年，云南家庭户总量持续增长，2050年家庭户总量将为30710814.4户，约比2025年增加了88.78%；2025年云南平均家庭户规模为2.93人/户，之后平均家庭户规模不断缩小，2045年为1.85人/户，并开始向一人户转变，2050年时平均家庭户规模缩小到1.55人/户。

相较于全国人口发展趋势，2050年云南人口规模仍将约有0.06%的微弱增幅，2045年之前保持人口正增长；2050年60岁以上老年人口占人口规模的比例将约为40.50%，低于全国46.05%的占比；预测期间15～59岁劳动年龄人口规模虽持续下降，但至2050年其规模仍大于60岁以上老年人口规模，劳动年龄人口相对充足；2050年较2025年的育龄妇女人口降幅将约为22.33%，远低于全国育龄妇女人口33.50%的降幅；预测期间的低龄劳动力占劳动年龄人口的比例为17.24%～20.98%，接近全国13.53%～21.23%的水平；2050年的妇幼比将为386.44‰，高于全国298.32‰的水平；2050年人口性别比将升至110.34，高于全国108.05的水平；2050年平均家庭户规模将为1.55人/户，低于全国1.66人/户的平均规模。

综上分析，2025—2050年，云南除人口性别比、平均家庭户规模指标的预测值将劣于全国相应指标的预测值外，60岁以上老年人口占比、育龄妇女人口规模降幅、妇幼比等项指标的预测值均将好于全国预测水平。虽然2045年之后人口规模将可能开始减少，但预测期间云南人口发展仍将有望呈现正增长趋势。

七、西藏

（一）西藏人口规模变化

2025—2050 年西藏人口规模变动趋势的预测数据如表 4-67 所示。

表 4-67 2025—2050 年西藏人口规模变动趋势预测 （单位：万人）

年份	西藏人口规模	0~14 岁少儿人口	15~59 岁劳动年龄人口	60 岁以上老年人口	15~49 岁育龄妇女
2025	379.49	106.14	229.16	44.19	86.84
2030	392.17	94.49	235.32	62.36	89.65
2035	418.14	97.40	234.61	86.13	87.06
2040	440.14	106.40	232.83	100.91	81.91
2045	472.71	119.27	224.05	129.39	77.08
2050	489.64	130.67	212.73	146.24	79.39

资料来源：根据五普、六普、七普和当地统计年鉴中的相关人口数据，运用人口预测模型测算得到。

2025—2050 年西藏人口规模变动呈如下特征。

一是西藏人口规模仍将呈现持续增长的趋势。西藏人口规模将可能从 2025 年的 379.49 万人稳步增加到 2050 年的 489.64 万人，将增长 110.15 万人，增长幅度约为 29.03%。

二是少儿人口规模将增加。少儿人口规模将比预测期初增加，0~14 岁少儿人口将可能从 2025 年的 106.14 万人增加至 2050 年的 130.67 万人，将增长 24.53 万人，增加幅度约为 23.11%。

三是劳动年龄人口规模将减少。劳动年龄人口规模将比预测期初下降，15~59 岁劳动年龄人口将可能从 2025 年的 229.16 万人减至 2050 年的 212.73 万人，将减少 16.43 万人，减幅约为 7.17%。

四是 60 岁以上老年人口规模将显著增长。2050 年 60 岁以上老年人口规模将可能达到 146.24 万人，将约为 2025 年老年人口规模 44.19 万人的 3.31 倍，届时 60 岁以上老年人口占西藏人口总量的比重将约为 29.87%。

五是育龄妇女人口规模将缩减。2050 年育龄妇女将可能从 2025 年的

86.84 万人减至 79.39 万人，将减少 7.45 万人，届时育龄妇女人数将约为预测期初人数的 91.42%，降幅约为 8.58%。

（二）西藏人口结构变化

2025—2050 年西藏人口结构变动趋势预测数据如表 4-68 所示。

表 4-68　2025—2050 年西藏人口结构变动趋势预测

年份	65 岁以上老年人口占西藏总人口的比例（%）	妇幼比（‰）	老龄化指数	15~24 岁劳动年龄人口占西藏劳动年龄人口的比例（%）	人口性别比（女性=100）
2025	7.44	554.21	0.40	20.67	111.77
2030	10.51	469.69	0.42	23.22	112.33
2035	14.83	560.81	0.46	22.35	112.32
2040	17.55	692.45	0.46	19.83	113.18
2045	21.24	813.99	0.48	19.44	113.08
2050	22.96	838.05	0.48	21.05	113.76

资料来源：根据五普、六普、七普和当地统计年鉴中的相关人口数据，运用人口预测模型测算得到。

2025—2050 年西藏人口结构变动呈如下特征。

其一，老龄化程度将持续加重。65 岁以上老年人口比重和老龄化指数将呈现"双高"趋势：65 岁以上老年人口占西藏总人口的比例将可能从 2025 年的 7.44% 上升到 2050 年的 22.96%，2050 年该比重将可能是 2025 年的 3.09 倍；老龄化指数将可能从 2025 年的 0.40 上升到 2050 年的 0.48，该指标增幅约为 20.00%。

其二，性别结构将持续失衡，男多女少趋势将加剧。人口性别比将可能从 2025 年的 111.77 上升至 2050 年的 113.76，预测期间男女性别结构失衡将持续且加剧。

其三，妇幼结构将波动上升。妇幼比将可能从 2025 年的 554.21‰逐渐上升至 2050 年的 838.05‰，妇幼比的上升表明预测期间西藏 5 岁以下幼儿人口占当地育龄妇女人口的比例将会震荡增大。

其四，劳动年龄人口老化趋势将减轻。15~24 岁劳动年龄人口占当地劳动年龄人口的比重将波动升高，从 2025 年的 20.67% 上升到 2050 年的 21.05%，而中老年劳动力占西藏劳动年龄人口的比重将会相应下降。

（三）西藏家庭户总量与平均家庭户规模变化

2025—2050 年西藏家庭户总量将持续增加，平均家庭户规模将可能持续缩减，呈现由三人户逐渐向二人户、一人户转变的趋势，如表 4 - 69 所示。

表 4 - 69　2025—2050 年西藏家庭户总量与平均家庭户规模预测

年份	家庭户总量（户）	平均家庭户规模（人/户）
2025	1262193	3.01
2030	1561302.5	2.51
2035	1911407	2.19
2040	2312506.5	1.90
2045	2764601	1.71
2050	3267690.5	1.50

资料来源：根据五普、六普、七普各地区家庭户户数和表 4 - 67 数据测算得到。

表 4 - 69 显示，2025—2050 年，西藏家庭户总量将持续增长，2050 年家庭户总量约为 3267690.5 户，与 2025 年相比，增幅将约为 158.89%；2025 年西藏平均家庭户规模为 3.01 人/户，之后平均家庭户规模不断缩小，2030 年时西藏平均家庭户规模为 2.51 人/户，2040 年时由二人户转为一人户，平均家庭户规模降至 1.90 人/户，2050 年时平均家庭户规模进一步缩小到 1.50 人/户。

对比全国人口发展趋势，预测期末，西藏人口规模仍将约有 29.03% 的增幅，将持续呈现人口正增长；2050 年 60 岁以上老年人口占人口规模的比例将约为 29.87%，低于全国 46.05% 的占比；预测期间 15 ～ 59 岁劳动年龄人口规模将波动上升，至 2050 年其规模将持续大于 60 岁以上老年人口规模，劳动年龄人口相对充足；2050 年较 2025 年的育龄妇女人口降幅将约为 8.57%，远低于全国育龄妇女人口 33.50% 的降幅；预测期间的低龄劳动力占劳动年龄人口的比例为 19.44% ～23.22%，高于全国 13.53% ～21.23% 的水平；2050 年的妇幼比将为 838.05‰，远高于全国 298.32‰ 的水平；2050 年人口性别比将升至 113.76，高于全国 108.05 的水平；平均家庭户规模将为 1.50 人/户，低于全国 1.66 人/户的平均规模。

综上分析，2025—2050 年，西藏除平均家庭户规模、人口性别比的预测值劣于全国的预测水平外，60 岁以上老年人口占比、劳动力人口年龄结构、育龄妇女人口规模降幅、妇幼比等项指标的预测值均好于全国平均水平。预测期间西藏人口发展仍将呈现正增长趋势。

八、陕西

(一) 陕西人口规模变化

2025—2050 年陕西人口规模变动趋势的预测数据如表 4-70 所示。

表 4-70 2025—2050 年陕西人口规模变动趋势预测 （单位：万人）

年份	陕西人口规模	0~14 岁少儿人口	15~59 岁劳动年龄人口	60 岁以上老年人口	15~49 岁育龄妇女
2025	3909.30	730.51	2222.41	956.38	798.99
2030	3872.45	573.35	2128.76	1170.34	792.47
2035	3937.28	477.52	2010.41	1449.35	743.70
2040	3815.66	442.60	1916.05	1457.01	632.50
2045	3890.55	434.39	1754.17	1701.99	550.84
2050	3553.14	413.14	1500.12	1639.88	509.00

资料来源：根据五普、六普、七普和当地统计年鉴中的相关人口数据，运用人口预测模型测算得到。

2025—2050 年陕西人口规模变动呈如下特征。

其一，陕西人口规模将在波动中呈现负增长的趋势。发展进程将分为五个阶段：第一阶段（2025—2030 年），人口规模将减少，可能由 3909.30 万人减少至 3872.45 万人，将缩减 36.85 万人，减少幅度约为 0.94%；第二阶段（2030—2035 年），人口规模将增加，可能从 3872.45 万人增加到 3937.28 万人，将增长 64.83 万人，增幅约为 1.67%；第三阶段（2035—2040 年），人口规模将回落，可能从 3937.28 万人下降到 3815.66 万人，将减少 121.62 万人，降低幅度约为 3.09%；第四阶段（2040—2045 年），人口规模将上升，可能从 3815.66 万人增加到 3890.55 万人，将增加 74.89 万人，增幅约为 1.96%；第五阶段（2045—2050 年），人口规模将下降，可能从 3890.55 万人下降到 3553.14 万人，将减少 337.41 万人，减少幅度约为 8.67%。人口规模将可能由 2025 年的 3909.30 万人波动减少到 2050 年的 3553.14 万人，将减少 356.16

万人，减少幅度约为 9.11%。

其二，少儿人口规模将减少。少儿人口规模将比预测期初下降，0～14 岁少儿人口将可能从 2025 年的 730.51 万人减少至 2050 年的 413.14 万人，将减少 317.37 万人，减少幅度约为 43.44%。

其三，劳动年龄人口规模将下降。劳动年龄人口规模将比预测期初减少，15～59 岁劳动年龄人口将可能从 2025 年的 2222.41 万人减至 2050 年的 1500.12 万人，将减少 722.29 万人，减幅约为 32.50%。

其四，60 岁以上老年人口规模将显著增长。2050 年 60 岁以上老年人口规模将可能达到 1639.88 万人，约为 2025 年老年人口规模 956.38 万人的 1.71 倍，届时 60 岁以上老年人口占陕西人口规模的比重将约为 46.15%。

其五，育龄妇女人口规模减少。2050 年育龄妇女将可能从 2025 年的 798.99 万人减至 509.00 万人，将减少 289.99 万人，届时育龄妇女人数将约为预测期初人数的 63.71%，降幅约为 36.29%。

（二）陕西人口结构变化

2025—2050 年陕西人口结构变动趋势预测数据如表 4-71 所示。

表 4-71　2025—2050 年陕西人口结构变动趋势预测

年份	65 岁以上老年人口占陕西总人口的比例（%）	妇幼比（‰）	老龄化指数	15～24 岁劳动年龄人口占陕西劳动年龄人口的比例（%）	人口性别比（女性 =100）
2025	17.74	355.23	0.50	16.34	105.21
2030	22.45	272.24	0.53	19.94	105.91
2035	29.47	269.97	0.58	19.99	106.02
2040	32.36	332.58	0.59	16.06	106.89
2045	37.09	382.28	0.63	13.59	106.99
2050	36.58	365.54	0.63	13.50	107.83

资料来源：根据五普、六普、七普和当地统计年鉴中的相关人口数据，运用人口预测模型测算得到。

2025—2050 年陕西人口结构变动呈如下特征。

其一，老龄化程度将持续加重。65 岁以上老年人口比重和老龄化指数将呈现"双高"趋势：65 岁以上老年人口占陕西总人口的比例将可能从 2025 年的 17.74% 上升到 2050 年的 36.58%，2050 年该比重将可能是 2025 年的 2.06

倍；老龄化指数将可能从 2025 年的 0.50 上升到 2050 年的 0.63，该指标增幅约为 26.00%。

其二，性别结构将维持均衡，男性占比将逐渐上升。人口性别比将可能从 2025 年的 105.21 上升至 2050 年的 107.83，虽男性占比持续上升，但预测期间男女性别结构仍将保持均衡。

其三，妇幼结构将波动上升。妇幼比将可能从 2025 年的 355.23‰ 逐渐上升至 2050 年的 365.54‰，妇幼比的上升表明预测期间陕西 5 岁以下幼儿人口占陕西育龄妇女人口的比例将会震荡增大。

其四，劳动年龄人口老化趋势将加重。15~24 岁劳动年龄人口占陕西劳动年龄人口的比重将波动降低，从 2025 年的 16.34% 降低到 2050 年的 13.50%，而中老年劳动力占陕西劳动年龄人口的比重将会相应上升。

(三) 陕西家庭户总量与平均家庭户规模变化

2025—2050 年陕西家庭户总量将持续增加，平均家庭户规模将可能持续缩减，呈现由二人户向一人户转变的趋势，如表 4 - 72 所示。

表 4 - 72　2025—2050 年陕西家庭户总量与平均家庭户规模预测

年份	家庭户总量（户）	平均家庭户规模（人/户）
2025	15216418	2.57
2030	16411883	2.36
2035	17607348	2.24
2040	18802813	2.03
2045	19998278	1.95
2050	21193743	1.68

资料来源：根据五普、六普、七普各地区家庭户户数和表 4 - 70 数据测算得到。

表 4 - 72 显示，2025—2050 年，陕西家庭户总量持续增长，2050 年家庭户总量约为 21193743 户，比 2025 年增加了 39.28%；2025 年陕西平均家庭户规模为 2.57 人/户，之后平均家庭户规模不断缩小，2045 年由二人户转为一人户，规模为 1.95 人/户，2050 年时平均家庭户规模进一步缩小到 1.68 人/户。

与全国人口发展趋势相比，2050 年陕西人口规模的降幅将约为 9.11%，略低于全国 10.07% 的降幅；2050 年 60 岁以上老年人口占人口规模的比例将约为 46.15%，略高于全国 46.05% 的占比；自 2050 年起，60 岁以上老年人口规模将可能超过 15～59 岁劳动年龄人口规模，将与全国同时出现劳动年龄人口相对不足；2050 年较 2025 年的育龄妇女人口降幅将约为 36.30%，略高于全国育龄妇女人口 33.50% 的降幅；预测期间的低龄劳动力占劳动年龄人口的比例为 13.50%～19.99%，低于全国 13.53%～21.23% 的水平；2050 年的妇幼比将约为 365.54‰，高于全国 298.32‰ 的水平；2050 年人口性别比将为 107.83，低于全国 108.05 的水平；2050 年平均家庭户规模将为 1.68 人/户，亦略高于全国 1.66 人/户的平均规模。

综上分析，2025—2050 年，陕西除人口妇幼比、性别比指标的预测值将好于全国该项指标预测水平外，在人口规模的降幅、60 岁以上老年人口占比、劳动力人口年龄结构、育龄妇女人口规模降幅、平均家庭户规模等项指标的预测值均与全国预测水平相近，山西人口负增长趋势基本与全国同步。

九、甘肃

（一）甘肃人口规模变化

2025—2050 年甘肃人口规模变动趋势的预测数据如表 4-73 所示。

表 4-73　2025—2050 年甘肃人口规模变动趋势预测　（单位：万人）

年份	甘肃人口规模	0～14 岁少儿人口	15～59 岁劳动年龄人口	60 岁以上老年人口	15～49 岁育龄妇女
2025	2509.49	547.41	1407.51	554.57	489.90
2030	2544.40	488.26	1322.25	733.89	494.74
2035	2655.36	487.74	1238.77	928.85	481.00
2040	2658.37	520.80	1212.53	925.04	440.82
2045	2785.64	560.79	1172.44	1052.41	411.43
2050	2705.71	586.28	1100.63	1018.80	408.23

资料来源：根据五普、六普、七普和当地统计年鉴中的相关人口数据，运用人口预测模型测算得到。

2025—2050 年甘肃人口规模变动呈如下特征。

其一，甘肃人口规模将波动增长。发展进程将分为两个阶段：第一阶段

（2025—2045 年），人口总量将增加，可能由 2509.49 万人增加至 2785.64 万人，将增加 276.15 万人，增幅约为 11.00%；第二阶段（2045—2050 年）人口总量将下降，可能由 2785.64 万人减少到 2705.71 万人，将减少 79.93 万人，减少幅度约为 2.87%。人口规模将由 2025 年的 2509.49 万人波动增加到 2050 年的 2705.71 万人，将增长 196.22 万人，增幅约为 7.82%。

其二，少儿人口规模将增加。少儿人口规模将比预测期初增大，0~14 岁少儿人口将可能从 2025 年的 547.41 万人增加至 2050 年的 586.28 万人，将增加 38.87 万人，增幅约为 7.10%。

其三，劳动年龄人口规模将减少。劳动年龄人口规模将比预测期初减少，15~59 岁劳动年龄人口将可能从 2025 年的 1407.51 万人减至 2050 年的 1100.63 万人，将减少 306.88 万人，减幅约为 21.80%。

其四，60 岁以上老年人口规模将显著增长。2050 年 60 岁以上老年人口规模将可能达到 1018.80 万人，约为 2025 年老年人口规模 554.57 万人的 1.84 倍，届时 60 岁以上老年人口占甘肃人口规模的比重将约为 37.65%。

五是育龄妇女人口规模将减少。2050 年育龄妇女将可能从 2025 年的 489.90 万人减至 408.23 万人，将减少 81.67 万人，届时育龄妇女人数将约为预测期初人数的 83.33%，降幅约为 16.67%。

（二）甘肃人口结构变化

2025—2050 年甘肃人口结构变动趋势预测数据如表 4-74 所示。

表 4-74　2025—2050 年甘肃人口结构变动趋势预测

年份	65 岁以上老年人口占甘肃总人口的比例（%）	妇幼比（‰）	老龄化指数	15~24 岁劳动年龄人口占甘肃劳动年龄人口的比例（%）	人口性别比（女性=100）
2025	15.26	487.88	0.48	18.92	103.84
2030	19.92	443.60	0.50	22.47	104.50
2035	27.36	501.25	0.54	22.25	104.82
2040	29.87	615.51	0.53	19.34	105.81
2045	32.82	697.71	0.56	18.65	106.08
2050	31.12	705.62	0.55	20.29	106.62

资料来源：根据五普、六普、七普和当地统计年鉴中的相关人口数据，运用人口预测模型测算得到。

2025—2050 年甘肃人口结构变动呈如下特征。

其一，老龄化程度将持续加重。65 岁以上老年人口比重和老龄化指数将呈现"双高"趋势：65 岁以上老年人口占甘肃总人口的比例将可能从 2025 年的 15.26% 上升到 2050 年的 31.12%，2050 年该比重将可能是 2025 年的 2.04 倍；老龄化指数将可能从 2025 年的 0.48 上升到 2050 年的 0.55，该指标增幅约为 14.58%。

其二，性别结构将保持均衡，男性占比将持续上升。人口性别比将可能从 2025 年的 103.84 上升到 2050 年的 106.62，虽然人口性别比持续提高，但预测期间总体仍将维持均衡。

其三，妇幼结构将波动上升。妇幼比将可能从 2025 年的 487.88‰逐渐上升至 2050 年的 705.62‰，妇幼比的上升表明预测期间甘肃 5 岁以下幼儿人口占甘肃育龄妇女人口的比例将会震荡增大。

其四，劳动年龄人口老化趋势将加重。15~24 岁劳动年龄人口占甘肃劳动年龄人口的比重将波动上升，从 2025 年的 18.92% 升高到 2050 年的 20.29%，而中老年劳动力占甘肃劳动年龄人口的比重将会相应下降。

（三）甘肃家庭户总量与平均家庭户规模变化

2025—2050 年，甘肃家庭户总量将持续增加，平均家庭户规模将可能持续缩减，但平均家庭户规模仍将维持二人户，如表 4 - 75 所示。

表 4 - 75　2025—2050 年甘肃家庭户总量与平均家庭户规模预测

年份	家庭户总量（户）	平均家庭户规模（人/户）
2025	9036592	2.80
2030	9620552	2.66
2035	10204512	2.62
2040	10788472	2.48
2045	11372432	2.47
2050	11956392	2.28

资料来源：根据五普、六普、七普各地区家庭户户数和表 4 - 73 数据测算得到。

表 4 - 75 显示，2025—2050 年，甘肃家庭户总量持续增长，2050 年家庭户总量将为 11956392 户，增加幅度约为 32.31%；2025 年时甘肃平均家庭户规模为 2.80 人/户，之后平均家庭户规模不断缩小，2050 年时平均家庭户规模进一步缩小到 2.28 人/户。

与全国人口发展趋势相比，2050 年甘肃人口规模将呈现正增长，增幅将约为 7.82%；2050 年 60 岁以上老年人口占甘肃人口规模的比例将为 37.65%，低于全国 46.05% 的占比；预测期间 15～59 岁劳动年龄人口规模虽波动下降，但至 2050 年其规模仍大于 60 岁以上老年人口规模，劳动年龄人口相对充足；2050 年较 2025 年的育龄妇女人口降幅将约为 16.67%，低于全国育龄妇女人口 33.50% 的降幅；预测期间的低龄劳动力占劳动年龄人口的比例为 18.65%～22.47%，高于全国 13.53%～21.23% 的水平；2050 年妇幼比将为 705.62‰，远高于全国 298.32‰ 的水平；2050 年人口性别比将为 106.62，低于全国 108.05 的水平；2050 年平均家庭户规模将为 2.28 人/户，高于全国 1.66 人/户的平均家庭户规模。

以上分析表明，2025—2050 年，甘肃 60 岁以上老年人口占比、劳动力人口年龄结构、育龄妇女人口规模降幅、妇幼比、人口性别比、平均家庭户规模等项指标的预测值均好于全国预测水平。虽然 2045 年之后人口规模将可能开始减少，但预测期间甘肃人口发展将好于全国，呈现人口正增长趋势。

十、青海

（一）青海人口规模变化

2025—2050 年青海人口规模变动趋势的预测数据如表 4-76 所示。

表 4-76 2025—2050 年青海人口规模变动趋势预测 （单位：万人）

年份	青海人口规模	0～14 岁少儿人口	15～59 岁劳动年龄人口	60 岁以上老年人口	15～49 岁育龄妇女
2025	598.60	136.60	361.73	100.27	130.16
2030	606.95	116.01	351.03	139.91	128.29
2035	628.99	109.83	331.54	187.62	123.58
2040	631.06	107.99	315.52	207.55	113.89
2045	650.63	106.60	301.25	242.78	104.66
2050	631.31	101.78	279.49	250.04	101.88

资料来源：根据五普、六普、七普和当地统计年鉴中的相关人口数据，运用人口预测模型测算得到。

2025—2050 年青海人口规模变动呈如下特征。

其一，青海人口规模将在波动中呈现正增长的趋势。发展进程将分为两个阶段：第一阶段（2025—2045年），人口规模将增加，可能由2025年的598.60万人增加至2045年650.63万人，将增加52.03万人，增幅约为8.69%；第二阶段（2045—2050年），人口总量将下降，可能由650.63万人减少到631.31万人，将减少19.32万人，减幅约为2.97%。人口规模将由2025年的598.60万人波动增长到2050年的631.31万人，将增加32.71万人，增加幅度约为5.46%。

其二，少儿人口规模将减少。少儿人口规模将比预测期初下降，0~14岁少儿人口将可能从2025年的136.60万人减少至2050年的101.78万人，将减少34.82万人，降幅约为25.49%。

其三，劳动年龄人口规模将持续下降。劳动年龄人口规模将比预测期初减少，15~59岁劳动年龄人口将可能从2025年的361.73万人减至2050年的279.49万人，将减少82.24万人，减幅约为22.74%。

其四，60岁以上老年人口规模将显著增长。2050年60岁以上老年人口规模将可能达到250.04万人，约为2025年老年人口规模100.27万人的2.49倍，届时60岁以上老年人口占青海人口规模的比重将约为39.61%。

其五，育龄妇女人口规模将减少。2050年育龄妇女将可能从2025年的130.16万人减至101.88万人，将减少28.28万人，届时育龄妇女人数将约为预测期初时人数的78.27%，降幅约为21.73%。

（二）青海人口结构变化

2025—2050年青海人口结构变动趋势预测数据如表4-77所示。

表4-77　2025—2050年青海人口结构变动趋势预测

年份	65岁以上老年人口占青海总人口的比例（%）	妇幼比（‰）	老龄化指数	15~24岁劳动年龄人口占青海劳动年龄人口的比例（%）	人口性别比（女性=100）
2025	10.89	449.41	0.45	19.62	106.21
2030	15.16	389.72	0.48	22.14	106.82
2035	22.06	414.96	0.52	21.02	107.05
2040	26.28	460.57	0.53	18.14	108.21
2045	31.61	482.45	0.57	17.24	108.35
2050	32.55	451.08	0.58	17.66	109.03

资料来源：根据五普、六普、七普和当地统计年鉴中的相关人口数据，运用人口预测模型测算得到。

2025—2050 年青海人口结构变动呈如下特征。

其一，老龄化程度将持续加重。65 岁以上老年人口比重和老龄化指数将呈现"双高"趋势：65 岁以上老年人口占青海总人口的比例将可能从 2025 年的 10.89% 上升到 2050 年的 32.55%，2050 年该比重将可能是 2025 年的 2.99 倍；老龄化指数将可能从 2025 年的 0.45 上升到 2050 年的 0.58，该指标增幅约为 28.89%。

其二，性别结构将失衡，男性占比将上升。人口性别比将可能从 2025 年的 106.21 持续上升，至 2040 年左右开始失衡，2040 年之后的年份失衡程度加重，2050 年时人口性别比为 109.03。

其三，妇幼结构将波动上升。妇幼比将可能从 2025 年的 449.41‰波动上升至 2050 年的 451.08‰，妇幼比的上升表明预测期间青海 5 岁以下幼儿人口占青海育龄妇女人口的比例将会震荡增大。

其四，劳动年龄人口老化趋势将加重。15~24 岁劳动年龄人口占青海劳动年龄人口的比重将波动降低，从 2025 年的 19.62% 降低到 2050 年的 17.66%，而中老年劳动力占青海劳动年龄人口的比重将会相应上升。

（三）青海家庭户总量与平均家庭户规模变化

2025—2050 年青海家庭户总量将持续增加，平均家庭户规模将可能持续缩减，呈现不断缩减的二人户的发展趋势，如表 4-78 所示。

表 4-78　2025—2050 年青海家庭户总量与平均家庭户规模预测

年份	家庭户总量（户）	平均家庭户规模（人/户）
2025	2029496	2.95
2030	2227476	2.72
2035	2425456	2.59
2040	2623436	2.41
2045	2821416	2.31
2050	3019396	2.09

资料来源：根据五普、六普、七普各地区家庭户户数和表 4-76 数据测算得到。

表 4-78 显示，2025—2050 年，青海家庭户总量持续增长，2050 年家庭户总量约为 3019396 户，比 2025 年增加了约 48.78%；2025 年青海平均家庭户规模为 2.95 人/户，之后平均家庭户规模不断缩小，2050 年进一步缩小到 2.09 人/户。

对比全国人口发展趋势，2050 年青海人口规模将呈现正增长，增幅将约为 5.46%；2050 年 60 岁以上老年人口占人口规模的比例将约为 39.61%，低于全国 46.05% 的占比；预测期间 15~59 岁劳动年龄人口规模虽波动下降，但至 2050 年其规模仍大于 60 岁以上老年人口规模，劳动年龄人口相对充足；2050 年较 2025 年的育龄妇女人口降幅将约为 21.73%，远低于全国育龄妇女人口 33.50% 的降幅；预测期间的低龄劳动力占劳动年龄人口的比例为 17.24%~22.14%，高于全国 13.53%~21.23% 的水平；2050 年的妇幼比将为 451.08‰，远高于全国 298.32‰ 的水平；2050 年人口性别比将升至 109.03，高于全国 108.05 的水平；2050 年平均家庭户规模将为 2.09 人/户，亦高于全国 1.66 人/户的平均家庭户规模。

综上分析，2025—2050 年，青海除人口性别比指标的预测值劣于全国该项指标的预测值外，在 60 岁以上老年人口占比、劳动力人口年龄结构、育龄妇女人口规模降幅、妇幼比、平均家庭户规模等项指标的预测值均好于全国平均水平。虽然 2045 年之后人口规模将可能开始减少，但预测期间青海人口发展将可能较全国好，将呈现人口正增长趋势。

十一、宁夏

（一）宁夏人口规模变化

2025—2050 年宁夏人口规模变动趋势的预测数据如表 4-79 所示。

表 4-79　2025—2050 年宁夏人口规模变动趋势预测　（单位：万人）

年份	宁夏人口规模	0~14 岁少儿人口	15~59 岁劳动年龄人口	60 岁以上老年人口	15~49 岁育龄妇女
2025	733.71	169.66	435.09	128.96	162.38
2030	744.18	147.44	425.02	171.72	158.71
2035	772.28	140.47	406.80	225.01	151.51
2040	774.49	137.24	390.74	246.51	139.16
2045	800.89	136.27	371.21	293.41	128.48
2050	774.63	132.78	342.86	298.99	124.73

资料来源：根据五普、六普、七普和当地统计年鉴中的相关人口数据，运用人口预测模型测算得到。

2025—2050 年宁夏人口规模变动呈如下特征。

其一，宁夏人口规模将波动增长。发展进程将分为两个阶段：第一阶段（2025—2045 年），人口规模将增加，可能由 733.71 万人增加至 800.89 万人，将增加 67.18 万人，增幅约为 9.16%；第二阶段（2045—2050 年），人口规模将下降，可能由 800.89 万人减少到 774.63 万人，将减少 26.26 万人，人口降幅约为 3.28%。人口规模将可能由 2025 年的 733.71 万人波动增长到 2050 年的 774.63 万人，将增加 40.92 万人，增幅约为 5.58%。

其二，少儿人口规模将减少。少儿人口规模将比预测期初下降，0~14 岁少儿人口将可能从 2025 年的 169.66 万人减少至 2050 年的 132.78 万人，将减少 36.88 万人，减少幅度约为 21.74%。

其三，劳动年龄人口规模将下降。劳动年龄人口规模将比预测期初减少，15~59 岁劳动年龄人口将可能从 2025 年的 435.09 万人减至 2050 年的 342.86 万人，将减少 92.23 万人，减幅约为 21.20%。

其四，60 岁以上老年人口规模将显著增长。2050 年 60 岁以上老年人口规模将可能达到 298.99 万人，将约为 2025 年老年人口规模 128.96 万人的 2.32 倍，届时 60 岁以上老年人口占宁夏人口规模的比重将约为 38.60%。

其五，育龄妇女人口规模将减少。2050 年育龄妇女将可能从 2025 年的 162.38 万人减至 124.73 万人，将减少 37.65 万人，届时育龄妇女人数将约为预测期初人数的 76.81%，降幅约为 23.19%。

（二）宁夏人口结构变化

2025—2050 年宁夏人口结构变动趋势预测数据如表 4-80 所示。

表 4-80　2025—2050 年宁夏人口结构变动趋势预测

年份	65 岁以上老年人口占宁夏总人口的比例（%）	妇幼比（‰）	老龄化指数	15~24 岁劳动年龄人口占宁夏劳动年龄人口的比例（%）	人口性别比（女性=100）
2025	12.03	473.00	0.45	19.57	105.07
2030	15.93	402.56	0.48	21.29	105.55
2035	22.06	427.16	0.52	20.39	105.82
2040	25.38	477.16	0.53	18.81	106.72
2045	30.50	507.81	0.56	18.17	106.92
2050	31.21	492.80	0.57	18.30	107.61

资料来源：根据五普、六普、七普和当地统计年鉴中的相关人口数据，运用人口预测模型测算得到。

2025—2050 年宁夏人口结构变动呈如下特征。

其一，老龄化程度将持续加重。65 岁以上老年人口比重和老龄化指数将呈现"双高"趋势：65 岁以上老年人口占宁夏总人口的比例将可能从 2025 年的 12.03% 上升到 2050 年的 31.21%，2050 年该比重将可能是 2025 年的 2.59 倍；老龄化指数将可能从 2025 年的 0.45 上升到 2050 年的 0.57，该指标增幅约为 26.67%。

其二，性别结构将维持均衡，男性占比将持续上升。人口性别比将可能从 2025 年的 105.07 上升到 2050 年的 107.61，至 2050 年，人口性别比仍将维持均衡状态。

其三，妇幼结构将波动上升。妇幼比将可能从 2025 年的 473.00‰ 逐渐上升至 2050 年的 492.80 ‰，妇幼比的上升表明预测期间宁夏 5 岁以下幼儿人口占宁夏育龄妇女人口的比例将会震荡上升。

其四，劳动年龄人口老化趋势将加重。15～24 岁劳动年龄人口占宁夏劳动年龄人口的比重将波动降低，可能从 2025 年的 19.57% 略降低到 2050 年的 18.30%，而中老年劳动力占宁夏劳动年龄人口的比重将会相应上升。

（三）宁夏家庭户总量与平均家庭户规模变化

2025—2050 年宁夏家庭户总量将持续增加，平均家庭户规模将可能持续缩减，呈现从二人户逐渐转向一人户的发展趋势，如表 4-81 所示。

表 4-81　2025—2050 年宁夏家庭户总量与平均家庭户规模预测

年份	家庭户总量（户）	平均家庭户规模（人/户）
2025	2479660	2.96
2030	2764210	2.69
2035	3048760	2.53
2040	3333310	2.32
2045	3617860	2.21
2050	3902410	1.98

资料来源：根据五普、六普、七普各地区家庭户户数和表 4-79 数据测算得到。

表 4-81 显示，2025—2050 年，宁夏家庭户总量持续增长，2050 年家庭户总量将为 3902410 户，比 2025 年增加了约 57.38%；2025 年时宁夏平均家庭户规模为 2.96 人/户，之后平均家庭户规模不断缩小，2050 年时平均家庭

户规模进一步缩小到 1.98 人/户, 将开始转向一人户。

较之于全国人口发展趋势, 2050 年宁夏人口规模将呈现正增长, 增幅将约为 5.58%; 2050 年 60 岁以上老年人口占人口规模的比例将为 38.60%, 低于全国 46.05% 的占比; 预测期间 15~59 岁劳动年龄人口规模虽波动下降, 但至 2050 年其规模仍大于 60 岁以上老年人口规模, 劳动年龄人口相对充足; 2050 年较 2025 年的育龄妇女人口降幅将约为 23.19%, 远低于全国育龄妇女人口 33.50% 的降幅; 预测期间的低龄劳动力占劳动年龄人口的比例为 18.17%~21.29%, 稍高于全国 13.53%~21.23% 的水平; 2050 年的妇幼比将为 492.80‰, 远高于全国 298.32‰ 的水平; 2050 年人口性别比将为 107.61, 低于全国 108.05 的水平; 平均家庭户规模将为 1.98 人/户, 高于全国 1.66 人/户的平均家庭户规模。

上述分析表明, 2025—2050 年, 宁夏 60 岁以上老年人口占比、劳动力人口年龄结构、育龄妇女人口规模降幅、妇幼比、人口性别比、平均家庭户规模等项指标的预测值均好于全国平均水平。虽然 2045 年之后人口规模将可能开始减少, 但预测期间宁夏人口发展趋势将好于全国, 呈现人口正增长趋势。

十二、新疆

(一) 新疆人口规模变化

2025—2050 年新疆人口规模变动趋势的预测数据如表 4-82 所示。

表 4-82　2025—2050 年新疆人口规模变动趋势预测　　　(单位: 万人)

年份	新疆人口规模	0~14 岁少儿人口	15~59 岁劳动年龄人口	60 岁以上老年人口	15~49 岁育龄妇女
2025	2558.94	554.92	1600.60	403.42	584.70
2030	2571.46	385.37	1618.35	567.74	614.75
2035	2626.92	319.00	1535.55	772.37	577.33
2040	2599.58	296.65	1447.31	855.62	505.59
2045	2628.48	262.69	1336.15	1029.64	450.55
2050	2489.63	211.27	1175.96	1102.40	417.49

资料来源: 根据五普、六普、七普和当地统计年鉴中的相关人口数据, 运用人口预测模型测算得到。

2025—2050 年新疆人口规模变动呈如下特征。

其一，新疆人口规模将在波动中呈现负增长的趋势。发展进程将分为四个阶段：第一阶段（2025—2035 年），人口规模将增加，可能由 2558.94 万人增加至 2626.92 万人，将增加 67.98 万人，增幅约为 2.66%；第二阶段（2035—2040 年），人口规模将下降，可能由 2626.92 万人减少到 2599.58 万人，将减少 27.34 万人，减幅约为 1.04%；第三阶段（2040—2045 年），人口规模将增加，可能从 2599.58 万人上升至 2628.48 万人，将增长 28.90 万人，增幅约为 1.11%；第四阶段（2045—2050 年），人口规模将下降，可能从 2628.48 万人减少到 2489.63 万人，将减少 138.85 万人，降幅约为 5.28%。人口规模将可能由 2025 年的 2558.94 万人波动减少到 2050 年的 2489.63 万人，将减少 69.31 万人，减少幅度约为 2.71%。

其二，少儿人口总量将大幅减少。少儿人口规模将比预测期初下降，0~14 岁少儿人口将可能从 2025 年的 554.92 万人减少至 2050 年的 211.27 万人，将减少 343.65 万人，减少幅度约为 61.93%。

其三，劳动年龄人口规模将下降。劳动年龄人口规模将比预测期初减少，15~59 岁劳动年龄人口将可能从 2025 年的 1600.60 万人减至 2050 年的 1175.96 万人，将减少 424.64 万人，减幅约为 26.53%。

其四，60 岁以上老年人口规模将显著增长。2050 年 60 岁以上老年人口规模将可能达到 1102.40 万人，约为 2025 年老年人口总量 403.42 万人的 2.73 倍，届时 60 岁以上老年人口占新疆人口规模的比重将约为 44.28%。

其五，育龄妇女人口规模将减少。2050 年育龄妇女将可能从 2025 年的 584.70 万人减至 417.49 万人，将减少 167.21 万人，届时育龄妇女人数将约为预测期初时人数的 71.40%，降幅约为 28.60%。

（二）新疆人口结构变化

2025—2050 年新疆人口结构变动趋势预测数据如表 4 - 83 所示。

表 4 - 83　2025—2050 年新疆人口结构变动趋势预测

年份	65 岁以上老年人口占新疆总人口的比例（%）	妇幼比（‰）	老龄化指数	15~24 岁劳动年龄人口占新疆劳动年龄人口的比例（%）	人口性别比（女性 =100）
2025	10.39	296.80	0.45	19.60	107.20
2030	14.32	239.80	0.48	25.67	107.44

年份	65岁以上老年人口占新疆总人口的比例（%）	妇幼比（‰）	老龄化指数	15~24岁劳动年龄人口占新疆劳动年龄人口的比例（%）	人口性别比（女性=100）
2035	21.49	245.16	0.54	22.29	107.54
2040	26.44	270.91	0.56	13.06	108.51
2045	32.36	244.47	0.61	11.58	108.54
2050	35.27	179.35	0.63	12.07	109.05

资料来源：根据五普、六普、七普和当地统计年鉴中的相关人口数据，运用人口预测模型测算得到。

2025—2050年新疆人口结构变动呈如下特征。

其一，老龄化程度将持续加重。65岁以上老年人口比重和老龄化指数将呈现"双高"趋势：65岁以上老年人口占新疆总人口的比例将可能从2025年的10.39%上升到2050年的35.27%，2050年该比重将可能是2025年的3.39倍；老龄化指数将可能从2025年的0.45上升到2050年的0.63，该指标增幅约为40.00%。

其二，性别结构将逐渐失衡，男性占比持续上升。人口性别比将可能从2025年的107.20上升到2050年的109.05，性别结构将可能从2040年开始失衡。

其三，妇幼结构将波动下降。妇幼比将可能从2025年的296.8‰逐渐下降至2050年的179.35‰，妇幼比的下降表明预测期间新疆5岁以下幼儿人口占新疆育龄妇女人口的比例将会震荡缩小。

其四，劳动年龄人口老化趋势将加重。15~24岁劳动年龄人口占新疆劳动年龄人口的比重将波动降低，从2025年的19.60%降低到2050年的12.07%，而中老年劳动力占新疆劳动年龄人口的比重将会相应上升。

（三）新疆家庭户总量与平均家庭户规模变化

2025—2050年新疆家庭户总量将持续增加，平均家庭户规模将可能持续缩减，呈现从二人户向一人户转变的发展趋势，如表4-84所示。

表4-84　2025—2050年新疆家庭户总量与平均家庭户规模预测

年份	家庭户总量（户）	平均家庭户规模（人/户）
2025	9625166	2.65
2030	10514621	2.44

年份	家庭户总量（户）	平均家庭户规模（人/户）
2035	11404076	2.29
2040	12293531	2.11
2045	13182986	1.99
2050	14072441	1.76

资料来源：根据五普、六普、七普各地区家庭户户数和表4-82数据测算得到。

表4-84显示，2025—2050年，新疆家庭户总量将持续增长，2050年家庭户总量约为14072441户，比2025年增加了约46.20%；2025年新疆平均家庭户规模为2.65人/户，之后平均家庭户规模不断缩小，2050年时进一步缩小到1.76人/户。

与全国人口发展趋势相比，2050年新疆人口规模的降幅将约为2.71%，低于全国10.07%降幅的7.36个百分点；2050年60岁以上老年人口占人口规模的比例将约为44.28%，低于全国46.05%的占比；预测期间15~59岁劳动年龄人口规模虽波动下降，但至2050年其规模仍大于60岁以上老年人口规模，劳动年龄人口相对充足；2050年较2025年的育龄妇女人口降幅将约为28.60%，低于全国育龄妇女人口33.50%的降幅；预测期间的低龄劳动力占劳动年龄人口的比例为11.58%~25.67%，高于全国13.53%~21.23%的水平；2050年的妇幼比将为179.35‰，低于全国298.32‰的水平；2050年人口性别比将为109.05，略高于全国性别比108.05的预测值；2050年平均家庭户规模将为1.76人/户，高于预测的全国1.66人/户的平均家庭户规模。

综上分析，2025—2050年，新疆除妇幼比、人口性别比指标的预测值将差于全国相应指标的预测值外，在人口规模的降幅、60岁以上老年人口占比、劳动力人口年龄结构、育龄妇女人口规模降幅、平均家庭户规模等指标预测值均好于全国相应指标的预测值。

第四节　中国东北地区各省的人口发展趋势

东北地区含辽宁、吉林、黑龙江三省，本节将按前述预测方法，对这三个省的人口规模与人口结构发展趋势进行预测分析。

一、辽宁

（一）辽宁人口规模变化

2025—2050 年辽宁人口规模变动趋势的预测数据如表 4 - 85 所示。

表 4 - 85　2025—2050 年辽宁人口规模变动趋势预测　（单位：万人）

年份	辽宁人口规模	0 ~ 14 岁少儿人口	15 ~ 59 岁劳动年龄人口	60 岁以上老年人口	15 ~ 49 岁育龄妇女
2025	4109.30	495.88	2242.37	1371.05	765.23
2030	4002.97	382.37	2010.56	1610.04	690.45
2035	4019.05	317.27	1784.97	1916.81	603.95
2040	3770.63	275.76	1580.67	1914.20	488.07
2045	3768.48	249.27	1371.74	2147.47	418.12
2050	3181.07	221.36	1114.86	1844.85	366.14

资料来源：根据五普、六普、七普和当地统计年鉴中的相关人口数据，运用人口预测模型测算得到。

2025—2050 年辽宁人口规模变动呈如下特征。

其一，辽宁人口规模将在波动中呈现负增长的发展趋势，且负增长趋势将可能在 2045 年后逐渐加速。发展进程将分为三个阶段：第一阶段（2025—2030 年），人口规模将下降，可能由 4109.30 万人下降至 4002.97 万人，将减少 106.33 万人，减少幅度约为 2.59%；第二阶段（2030—2035 年），人口规模将上升，可能由 4002.97 万人增长至 4019.05 万人，将增加 16.08 万人，增长幅度约为 0.40%；第三阶段（2035—2050 年），人口规模将下降，可能由 4019.05 万人减少到 3181.07 万人，将减少 837.98 万人，减少幅度约为 20.85%。人口规模将由 2025 年的 4109.30 万人减至 2050 年的 3181.07 万人，将减少 928.23 万人，人口下降幅度约为 22.59%。

其二，少儿人口、劳动年龄人口规模均将减少五成以上。少儿人口、劳动年龄人口规模将比预测期初下降逾五成，0 ~ 14 岁少儿人口将可能从 2025 年的 495.88 万人减至 2050 年的 221.36 万人，将减少 274.52 万人，降幅约为 55.36%；15 ~ 59 岁劳动年龄人口将可能从 2025 年的 2242.37 万人减至 2050

年的 1114.86 万人，将减少 1127.51 万人，减幅约为 50.28%。

其三，60 岁以上老年人口规模将显著增长。2050 年 60 岁以上老年人口规模将可能达到 1844.85 万人，将约为 2025 年老年人口规模 1371.05 万人的 1.35 倍，届时 60 岁以上老年人口占辽宁省人口规模的比重将约为 57.99%。

其四，育龄妇女人口规模将大幅下降。2050 年育龄妇女将可能从 2025 年的 765.23 万人减至 366.14 万人，将约减少 399.09 万人，届时育龄妇女人数将仅为预测期初人数的 47.85%，降幅约为 52.15%。

（二）辽宁人口结构变化

2025—2050 年辽宁人口结构变动趋势预测如表 4-86 所示。

表 4-86　2025—2050 年辽宁人口结构变动趋势预测

年份	65 岁以上老年人口占辽宁总人口的比例（%）	妇幼比（‰）	老龄化指数	15~24 岁劳动年龄人口占辽宁劳动年龄人口的比例（%）	人口性别比（女性=100）
2025	24.26	258.53	0.57	13.79	100.03
2030	31.08	209.93	0.60	15.15	100.95
2035	39.58	214.87	0.66	14.73	101.05
2040	43.29	250.88	0.67	12.83	102.24
2045	49.96	267.42	0.72	11.79	102.28
2050	48.48	258.16	0.71	11.80	104.02

资料来源：根据五普、六普、七普和当地统计年鉴中的相关人口数据，运用人口预测模型测算得到。

2025—2050 年辽宁人口结构变动呈如下特征。

其一，老龄化程度将持续加重。65 岁以上老年人口比重和老龄化指数将呈现"双高"趋势：65 岁以上老年人口占辽宁总人口的比例将可能从 2025 年的 24.26% 上升到 2050 年的 48.48%，2050 年时该比重将可能达到 2025 年时的 2.00 倍；老龄化指数将可能从 2025 年的 0.57 上升到 2050 年的 0.71，该指标增幅约为 24.56%。

其二，人口性别比将逐渐上升。人口性别比将可能从 2025 年的 100.03 逐渐小幅上升至 2050 年的 104.02，男性占比将略有上升，但预测期间总体而言，性别结构仍将保持基本均衡。

其三，妇幼结构将略有下降。妇幼比将可能从 2025 年的 258.53‰波动下降到 2050 年的 258.16‰，妇幼比微幅降低表明预测期间辽宁 5 岁以下幼儿人口占辽宁育龄妇女人口的比例将会波动减小。

其四，劳动年龄人口老化趋势将加重。15～24 岁劳动年龄人口占辽宁劳动年龄人口的比重将波动下降，从 2025 年的 13.79% 略下降到 2050 年的 11.80%，而中老年劳动力占辽宁劳动年龄人口的比重将会有所增加。

（三）辽宁家庭户总量与平均家庭户规模变化

2025—2050 年辽宁家庭户总量将持续增加，平均家庭户规模将可能持续缩减，呈现由二人户逐渐转向一人户的发展趋势，如表 4-87 所示。

表 4-87　2025—2050 年辽宁家庭户总量与平均家庭户规模预测

年份	家庭户总量（户）	平均家庭户规模（人/户）
2025	15981092	2.57
2030	17131302	2.34
2035	18281512	2.20
2040	19431722	1.94
2045	20581932	1.83
2050	21732142	1.46

资料来源：根据五普、六普、七普各地区家庭户户数和表 4-85 数据测算得到。

表 4-87 显示，2025—2050 年，辽宁家庭户总量持续增长，2050 年家庭户总量约为 21732142 户，比 2025 年时增加了 35.99%；2040 年开始辽宁平均家庭户规模将转向一人户发展趋势，平均家庭户规模将从 2040 年的 1.94 人/户下降至 2050 年的 1.46 人/户。

相较于全国人口发展趋势，2050 年辽宁人口规模的降幅将达 22.59%，较全国 10.07% 的降幅高出 12.52 个百分点；2050 年 60 岁以上老年人口占人口规模的比例将达 57.99%，高于全国 46.05% 的占比；自 2035 年起，60 岁以上老年人口规模将可能持续高于 15～59 岁劳动年龄人口规模，将早于全国出现劳动年龄人口相对不足；2050 年较 2025 年的育龄妇女人口降幅将约为 52.15%，远高于全国育龄妇女人口 33.50% 的降幅；预测期间的低龄劳动力占劳动年龄人口的比例为 11.80%～15.15%，低于全国 13.53%～21.23% 的水平；2050 年人口性别比将为 104.02，低于全国人口性别比 108.05 的预测值；妇幼比将为 258.16‰，低于全国妇幼比 298.32‰ 的预测值；2050 年平均家庭户规模将为 1.46 人/户，亦低于全国 1.66 人/户平均家庭户规模。

综上分析，2025—2050 年，辽宁除人口性别比指标的预测值好于全国该项指标的预测值外，在人口规模的降幅、60 岁以上老年人口占比、劳动力人口年龄结构、育龄妇女人口规模降幅、妇幼比、平均家庭户规模等项指标的预测值均将显著劣于全国相应指标的预测值。辽宁人口负增长发展趋势将可能较全国严重。

二、吉林

（一）吉林人口规模变化

2025—2050 年吉林人口规模变动趋势的预测数据如表 4 - 88 所示。

表 4 - 88　2025—2050 年吉林人口规模变动趋势预测　　（单位：万人）

年份	吉林人口规模	0 ~ 14 岁少儿人口	15 ~ 59 岁劳动年龄人口	60 岁以上老年人口	15 ~ 49 岁育龄妇女
2025	2319.99	277.41	1328.66	713.92	446.64
2030	2278.55	215.19	1180.02	883.34	403.35
2035	2294.79	187.23	1033.89	1073.67	355.04
2040	2172.91	171.12	911.39	1090.40	286.57
2045	2173.09	156.22	797.45	1219.42	247.35
2050	1869.24	136.76	651.48	1081.00	220.20

资料来源：根据五普、六普、七普和当地统计年鉴中的相关人口数据，运用人口预测模型测算得到。

2025—2050 年吉林人口规模变动呈如下特征。

其一，吉林人口规模将在波动中呈现明显负增长的发展趋势，且负增长趋势将可能在 2045 年后加速。发展进程将分为五个阶段：第一阶段（2025—2030 年），人口规模将下降，可能由 2319.99 万人下降至 2278.55 万人，将减少 41.44 万人，减少幅度约为 1.79%；第二阶段（2030—2035 年），人口规模将上升，可能由 2278.55 万人增长至 2294.79 万人，将增加 16.24 万人，增长幅度约为 0.71%；第三阶段（2035—2040 年），人口规模将下降，可能由 2294.79 万人减少到 2172.91 万人，将减少 121.88 万人，减少幅度约为

5.31%；第四阶段，2040—2045 年人口规模将上升，可能由 2172.91 万人增加到 2173.09 万人，将增加 0.18 万人，增长幅度约为 0.01%；第五阶段（2045—2050 年），人口规模将下降，可能由 2173.09 万人减少到 1869.24 万人，将减少 303.85 万人，减少幅度约为 13.98%。人口规模将由 2025 年的 2319.99 万人减至 2050 年的 1869.24 万人，将减少 450.75 万人，减少幅度约为 19.43%。

其二，少儿人口、劳动年龄人口规模均将减少五成以上。少儿人口、劳动年龄人口规模均将可能比预测期初下降逾五成，0~14 岁少儿人口将可能从 2025 年的 277.41 万人减至 2050 年的 136.76 万人，将减少 140.65 万人，降幅约为 50.70%；15~59 岁劳动年龄人口将可能从 2025 年的 1328.66 万人减至 2050 年的 651.48 万人，将减少 677.18 万人，减幅约为 50.97%。

其三，60 岁以上老年人口规模将显著增长。2050 年 60 岁以上老年人口规模将可能达到 1081.00 万人，将约为 2025 年老年人口规模 713.92 万人的 1.51 倍，届时 60 岁以上老年人口占吉林省人口规模的比重将约为 57.83%。

其四，育龄妇女人口规模将大幅度缩减。2050 年育龄妇女将可能从 2025 年的 446.64 万人减至 220.20 万人，将减少 226.44 万人，届时育龄妇女人数将约为预测期初人数的 49.30%，降幅约为 50.70%。

（二）吉林人口结构变化

2025—2050 年吉林人口结构变动趋势预测数据如表 4-89 所示。

表 4-89   2025—2050 年吉林人口结构变动趋势预测

年份	65 岁以上老年人口占吉林总人口的比例（%）	妇幼比（‰）	老龄化指数	15~24 岁劳动年龄人口占吉林劳动年龄人口的比例（%）	人口性别比（女性＝100）
2025	21.82	239.94	0.56	15.02	100.13
2030	28.72	213.22	0.59	16.03	100.89
2035	38.05	231.10	0.65	14.27	101.04
2040	42.65	274.24	0.66	12.00	102.35
2045	49.38	280.08	0.71	11.44	102.41
2050	48.47	257.57	0.70	12.35	104.03

资料来源：根据五普、六普、七普和当地统计年鉴中的相关人口数据，运用人口预测模型测算得到。

2025—2050 年吉林人口结构变动呈如下特征。

其一,老龄化程度将持续加重。65 岁以上老年人口比重和老龄化指数将呈现"双高"趋势:65 岁以上老年人口占吉林总人口的比重将可能从 2025 年的 21.82% 上升到 2050 年的 48.47%,2050 年时该比重将可能是 2025 年的 2.22 倍;老龄化指数将可能从 2025 年的 0.56 上升到 2050 年的 0.70,该指标增幅约为 25.00%。

其二,性别结构将维持总体均衡,男性占比将略有上升。人口性别比将可能从 2025 年的 100.13 上升至 2050 年的 104.03,但总体上将保持在均衡区间内。

其三,妇幼结构将有所上升。妇幼比将可能从 2025 年的 239.94 ‰波动上升到 2050 年的 257.57 ‰,妇幼比的上升表明预测期间吉林 5 岁以下幼儿人口占吉林育龄妇女人口的比例将会震荡增大。

其四,劳动年龄人口老化趋势将加重。15 ~ 24 岁劳动年龄人口占吉林劳动年龄人口的比重将可能出现波动下降,从 2025 年的 15.02% 下降到 2050 年的 12.35%,而中老年劳动力占吉林劳动年龄人口的比重将会略有增加。

(三) 吉林家庭户总量与平均家庭户规模变化

2025—2050 年吉林家庭户总量将持续增加,平均家庭户规模将可能持续缩减,呈现由二人户逐渐转向一人户的趋势,如表 4 - 90 所示。

表 4 - 90 2025—2050 年吉林家庭户总量与平均家庭户规模预测

年份	家庭户总量 (户)	平均家庭户规模 (人/户)
2025	10051894	2.31
2030	10446489	2.18
2035	10841084	2.12
2040	11235679	1.93
2045	11630274	1.87
2050	12024869	1.55

资料来源:根据五普、六普、七普各地区家庭户户数和表 4 - 88 数据测算得到。

表 4 - 90 数据显示,2025—2050 年,吉林家庭户总量将持续增长,2050 年家庭户总量约为 12024869 户,比 2025 年增加了 19.63%;自 2040 年开始,吉林平均家庭户规模呈现明显的一人户发展趋势,平均家庭户规模将从 2040

年的 1.93 人/户下降至 2050 年的 1.55 人/户。

对比全国人口发展趋势，2050 年吉林人口规模的降幅将达 19.43%，较全国 10.07% 的降幅高出 9.36 个百分点；2050 年 60 岁以上老年人口占人口规模的比例将达 57.83%，高于全国 46.05% 的占比；2035 年起 60 岁以上老年人口规模将可能持续高于 15～59 岁劳动年龄人口规模，将早于全国出现劳动年龄人口相对不足；2050 年较 2025 年的育龄妇女人口降幅将约为 50.70%，远高于全国育龄妇女人口 33.50% 的降幅；预测期间的低龄劳动力占劳动年龄人口的比例为 11.44%～16.03%，低于全国 13.53%～21.23% 的水平；2050 年的妇幼比将为 257.57‰，低于全国妇幼比 298.32‰ 的预测值；2050 年人口性别比将为 104.03，低于全国性别比 108.05 的预测值；2050 年平均家庭户规模将为 1.55 人/户，低于全国 1.66 人/户的平均家庭户规模。

综上所述，2025—2050 年，吉林除人口性别比指标的预测值好于全国该项指标的预测值外，在人口规模的降幅、60 岁以上老年人口占比、劳动力人口年龄结构、育龄妇女人口规模降幅、妇幼比、平均家庭户规模等指标的预测值均显著劣于全国相应指标的预测值。吉林人口负增长趋势将可能较全国严重。

三、黑龙江

（一）黑龙江人口规模变化

2025—2050 年黑龙江人口规模变动趋势预测数据如表 4-91 所示。

表 4-91　2025—2050 年黑龙江人口规模变动趋势预测　（单位：万人）

年份	黑龙江人口规模	0～14 岁少儿人口	15～59 岁劳动年龄人口	60 岁以上老年人口	15～49 岁育龄妇女
2025	3048.09	310.82	1783.45	953.82	582.26
2030	2976.77	232.78	1568.84	1175.15	514.52
2035	2980.06	194.56	1327.76	1457.74	439.58
2040	2795.70	165.02	1147.53	1483.15	352.63
2045	2770.62	137.17	976.48	1656.97	299.99
2050	2346.21	108.60	785.12	1452.49	255.57

资料来源：根据五普、六普、七普和当地统计年鉴中的相关人口数据，运用人口预测模型测算得到。

2025—2050 年黑龙江人口规模变动呈如下特征。

其一，黑龙江人口规模将在波动中呈现负增长的发展趋势，且负增长趋势将可能在 2035 年后逐渐加速。发展进程将分为三个阶段：第一阶段（2025—2030 年），人口规模将下降，可能由 3048.09 万人下降至 2976.77 万人，将减少 71.32 万人，减少幅度约为 2.34%；第二阶段（2030—2035 年），人口规模将上升，可能由 2976.77 万人增长至 2980.06 万人，将增加 3.29 万人，增长幅度约为 0.11%；第三阶段（2035—2050 年），人口规模将持续下降，可能由 2980.06 万人减少到 2346.21 万人，将减少 633.85 万人，减少幅度约为 21.27%。人口规模将可能由 2025 年的 3048.09 万人减至 2050 年的 2346.21 万人，将减少 701.88 万人，减少幅度将约为 23.03%。

其二，少儿人口、劳动年龄人口规模将大幅减少。少儿人口、劳动年龄人口规模将分别比预测期初下降逾六成、逾五成：0～14 岁少儿人口将可能从 2025 年的 310.82 万人减至 2050 年的 108.60 万人，将减少 202.22 万人，降幅约为 65.06%；15～59 岁劳动年龄人口将可能从 2025 年的 1783.45 万人减至 2050 年的 785.12 万人，将减少 998.33 万人，降幅约为 55.98%。

其三，60 岁以上老年人口规模将显著增长。2050 年 60 岁以上老年人口规模将可能达到 1452.49 万人，约为 2025 年老年人口规模 953.82 万人的 1.52 倍，届时 60 岁以上老年人口占黑龙江人口总量的比重将约为 61.91%。

其四，育龄妇女人口规模将大幅度缩减。2050 年育龄妇女将可能从 2025 年的 582.26 万人减至 255.57 万人，人数将减少 326.69 万人，届时育龄妇女人数将约为预测期初人数的 43.89%，降幅约为 56.11%。

（二）黑龙江人口结构变化

2025—2050 年黑龙江人口结构变动趋势预测数据如表 4-92 所示。

表 4-92 2025—2050 年黑龙江人口结构变动趋势预测

年份	65 岁以上老年人口占黑龙江总人口的比例（%）	妇幼比（‰）	老龄化指数	15～24 岁劳动年龄人口占黑龙江劳动年龄人口的比例（%）	人口性别比（女性＝100）
2025	22.09	203.11	0.58	14.38	100.61
2030	29.23	176.50	0.61	14.45	101.40
2035	38.94	183.90	0.67	12.36	101.48
2040	45.11	198.16	0.68	10.41	102.93

年份	65 岁以上老年人口占 黑龙江总人口的比例（%）	妇幼比 （‰）	老龄化 指数	15 ~ 24 岁劳动年龄人口占 黑龙江劳动年龄人口的比例（%）	人口性别比 （女性 = 100）
2045	52. 55	183. 05	0. 73	10. 07	102. 90
2050	52. 80	158. 03	0. 74	10. 38	104. 69

资料来源：根据五普、六普、七普和当地统计年鉴中的相关人口数据，运用人口预测模型测算得到。

2025—2050 年黑龙江人口结构变动呈如下特征。

其一，老龄化程度将持续加重。65 岁以上老年人口比重和老龄化指数将呈现"双高"趋势：65 岁以上老年人口占黑龙江总人口的比例将可能从 2025 年的 22.09% 上升到 2050 年的 52.80%，2050 年该比重将可能是 2025 年的 2.39 倍；老龄化指数将可能从 2025 年的 0.58 上升到 2050 年的 0.74，该指标增幅约为 27.59%。

其二，性别结构将维持总体均衡，男性占比将略有上升。人口性别比将可能从 2025 年的 100.61 上升至 2050 年的 104.69，但总体上将仍保持在均衡区间内。

其三，妇幼结构将有明显下降且水平过低。妇幼比将可能从 2025 年的 203.11‰波动减少到 2050 年的 158.03‰，妇幼比的下降表明预测期间黑龙江 5 岁以下幼儿人口占黑龙江育龄妇女人口的比例将会震荡缩减。

其四，劳动年龄人口老化趋势将加重。15 ~ 24 岁劳动年龄人口占黑龙江劳动年龄人口的比重将波动下降，从 2025 年的 14.38% 下降到 2050 年的 10.38%，而中老年劳动力占黑龙江劳动年龄人口的比重将会相应增加。

（三）黑龙江家庭户总量与平均家庭户规模变化

2025—2050 年，黑龙江家庭户总量将持续增加，平均家庭户规模将可能持续缩减，呈现由二人户逐渐转向一人户的趋势，如表 4 - 93 所示。

表 4 - 93　2025—2050 年黑龙江家庭户总量与平均家庭户规模预测

年份	家庭户总量（户）	平均家庭户规模（人/户）
2025	12689622	2. 40
2030	13206857	2. 25
2035	13724092	2. 17

年份	家庭户总量（户）	平均家庭户规模（人/户）
2040	14241327	1.96
2045	14758562	1.88
2050	15275797	1.54

资料来源：根据五普、六普、七普各地区家庭户户数和表4－91数据测算得到。

表4－93显示，2025—2050年，黑龙江家庭户总量持续增长，2050年家庭户总量约为15275797户，比2025年增加了20.38%；自2040年开始，黑龙江家庭规模呈现明显的一人户发展趋势，平均家庭户规模将从2040年的1.96人/户下降至2050年的1.54人/户。

和全国人口发展趋势对比，2050年黑龙江人口规模的降幅将达23.03%，较全国10.07%的降幅高出12.96个百分点；2050年60岁以上老年人口占人口规模的比例将达61.91%，远高于全国46.05%的占比；2035年起60岁以上老年人口规模将可能持续高于15～59岁劳动年龄人口规模，将早于全国出现劳动年龄人口相对不足；2050年较2025年的育龄妇女人口降幅将约为56.11%，远高于全国育龄妇女人口33.50%的降幅；预测期间的低龄劳动力占劳动年龄人口的比例为10.07%～14.45%，远低于全国13.53%～21.23%的水平；2050年的妇幼比将为158.03‰，远低于全国妇幼比298.32‰的预测值；2050年人口性别比将为104.03，低于全国人口性别比108.05的预测值；2050年平均家庭户规模将为1.54人/户，低于全国1.66人/户的平均规模。

以上分析表明，2025—2050年，黑龙江除人口性别比指标的预测值将好于全国该项指标的预测值外，在人口规模的降幅、60岁以上老年人口占比、劳动力人口年龄结构、育龄妇女人口规模降幅、妇幼比、平均家庭户规模等项指标的预测值均将显著劣于全国相应指标的预测值。黑龙江人口负增长趋势将可能较全国严重。

第五节 省际人口发展趋势预测的比较

本节依据前四节的预测数据，对2025—2050年全国31个省（市、区）从人口规模、老年人口占比、育龄妇女人口、妇幼比、平均家庭户规模、15～24岁人口占劳动年龄人口比重等方面进行比较。

一、人口规模变化趋势比较

对31个省（市、区）预测的2050年人口规模变化趋势可分为人口正增长、人口负增长两种类型。至2050年有10个省（区）与2025年相比人口仍将正增长；其他21个省（市、区）与2025年相比人口将呈负增长。

（一）人口仍将正增长的省（区）

按照预测的人口增幅大小排序依次是：西藏、广西、贵州、广东、甘肃、宁夏、青海、福建、海南、云南。

人口正增长省（区）人口占全国总人口规模的比重将约为25.64%。

（二）人口将呈负增长的省（市、区）

按照预测的人口降幅大小排序依次是：黑龙江、辽宁、吉林、上海、天津、江苏、重庆、北京、浙江、四川、湖北、山西、内蒙古、陕西、湖南、河北、安徽、山东、江西、新疆、河南。其中，排序前十三位（黑龙江至内蒙古）的省（市、区）人口降幅的预测值均将高于全国10.07%的人口降幅预测值，人口负增长程度将可能重于全国；排序后八位（陕西至河南）的省（市、区）人口降幅的预测值均将低于全国的10.07%的人口降幅预测值，人口负增长程度将可能轻于全国。

人口负增长省（市、区）人口占全国总人口规模的比重将约为74.36%。

二、老年人口占比变化趋势比较

预测的2050年全国60岁以上老年人口占人口规模的比例将约为46.05%。对31个省（市、区）老年人口占比的预测中，有12个省（市、区）此项占比高于（劣于）全国预测值；另19省（市、区）此项占比低于（优于）全国预测值。

（一）老年人口占比将高于全国预测水平的省（市、区）

按预测的老年人口占比由高到低排序依次是：黑龙江、辽宁、吉林、上海、北京、内蒙古、浙江、天津、江苏、湖北、山西、陕西。

12 个省（市、区）的老龄化水平预测值将高于全国老龄化的平均水平。上述 12 个省（市、区）人口占全国总人口规模的比重约为 33.00%。

（二）老年人口占比将低于全国预测水平的省（市、区）

按预测的老年人口占比由低到高排序依次是：西藏、贵州、广西、甘肃、河南、广东、宁夏、青海、江西、云南、海南、福建、安徽、山东、河北、湖南、新疆、四川、重庆。

19 个省（市、区）的老龄化水平预测值将低于全国老龄化的平均水平。上述 19 个省（市、区）人口占全国总人口规模的比重约为 67.00%。

三、育龄妇女人口变化趋势比较

预测的 2050 年全国育龄妇女人口的降幅将约为 33.50%。对 31 个省（市、区）育龄妇女人口降幅的预测中，有 12 个省（市、区）此项占比高于（劣于）全国预测值；另 19 省（市、区）此项占比低于（优于）全国预测值。

（一）育龄妇女人口降幅将高于全国预测水平的省（市、区）

按预测的育龄妇女人口降幅从高到低排序依次是：上海、黑龙江、北京、辽宁、吉林、天津、浙江、江苏、内蒙古、山西、湖北、陕西。

12 个省（市、区）的育龄妇女人口规模降幅预测值将高于全国育龄妇女人口规模降幅的平均水平。上述 12 个省（市、区）人口占全国总人口规模的比重将约为 33.00%。

（二）育龄妇女人口降幅将低于全国预测水平的省（市、区）

按预测的育龄妇女人口降幅从低到高排序依次是：贵州、广西、西藏、甘肃、河南、江西、青海、云南、宁夏、湖南、山东、安徽、河北、海南、新疆、福建、四川、广东、重庆。

19 个省（市、区）的育龄妇女人口规模降幅预测值将低于全国育龄妇女人口规模降幅的平均水平。上述 19 个省（市、区）人口占全国总人口规模的比重将约为 67.00%。

四、妇幼比变化趋势比较

2050 年全国妇幼比的预测值将约为 298.32‰。对 31 个省（市、区）妇幼比的预测中，有 22 个省（市、区）此项占比高于（优于）全国预测值；另 9 省（市、区）此项占比低于（劣于）全国预测值。

（一）妇幼比将高于全国预测水平的省（市、区）

按妇幼比的预测值从高到低排序依次是：西藏、甘肃、广西、广东、福建、贵州、山东、宁夏、青海、海南、北京、云南、内蒙古、安徽、河南、陕西、湖北、湖南、四川、河北、江苏、江西。

22 个省（市、区）的妇幼比预测值将高于全国妇幼比的平均水平。上述 22 个省（市、区）人口占全国总人口规模的比重将约为 79.21%。

（二）妇幼比将低于全国预测水平的省（市、区）

按妇幼比的预测值从低到高排序依次是：黑龙江、新疆、上海、吉林、辽宁、山西、天津、重庆、浙江。

9 个省（市、区）的妇幼比预测值将低于全国妇幼比的平均水平。上述 9 个省（市、区）人口占全国总人口规模的比重将约为 20.79%。

五、平均家庭户规模变化趋势比较

2050 年全国平均家庭户规模的预测值将约为 1.66 人/户。对 31 个省（市、区）平均家庭户规模的预测中，将有 19 个省（市、区）此项占比高于（优于）全国预测值；另 12 省（市、区）此项占比将低于（劣于）全国预测值。

（一）平均家庭户规模将高于全国预测水平的省（市、区）

按平均家庭户规模的预测值从高到低排序依次是：河南、广东、甘肃、江西、青海、宁夏、四川、福建、贵州、山东、海南、广西、湖南、新疆、江苏、河北、陕西、山西、安徽。排序前五省的平均家庭户规模仍将超过 2 人／户；其他 14 个省（市、区）均已转向 1 人户。

19 个省（市、区）的平均家庭户规模的预测值将高于全国的平均水平。上述 19 个省（市、区）人口占全国总人口规模的比重将约为 72.58%。

（二）平均家庭户规模将低于全国预测水平的省（市、区）

按平均家庭户规模的预测值从低到高排序依次是：重庆、北京、上海、辽宁、天津、浙江、西藏、内蒙古、黑龙江、云南、吉林、湖北。

12 个省（市、区）的平均家庭户规模的预测值将低于全国的平均水平。上述 12 个省（市、区）人口占全国总人口规模的比重将约为 27.42%。

六、15～24 岁人口占劳动年龄人口的比重变化趋势比较

2050 年中国 15～24 岁人口占劳动年龄人口比重的预测值将约为 13.53%。对 31 个省（市、区）15～24 岁人口占劳动年龄人口比重变化趋势的预测中，将有 20 个省（市、区）此项占比高于（优于）全国预测值；另 11 省（市、区）此项占比将低于（劣于）全国预测值。

（一）15～24 岁人口占劳动年龄人口比重将高于全国预测水平的省（市、区）

按 15～24 岁人口占劳动年龄人口比重的预测值从高到低排序依次是：广西、贵州、西藏、甘肃、宁夏、青海、云南、山东、广东、福建、海南、河南、湖南、安徽、江西、河北、四川、内蒙古、重庆、湖北。

20 个省（市、区）的 15～24 岁人口占劳动年龄人口的比重的预测值将高于全国平均水平。上述 20 个省（市、区）人口占全国总人口规模的比重将约为 71.22%。

（二）15～24 岁人口占劳动年龄人口比重将低于全国预测水平的省（市、区）

按 15～24 岁人口占劳动年龄人口比重的预测值从低到高排序依次是：黑龙江、上海、辽宁、新疆、天津、江苏、吉林、浙江、北京、山西、陕西。

11 个省（市、区）的 15～24 岁人口占劳动年龄人口比重的预测值将低于全国平均水平。上述 11 个省（市、区）人口占全国总人口规模的比重将约为 28.78%。

以上六个方面的综合比较反映，2025—2050 年，贵州、广西、广东、福建、河南、山东等省（区）的人口发展趋势将显著好于全国；而黑龙江、辽宁、吉林、上海、天津、北京等省（市）的人口负增长趋势将明显较全国严重。

第五章　中国人口发展趋势的影响分析

本章依据前两章对中国人口发展趋势及全国 31 个省（市、区）人口发展趋势的预测，从人口规模负增长趋势、老龄化加剧趋势、劳动年龄人口规模下降趋势、育龄妇女人口规模、妇幼比、家庭规模缩减趋势等方面辩证分析这些人口趋势将对中国社会经济产生的影响。

第一节　人口负增长趋势的主要影响

根据第三章的预测，2025—2050 年，中国人口规模将呈现负增长趋势，人口将可能从 2025 年的 13.97 亿人波动下降至 2050 年的 12.56 亿人，人口规模的降幅将约为 10.09%；根据第四章的预测，至 2050 年全国将可能有 21 个省（市、区）的人口规模与 2025 年相比呈现负增长，人口负增长省（市、区）的人口占全国总人口规模的比重将约为 74.36%（近四分之三），其中，13 个省（市、区）的人口降幅预测值均将高于全国人口降幅的预测值，负增长最严重省份的人口降幅将约高达 23.03%。

我国 2022 年至今的总和生育率已经接近 1，第三章预测的我国总和生育率将从 2025 年的 1.088 降低至 2050 年的 1.023，可能呈现持续下降趋势。如果生育率不能回升到 2.1 以上的更替水平，则人口负增长将持续。因此，2025—2050 年我国人口发展整体将呈现长期、稳定且不可逆转的负增长趋势。

人口负增长可划分为近期阶段与远期阶段，人口负增长近期阶段的人口规模缩减幅度较小，人口结构变化程度较温和；人口负增长远期阶段人口规模将大幅缩减，人口结构也将剧烈变化。人口负增长发展趋势的忧患为"近小远大"。本书的预测结果显示，2025—2045 年我国的人口负增长将处于"近期阶段"；之后，将可能进入人口负增长的"远期阶段"（见表 3-16）。对我国人口负增长趋势的影响辩证地分析如下。

我国人口负增长"近期阶段"的对经济社会发展的积极影响将主要表现在如下方面。

其一，将有利于缓解人口对自然资源和生态环境的压力。人口膨胀是导致环境污染、资源短缺的重要原因之一，负增长"近期阶段"人口规模缩小对资源环境的压力相应减小，利于促进资源利用效率与环境保护能力的提升，利于人民享有更高质量的绿色空间，利于更好地落实绿色发展，实现碳达峰碳中和目标，增加经济社会发展的空间，提升发展质量。

其二，将有利于人力资本增强。人口负增长近期阶段将可能是人口质量提升的机遇期。一方面，人口总量的适度减少将一定程度地缓解教育资源的紧张，有助于人口受教育水平显著提升，2023 年高等教育毛入学率已达 60.2%，全国普通、职业本专科共招生 1042.22 万人，全国共招收研究生 130.17 万人，入学机会进一步增加，提前完成"十四五"规划目标。[①] 伴随 2025—2045 年人口总量温和减少，国民将可能获得更多、更好的教育机会，这将有助于进一步加深人力资本积累，人力资本的提升将有利于为经济增长提供更加强劲持久的动力，助力产业结构从劳动密集型转向金融、科技和服务密集型，促进经济发展从依赖高劳动参与率转向依赖高劳动生产率，将为"中国制造"转向"中国创造"提供所需的人口基础；另一方面，人口总量的适度减少将有利于国民获得更多福祉，一定程度地改善中国国民健康状况，进一步提高中国人口平均寿命，降低婴儿死亡率、新生儿死亡率、5 岁以下儿童死亡率和孕产妇死亡率，有助于提高妇幼健康核心指标的水平和人口的生命质量。

其三，对科技创新提供新的需求。人口负增长对科技创新可能产生两方面的积极作用：一是带来需求效应，创造新需求，人口的减少将可能使人们较少使用公共基础设施和公共交通设备，转而使用更为个性化、灵活化的设施设备，将为个性化、灵活化的基础设施和交通设施的研发、普及提供发展空间；二是带动"倒逼效应"，在人口负增长趋势下，劳动力人口数量减少会从需求侧倒逼工业机器人、类脑智能、工业自动化技术的普及应用，以实现以机器替代中低端劳动力人口，倒逼提升工业机器人和人工智能领域的科技创新实力，

---

① 林焕新，于珍. 教育部：高等教育毛入学率 60.2%，提前完成"十四五"规划目标［EB/OL］.（2024 – 03 – 01）［2024 – 03 – 16］. https://new.qq.com/rain/a/20240301A02H7F00.

为我国新质生产力的发展创造新机会。

其四，将有利于促进人口流动。在人口负增长趋势下，城市与乡村人口的减少存在非均衡性。城市的生育成本高于乡村，城市妇女的生育意愿低于乡村妇女，七普数据显示，2020年全国城市的生育率为34.51‰，乡村的生育率为40.58‰，这将导致城市的人口负增长程度重于乡村，城市人口的减少将会大于乡村，速度亦会快于乡村，当城市的发展条件优于农村时，就可能助推人口流动，将致使乡村人口进一步向城市积聚，加速城镇化，促进产业结构升级；大规模的人口迁移，将利于优化人口空间布局，提升劳动生产的效率，促进东中西三大区域之间的经济均衡发展。

其五，近期我国的人口规模优势仍将保持。目前，中国正处于人口负增长近期阶段，至2023年仍然是14亿人的人口大国，预测2025—2045年人口总量将缓慢减少，至2045年人口总量仍将能维持在13.7亿之上。我国的人口规模仍将庞大、人力资本将增强、人口流动仍将活跃、人口预期寿命将延长、人口机会仍将存在。随着经济持续发展与居民收入水平的提高，市场规模仍将巨大，从投资和消费两方面来看，既能为国内大循环提供强大的动力，又能为世界经济的发展带来潜在的投资机会，从而加快国内、国际双循环。

另外，人口负增长近期阶段我国的劳动力资源也仍将充沛。根据国家统计局发布的《中华人民共和国2023年国民经济和社会发展统计公报》，我国2023年16～59岁劳动年龄人口超过8.64亿人，占全国人口的61.35%，本书预测的2025年我国劳动年龄人口占全国人口总量的比例将约为57.12%，至2040年劳动年龄人口占全国人口总量的比例均将维持在50%以上，同时，与世界其他国家相比，我国劳动参与率处于较高水平，尽管人口负增长，但我国人口负增长近期阶段的劳动力资源仍较充沛。

人口负增长趋势对我国社会经济发展的负面影响主要表现在以下方面。

一、加剧人口年龄结构矛盾，可能对高质量发展构成负面影响

在人口负增长趋势下，并不是所有年龄段的人口都将同步下降，而是会带来少儿人口减少、劳动年龄人口减少、育龄妇女人口减少，老年人口却会持续增长，导致人口年龄结构出现持续老化的趋势。预测的全国2025—2050年人口负增长，将可能使我国0～14岁的少儿人口从2025年的26602.93万人减至

2050 年的 13293.24 万人，降幅将高达 50.03%；劳动年龄人口将可能从 2025 年的 79795.40 万人减至 2050 年的 54481.40 万人，降幅将约为 31.72%；育龄妇女人口将可能从 2025 年的 28437.90 万人减至 2050 年的 18911.17 万人，降幅将约为 33.50%；60 岁以上老年人口将可能从 2025 年的 33289.27 万人增至 2050 年的 57846.38 万人，增幅将高达 73.77%。

人口年龄结构对未来人口发展的类型、速度和趋势等均有重大的影响。伴随预测期间人口负增长，至 2050 年我国少儿人口占全国人口总量的比例将降至 10.58%；劳动年龄人口占全国人口总量的比例将降至 43.37%；老年人口占全国人口总量的比例则将增至 46.05%；我国进入缩减型的人口类型，少儿人口规模下降、劳动年龄人口规模下降、老年人口规模持续增加相伴而行。人口年龄结构矛盾，将导致人口缩减加速，人口红利优势亦将加速丧失并转为人口负债，对社会经济的高质量发展将造成严重的负面影响。

二、将导致社会发展活力下降

人口负增长趋势下少儿人口、劳动年龄人口规模缩减，将影响社会发展活力，可能形成低欲望社会。人口负增长下的社会经济预期将可能弱化，社会内卷文化将加剧，"低欲望""躺平""佛系"等文化现象将更多地涌现，社会发展活力下降，部分青年群体对国家和民族的发展可能不太关注，社会责任感可能降低，集体凝聚力可能下降，将可能积累对社会团结稳定的不利因素。

三、将影响社会科技创新

人口负增长对科技创新可能产生三方面的不利影响：一是将可能减弱"思想效应"，一国人口规模越少，则由人口总量决定的创新人才的数量就越少，人口负增长导致人脑的知识积累扩散与知识溢出效应减弱，将可能削弱一国的科技创新能力；二是将可能减少"产出效应"，人口负增长从需求层面减少了消费科技创新产品的消费者人数，由此将减少科技创新人员创造新产品与服务的经济激励，影响科技创新能力的提高；三是将可能减少"公共预算总量效应"，劳动力人口数量减少，导致纳税者减少，必然带来政府税收总额下降，减少政府财政支出，影响政府财政向科技创新领域进行转移支付，有可能削弱政府财政对科技创新的资金支持力度。

第二节 老龄化加剧趋势的主要影响

本书对老龄化趋势的预测结果显示，人口负增长下的我国老龄化加剧表现在如下方面。

一是 60 岁以上老年人口占人口总量的比例将持续升高。至 2050 年全国老年人口占人口总量的比例将持续上升至 46.05%；在省际老龄化趋势预测中，将有 12 个省（市、区）2050 年的老年人口占比将可能高于全国的预测值，其中，黑龙江、辽宁、吉林、上海、北京、内蒙古、浙江、天津、江苏等 9 个省（市、区）的老年人口占比将可能超过 50%，老龄化最严重省份的老年人口占比将可能高达 61.91%。

二是老龄化程度将不断加重。用人口平均年龄与人口出生时的预期寿命之比（即老龄化指数）计算人口老化程度，对我国老龄化指数进行的预测结果显示，2025 年中国人口老化指数为 0.5，这意味着人口平均年龄达到人口预期寿命的一半，此后老化指数将持续上升，预计 2040—2045 年达到 0.63，亦即全国人口平均年龄超过人口预期寿命的六成，可见中国老龄化程度之重。

三是老龄化将由"底部老龄化"转向"顶部老龄化"。预测期间的中国人口老龄化主导力量将由"底部老龄化"转向"顶部老龄化"。高龄老年人口规模占比增长将超过其他年龄组老年人口规模占比增长，预测 65 岁以上老年人占总人口的占比将在 2030 年超过 21% 达到 21.69%（据国际惯例超过 21% 为高度老龄化社会的标志），进入高度老年化社会，老龄化程度持续显著加剧。

老龄化加剧趋势将从以下方面严重影响社会经济的发展。

一、将影响劳动力资源质量

老龄化加剧将使劳动年龄人口内部年龄结构快速老化，从而影响劳动力资源的质量。对劳动年龄人口内部年龄结构老化的预测结果显示，我国低龄劳动力人口占劳动年龄人口总量的比重将会持续下降，2050 年中国 15～24 岁人口占劳动年龄人口的比重将从 2025 年的 18.40% 下降至 13.53%，降幅将约为 26.47%；全国将有 11 个省（市、区）低龄劳动力人口占劳动年龄人口总量的比例可能低于全国的预测值，劳动年龄人口内部年龄结构老化最严重的省份此项占比将仅为 10.38%。老龄化加剧必导致低龄劳动力占比将持续走低，中老年劳动力占比将不断升高，将严重影响我国劳动力资源的质量。

二、将加大社保养老基金缺口，扩大收入分配的代际不平等

我国社会养老保险基金缴费采用的是现收现付制度与积累制度混合的制度，且以现收现付制度为主，由工作人口缴费供养退休人口消费，因此，退休人口数量越大、存活时间越长，工作人口缴费负担就越重。在人口负增长的趋势下，少儿人口、劳动力资源和新增社保缴费者减少，与此同时，在老龄化的趋势下，退休领取保费者不断增加，存在新增的保险缴费不足以抵消领取保费的支出缺口的风险，社保养老基金压力将会加剧。

我国社保基金缺口也可以理解为收入的代际分配。在人口负增长与老龄化加剧的趋势下，一方面，较少的年轻劳动力向较多的年长退休者支付养老保险缴费，收入分配向老年人口倾斜；另一方面，在收入分配的过程中，我国劳动收入分配的份额属于较低水平，财富和收入分配向年长者倾斜，代际不平等亦将加剧。

三、将抑制社会的投资和消费，制约经济发展

一是在人口负增长的总趋势下，老年人口将呈现持续正增长，全社会用于养老的相关费用增加，本应投入社会再生产的资本，转而投入赡养老年人口，一定程度上将限制经济的发展。

二是老龄化加剧将导致劳动年龄人口为了应对老年阶段的经济需求而在工作阶段减少消费，增加储蓄，长期保持超高的储蓄水平将会削弱全社会的消费水平，不利于经济增长。

三是老龄化加剧，将导致作为消费主体的少儿人口和劳动年龄人口减少，这两部分人口规模的减少将使消费需求降低，储蓄倾向提高，投资不再强劲，整个社会储蓄水平将高于投资水平，从而影响经济发展。

第三节　劳动年龄人口规模下降趋势的主要影响

我国人口负增长叠加老龄化加剧，将导致我国劳动年龄人口呈负增长加速。预测期间，我国劳动年龄人口总量将持续下降，劳动力资源的规模将不断缩小。笔者对劳动年龄人口规模下降趋势的预测显示，我国 15～59 岁劳动年龄人口规模将持续降低，可能从 2025 年的 79795.40 万人减至 2050 年的 54481.40 万人，约减少 25314 万人，劳动年龄人口的降幅将约为 31.72%，预测 2045 年后，全国 15～59 岁劳动年龄人口规模将可能持续小于 60 岁以上老年人口规模；对省际老龄化趋势的预测中，将有 19 个省（市、区）约在 2030—2050 年，15～59 岁劳动年龄人口规模将持续小于 60 岁以上老年人口规模，其中，3 个省份将可能从 2030 年后劳动年龄人口规模持续小于 60 岁以上老年人口规模，10 个省份将可能从 2040 年后劳动年龄人口规模持续小于 60 岁以上老年人口规模，6 个省份将可能从 2045 年后劳动年龄人口规模持续小于 60 岁以上老年人口规模。劳动年龄人口规模下降趋势将对我国经济社会发展造成严重的负面影响。

一、将导致我国从人口红利期向人口负债期转变

劳动年龄人口一旦达到峰值开始负增长，即开启了人口红利逐渐消失并走向人口负债的转变。一国处于人口红利期还是处于人口负债期取决于人口转变过程中的人口总抚养比水平。

总抚养比即人口中需要被供养年龄的人口（非劳动年龄人口，一般指 14 岁及以下和 65 岁以上的人口之和）与劳动年龄人口（15～64 岁人口）之比。一般认为当人口总抚养比低于 50% 时，即为人口红利期，此时总人口呈现"中间大，两头小"的结构，劳动力供给充足，抚养比较轻，社会负担相对较小，产生人口红利，有利于经济发展；当人口总抚养比高于 60% 时，一般认为进入人口负债期，意味着人口负担过重，超出了同期劳动年龄人口所能承担的合理抚养范围，由劳动年龄人口创造的财富多用来抚养少儿和老人，积累较少，极端情形时还需动用以往的积蓄，能用于积累与投资的资源将可能不足，

进而限制经济增长，出现经济的停滞甚至倒退；而当人口总抚养比介于 50% ~ 60%，则为人口盈亏平衡期。

劳动年龄人口承担着非劳动年龄人口的抚养重任，其规模及发展趋势决定着我国人口总抚养比水平及变化趋势。中国统计年鉴公布的我国 2022 年的人口总抚养比为 46.60%，根据国家统计局发布的全国 2023 年度统计公报测算的我国 2023 年人口总抚养比为 49.16%，虽然人口红利仍存，但在逐渐减少，已逼近人口盈亏平衡点。笔者预测 2025—2050 年受劳动年龄人口持续下降趋势影响的我国人口总抚养比变化趋势如表 5-1 所示。

表 5-1   2025—2050 年中国人口总抚养比变化趋势预测　　　　　（单位:%）

年份	非劳动年龄人口占总人口的比例	15~64 岁劳动年龄人口占总人口的比例	人口总抚养比例
2025	35.03	64.97	53.91
2030	35.38	64.62	54.76
2035	40.55	59.45	68.21
2040	43.00	57.00	75.43
2045	47.53	52.47	90.58
2050	47.23	52.77	89.52

资料来源：根据表 3-11、表 3-13、表 3-15 中的数据，运用人口预测模型测算得到。

由表 5-1 的数据可见，由于劳动年龄人口规模缩减，预计我国 2025—2030 年人口红利将消失殆尽，处于人口盈亏平衡期；2030 年后将进入人口负债期，随着劳动年龄人口占比持续下降，人口负债将日趋严重。

二、将降低经济的潜在增长率

劳动年龄人口负增长是经济潜在增长率降低的主要驱动因素。已有专家估算我国"GDP 增长的 28% 来自人口红利"[1]，国内生产总值增长近三分之一来自人口红利，足见人口红利之于经济发展的重要性。而劳动年龄人口下降必将导致人口红利的逐渐消失与人口负债的到来，从供给层面对经济发展带来巨大

---

[1]　陈友华. 专访南京大学社会学系人口学者陈友华：中国或已掉入"低生育率陷阱"[EB/OL]. (2014 – 11 – 19) [2024 – 03 – 17]. https://www.yicai.com/news/4042528.html.

冲击，致使经济的潜在增长率降低。

我国改革开放后前段时期的经济增长一定程度上得益于劳动年龄人口规模的持续增长。

1980—2010 年，中国 15～59 岁劳动年龄人口规模的年均增长速度达到 1.80%[①]，劳动年龄人口规模达到峰值，而在此期间非劳动年龄人口的年均增长速度则为 -0.20%。随着这一时期劳动年龄人口规模的持续增长，人口抚养比相应下降，人口红利推动经济增长的作用显著，经济增长势头强劲，2001—2010 年我国国内生产总值的平均增幅为 10.50%，达到阶段性的高点，创造了我国 GDP 平均增幅的高水平。

当劳动年龄人口总量增长到最大规模并转入负增长时，经济发展的有利条件将发生逆转，人口红利将逐渐消失，经济潜在增长率则必然下降。据估计，2010 年是发生逆转性变化的转折点，劳动年龄人口进入负增长阶段，中国经济的潜在增长率开始下降。[②] 2011—2022 年，我国劳动年龄人口以 0.14% 的速度逐年减少，非劳动年龄人口以年均 1.65% 的速度增长[③]，至 2022 年中国劳动年龄人口约减少 6500 多万，在此期间，伴随劳动年龄人口的负增长，我国国内生产总值的平均增幅也从 2010 年的 10.50% 下降到 2022 年的 8.40%，降幅达到 20%。

根据本书对我国劳动年龄人口规模下降趋势的预测，我国 15～59 岁劳动年龄人口规模将可能从 2025 年的 79795.40 万人降至 2050 年的 54481.40 万人，将约减少 25314 万人，劳动年龄人口总量的降幅将约达 31.72%，预测期间，2.5 亿多劳动年龄人口的减少将对我国经济潜在增长率产生的严重负面影响不言而喻。

除此之外，劳动年龄人口减少，还将导致农村向城市的劳动力转移速度放慢，影响资源重新配置效率的提高，生产率改善的速度也将相应减缓，导致经济潜在增长率下降。

---

① 陆旸. 推动人口红利向人才红利转变 [EB/OL]. (2023–02–14) [2024–03–18]. http://paper. ce. cn/pc/content/202302/14/content_268794. html.

② 蔡昉. 中国应为下一个人口转折点未雨绸缪吗? [J]. 经济与管理研究，2020，41 (10)：9.

③ 蔡昉. 人口负增长时代：中国经济增长的挑战与机遇 [M]. 北京：中信出版集团，2023：63.

三、将影响劳动生产率提高

劳动年龄人口负增长趋势既减少劳动力资源的数量，又导致劳动力年龄结构老化，降低劳动力资源的质量，必将对全社会的劳动生产率的提高造成负面影响。

一是劳动年龄人口持续下降意味着劳动力数量持续减少。劳动年龄人口负增长造成劳动力紧张，新成长劳动力减少，劳动力增长减慢，人力资本改善速度减缓，企业被迫用资本替代劳动，资本报酬递减，用工成本提高，比较优势和竞争力下降，减弱中国经济对外的吸引力，导致外商投资减少与制造业外迁等问题，影响产业结构升级换代，制约劳动生产率提高。

二是劳动年龄人口持续下降伴随年轻劳动力快速减少，影响劳动力资源的质量。对劳动年龄人口内部年龄结构老化的预测结果显示，我国年轻劳动力人口占劳动年龄人口总量的比重将会持续下降，2050年我国近半省（市、区）年轻劳动力占劳动年龄人口的比例在15%以下，意味着劳动年龄人口中占比85%以上的将是中老年劳动力。在大力发展由技术革命性突破、生产要素创新性配置、产业深度转型升级而催生的新质生产力浪潮中，提高劳动力对新技术的掌握运用程度已然是提高劳动生产率的关键。而中年以后的劳动年龄人口体力、精力下降，生理机能开始逐渐衰退，掌握新技能、接受新事物、学习新知识能力远不如年轻劳动力，加之我国的中老年劳动力受教育水平相对较低且缺乏终身学习的制度环境，他们提高劳动生产率的能力相对会更弱。

劳动年龄人口负增长将导致我国劳动力资源供给出现数量、质量双降的趋势，有碍于新技术的普及和创新，影响全社会劳动生产率的提高。

第四节　育龄妇女人口规模、妇幼比、家庭规模缩减趋势的主要影响

一、育龄妇女人口规模下降，低生育率风险将增大

预测2025—2050年，我国育龄妇女将从2025年的28437.90万人降至

2050 年的 18911.17 万人，育龄妇女人口降幅约为 33.50%；育龄妇女人口占全国人口总量的比例将从 2025 年的 20.36% 降至 2050 年的 15.05%，降幅约为 26.08%；全国 31 个省（市、区）育龄妇女均呈下降趋势。其中，12 个省（市、区）育龄妇女降幅将超过全国预测水平，最严重的省份育龄妇女降幅将高达 56.11%；全国育龄妇女年龄结构亦将渐趋老化。

我国育龄妇女规模下降、年龄结构老化，将提高"低生育率"风险。一方面，育龄妇女人口规模下降必将导致人口规模相应缩减。育龄妇女人口规模下降是我国人口发展趋势中的主要结构性矛盾之一，育龄妇女规模减小与出生人口规模减小紧密相关，一方面，育龄妇女人口规模减小，生育率将随之降低，未来生育水平越低且持续时间越长，人口规模减小就越剧烈；另一方面，育龄妇女年龄结构老化导致生育潜力降低。理论上，年龄较大的育龄妇女未来生育的可能性相对较小，年龄较小的育龄妇女未来生育的可能性相对较大，本书预测显示，未来我国 35~49 岁的育龄妇女规模占育龄妇女规模的比重偏高，20~29 岁的生育旺盛期育龄妇女规模占育龄妇女总体的比重较低，育龄妇女年龄结构老化趋势将降低育龄妇女总体的生育潜力，将增大低生育率的风险。

过低的生育率伴随极低的出生率，这意味着出生人口快速减少，未来年轻人口占总人口的比重将急剧缩小，必将导致创意与创业活动减少，社会整体创新能力下降，市场需求不旺，经济活力不足，不利于社会经济的持续健康发展。

二、妇幼比下降，新成长劳动力将趋短缺

预测期间，我国妇幼比将从 2025 年的 369.22‰降至 2050 年的 298.32‰，妇幼比降幅将约为 19.20%；全国将有 9 个省（市、区）的妇幼比预测值低于全国的预测水平，预计下降最严重省份的妇幼比将降至仅 158.03‰。我国妇幼比下降趋势将从供给、需求两方面影响经济发展。

（一）对供给层面的主要影响

幼儿人口数量减少，将导致未来劳动力市场的年轻劳动力供应减少。我国整体劳动力素质提升主要依靠拥有更高人均受教育年限的新成长劳动力的增加，新成长劳动力规模决定着我国整体劳动力素质提升的速度，新成长劳动力

规模持续缩小，即新增人力资本数量递减，整体劳动力素质提升将随之放缓；劳动力供应的紧张将影响企业的比较优势、生产能力和竞争力。

（二）对需求层面的主要影响

幼儿人口数量减少，将降低幼儿相关的行业市场需求，婴幼儿奶粉、婴儿用品、教育等行业的市场规模将随之缩减，阻碍相关产业链的发展，影响经济增长；幼儿人口减少，也会降低房地产市场的购房需求，家庭中的父母会因幼儿的成长需求而考虑购买房产，如果幼儿数量减少，购房需求也会减少，从而抑制房地产的市场价格；幼儿人口减少，既可导致妇幼保健方面的医疗资源过剩，也将导致未来长期医护人员短缺的情况，影响医疗服务的布局重构。

三、平均家庭户规模缩减，家庭功能将弱化

预测期间，我国平均家庭户规模将从 2025 年的 2.62 人/户降至 2050 年的 1.66 人/户，平均家庭户规模的降幅将约为 36.64%；全国将有 12 个省（市、区）平均家庭户规模的预测值低于全国的预测水平，预计 2050 年下降最严重省份的平均家庭户规模将降至仅 1.09 人/户。我国平均家庭户规模将持续缩小，预计全国将从 2045 年起由二人户转向一人户。

家庭发挥着养育幼儿、赡养老人的重要功能，家庭规模的变动直接影响着家庭功能的发挥。一方面，我国绝大部分家庭是"四二一"结构，即四位老人、两个年轻人和一个子女，当平均家庭户规模大于 2 人时，两个年轻人需赡养四位老人和一个子女，抚养负担已相当重；若家庭规模日趋小型化，转变为一人户，家庭的抚养功能将更难实现；另一方面，我国家庭规模缩小和人口老龄化相伴而生，家庭不仅在变小，也在"变老"，对一人户、二人户家庭而言，家庭抚养功能弱化将对自身晚年生活产生极大的负面影响，家庭户规模持续缩小将对家庭功能社会化、社会保障的完善提出更高且紧迫的要求。

综上分析，2025—2050 年，我国呈现出人口规模负增长趋势，人口老龄化加剧趋势，劳动年龄人口规模下降趋势，育龄妇女规模、妇幼比、家庭规模缩减趋势，都将对中国经济社会的发展产生重大影响，亟须抓紧时间，把握时机，统筹规划，全面施策，应对人口负增长趋势的严峻挑战。

第六章　中国适度人口规模目标

本书对中国人口发展趋势的预测结果表明，2025—2050 年，我国的人口自然变动负增长将会持续。现阶段，中国正处于主动优化人口规模、调整人口政策的战略机遇时期，需要面向未来制定人口发展目标，只有结合我国发展中的宏观环境和条件，制定适度人口规模目标，才能更好地促进中国人口与经济社会发展、资源环境保护相互协调。参照本章提出的适度人口规模目标优化人口规模，既能符合未来中国发展中的约束条件以实现经济社会发展目标，又能满足人民对生活质量的追求，可作为我国与时俱进调控人口政策的重要基础依据。

第一节　中国适度人口规模目标的研究思路

一、适度人口规模的相关研究

1949 年中华人民共和国成立以来，我国的人口规模经历了近半个世纪的高速增长，但受计划生育政策的影响，自 20 世纪 90 年代起，人口规模增速放缓，2022 年起开始全国人口负增长。根据本书的预测结果，2025—2050 年，中国总人口规模将持续负增长，劳动年龄人口数量与占比双重下降，人口老龄化不断加剧，中国人口总量和结构将重塑人口与资源环境之间的关系，并对经济社会发展产生深远影响。我们将面临在人口负增长趋势下，协调人口与提高民生福祉、实现经济社会可持续发展三者关系的严峻挑战，需要研究中国未来适度人口规模。

根据《现代汉语词典》的解释，"适度"是"适合要求的程度"，自然界和社会生活中，只要有行为主体和行为环境，就存在着主体适合环境要求的程度。人口作为行为主体，处于一定的经济社会和资源环境中，也必然存在适度的人口规模，由此较好地适应人口所处环境的要求。《现代经济辞典》从效益最大化的角度解释适度人口，即社会效益最大化下的最优人口。国内外适度人口理论的研究者们也遵循上述基本思想，从人口适应环境要求的程度研究适度人口，从对其概念的定性探究不断深入到对人口规模的量化研究。

（一）国外学者关于适度人口规模的研究

国外学者把环境对人口的要求分为经济发展、社会发展、国家实力增长、生态环保等，由此提出适应各类环境要求的人口规模，即经济适度人口规模、社会适度人口规模、国家实力适度人口规模和生态适度人口规模等四大方面。

1. 经济适度人口规模

经济适度人口规模即围绕着经济效益最大化分析适度人口的含义与规模，以魁奈为代表的重农主义学派提出应实现物质财富与人口间的均衡发展；马尔萨斯在《人口原理》中提出了"两个级数"：在没有外界干扰的情况下人口增长以几何级数的方式增长，生活资料以算数级数的方式增长，明确指出了粮食等生活资料对人口规模有限制作用；斯密则指出"人口增加取决于经济发展"；[①] 坎南发展了魁奈的理论，他认为适度人口不仅仅局限于农业的物质财富，应当根据社会综合生产能力的最大化，确定适度人口规模；维克塞尔补充了斯密的观点，他根据"人口边际生产力"指出适度人口是一国的工农业生产潜力下最大生产规模所需的人口数量，如果这一数量稍增一点，就会导致经济繁荣程度下降。[②]

2. 社会适度人口规模

社会适度人口规模即社会福利最大化、社会公平正义优化视角下的适度人口及其规模；马克思从财富的分配公平视角切入，研究适度人口；[③] 汤普森则认为适度的人口规模可以为社会福利的提升带来机遇；[④] 英国人口学家亚历山大·莫里斯·卡尔－桑德斯认为人口适度密度是让人们的平均生活水平保持在

---

① 佟新. 人口社会学 [M]. 北京：北京大学出版社，2000：28－31.
② 高建昆. 21 世纪中国大陆适度人口研究 [M]. 上海：复旦大学出版社，2015：29－30.
③ 杨菊华，谢永飞. 人口社会学 [M]. 北京：中国人民大学出版社，2015：34.
④ 杨菊华，谢永飞. 人口社会学 [M]. 北京：中国人民大学出版社，2015：37－38.

最好状态上的人口密度;① 法国人口学家兰德里指出"适度人口"是"能保证人类最大幸福的人口"。②

3. 国家实力适度人口规模

国家实力适度人口规模即国家实力与竞争力最大化下的适度人口及其规模，重商主义的学者们认为，人口增加有利于增加一国的国际竞争力③。索维认为适度人口是指以最令人满意的方式达到某项特定目标的人口，他提出的特定目标包括实力（用于实现某一集体目标的全部手段）等，他着重分析了经济目标和实力目标下的适度人口规模。④

4. 生态适度人口规模

生态适度人口规模即资源环境视角下的最优人口规模。柏拉图探讨过土地资源与人口数量间的关系，指出人口过多会超出土地的承载能力;⑤ 阿尔弗雷德·索维是现代适度人口理论的代表人物，他进一步将"适度人口"概念抽象化，将其定义为"以最令人满意的方式达到特定目标的人口"⑥，将经济、社会等领域的各类因素纳入适度人口的环境要求。

马克思主义适度人口理论从生产需要的劳动力规模和生活资料能够养育的人口规模两方面，研究了最优人口数量。马克思、恩格斯认为，一定外部条件下存在着人口再生产的限度，人类自身的生产与物质资料生产相适应，从物质财富的社会分配方面考察社会适度人口，并由此提出调控策略，这与西方资产阶级学者的适度人口理论有本质的区别。

量化研究方面，Lianos T P 和 Pseiridis A 等人在假设可接受的、不会影响地球环境的人均消费量的基础上，测算了世界适度人口规模，从经济适度人口的角度分析，如果希望全世界的人均国内生产总值接近欧洲的平均水平（1.1万美元），那么世界人口必须减少到 31 亿人；从福利适度人口的角度分析，如果以人均消费量 9000 美元为能保证人们舒适和幸福的适度福利水平，那么如

---

① 高建昆. 21 世纪中国大陆适度人口研究 [M]. 上海：复旦大学出版社，2015：31.

② 左晶晶，邢燕. 适度人口理论的中国化与当代价值 [J]. 长春理工大学学报：社会科学版，2013，26（12）：69-71.

③ 佟新. 人口社会学 [M]. 北京：北京大学出版社，2000：26.

④ 高建昆. 21 世纪中国大陆适度人口研究 [M]. 上海：复旦大学出版社，2015：31.

⑤ 杨菊华，谢永飞. 人口社会学 [M]. 北京：中国人民大学出版社，2015：26.

⑥ 阿尔弗雷德·索维. 人口通论 [M]. 北京：商务印书馆，1983.

果世界人口不超过 30 亿人，这种适度福利的消费水平就可以永远维持下去。[①]Daily G、Ehrlich A 和 Ehrlich P 探讨了使生态和资源可以持续的适度人口，从总能源产量和人均能源消费的关系入手，得出全球生态适度人口规模为 20 亿人。[②] Pimentel D 等学者综合考虑社会适度人口和生态适度人口后提出，可持续地利用自然资源并在保证土地合理利用的假设下，如果使每个人达到欧洲生活水平，那么地球的承载能力为 20 亿人。[③] Lianos T P（2013）综合考虑经济适度人口、社会适度人口和生态适度人口，指出人均收入为 11000 美元，保证人民生活水平较好且能维持生态平衡的世界人口规模不超过 25 亿。[④]

（二）国内学者关于适度人口规模的研究

我国学者对适度人口规模的研究也从人口适应环境要求程度的视角出发，覆盖经济适度人口、社会适度人口、国家实力适度人口、生态适度人口等方面，根据中国国情，界定并相应拓展适度人口规模。晚清的汪士铎有与马尔萨斯类似的观点，认为一国的人口应该适量，"民不可过少，也不容过多"，应避免"人多为患"[⑤]；著名社会学家陈长衡的研究提出了"适中人口"，指出为了提高全体国民的生活质量和福利，我国必须具备适当的人口密度，实质上蕴含着福利适度人口的思想；[⑥] 马寅初在《新人口论》中提到注重人口与生产就业、人口与资源环境间的关系，涉及经济适度人口和生态适度人口；田雪原和陈玉光认为适度人口主要是最大经济效益的稳定人口；[⑦] 毛志峰在《适度人口与控制》一书中，把适度人口界定为人口与经济发展水平、社会发展、生态环境三者相协调而形成的一种最优状态的人口；[⑧] 任宪友提出"可持续发展适

① Lianos T P, Pseiridis A. Sustainable welfare and optimum population size [J]. Environment, development and sustainability, 2016, 18（6）：1689 – 1690.

② Daily G, Ehrlich A, Ehrlich P. Optimum human population size [J]. Population and environment, 1994, 15（6）：474.

③ Pimentel D, Whitecraft M, Scott Z, et al. Will limited land, water and energy control human population numbers in the future? [J] Human ecology: an interdisciplinary journal, 2010, 38（5）：607.

④ Lianos T P. The world budget constraint [J]. Environment, development and sustainability, 2013, 15（6）：1543.

⑤ 袁宝华. 中国改革大辞典 [M]. 海口：海南出版社，1992：1136.

⑥ 佟新. 人口社会学 [M]. 北京：北京大学出版社，2000：44.

⑦ 田雪原，陈玉光. 经济发展和理想适度人口 [J]. 人口与经济，1981（3）：12.

⑧ 毛志峰. 适度人口与控制 [M]. 西安：陕西人民出版社，1995.

度人口"拓展了关于适度人口的内涵，从适度的人口内部构成及人口与外部环境适协调两方面来研究适度人口，适度人口内部构成不仅局限于人口的数量，而应包括人口的数量与结构等方面的适度，人口与外部环境适协调包括人口与资源环境条件相协调、人口与社会经济发展条件相协调。[①]

国内相关研究已从适度人口内涵的研究逐渐深入到适度人口规模测量方法研究，伴随着研究的不断深入，适度人口预测模型从仅仅考虑经济因素逐渐转为综合考虑经济、社会、国家实力和生态环境等因素以测度中国适度人口规模。

我国学者运用经济数学模型、多目标决策等方法对中国适度人口规模进行研究，多数学者的结论是未来中国适度人口规模在 7 亿～16 亿人。田雪原和陈玉光把生产性固定资金、劳动技术装备程度和工农业劳动者作为预测变量，构建了适度人口规模预测的数学模型，测算出在 100 年后，我国人口应保持在 6.5 亿～7 亿人，这是适应经济发展的最优人口数量；[②] 著名社会学家孙本文在《文汇报》上发表《八亿人口是我国最适宜的人口数量》，这篇文章围绕我国粮食生产水平和劳动就业人数两个因素探讨了适度人口数量，认为 8 亿是中国最适宜的人口数量；[③] 西安交通大学胡保生、王沈尘、朱楚珠和李维岳等用系统工程中的多目标决策技术，综合考量经济发展、社会福利提升、生态环保等因素，从收入水平、粮食需求、生活和工交占地、能源生产、人口状态和老化程度、与世界其他国家的人口对比等目标出发，建立适度人口规模"可能—满意度"模型，预测了未来中国适度人口数量在 7 亿～10 亿人；[④] 中国科学院国情分析研究小组在《生存与发展》课题报告中，预测了我国土地资源承载力范围以内的合理人口数量在 9.5 亿人左右，从生态环保和节约能源的角度出发，我国最大的人口承载能力约为 15 亿～16 亿人；[⑤] 毛志峰根据经济指标

① 任宪友. 基于可持续发展的适度人口理论探讨 [J]. 中国石油大学学报：社会科学版，2003，19（3）：59.

② 田雪原，陈玉光. 从经济发展角度探讨适度人口 [C]. 第三次全国人口科学讨论会论文选集，1981.

③ 张守营. 人口负增长我们能够变"担心"为"放心"[EB/OL].（2022 - 09 - 01）[2024 - 03 - 18]. http：//www. chinadevelopment. com. cn/news/zj/2022/09/1795971. shtml.

④ 胡保生，王浣尘，朱楚珠，等. 利用可能度和满意度研究我国的总人口目标 [C]. 第三次全国人口科学讨论会论文选集，1981.

⑤ 中国科学院国情分析研究小组. 生存与发展（胡鞍钢、王毅执笔）[M]. 北京：科学出版社，1989.

和产值结构指标，预测了 2030 年中国适度人口在 15 亿左右；郑晓瑛测算出中国最大人口容量约为 16 亿，超过 18 亿人将对社会可持续发展带来负面影响。①

一些学者关注适度人口测度的指标体系构建：王颖、黄进和赵娟莹从经济、资源环境、人口动态发展以及人口国际竞争力四方面设计了中国适度人口规模测度指标体系；② 王婷从经济运行、社会发展、资源利用、环境污染四方面构建了适度人口测度的指标体系；③ 童玉芬、王静文和梁钊综合考虑经济增长、资源环境约束和人的全面发展三目标，将适度人口的影响因素归为资源环境条件与基础、人口生活质量两大类，以土地资源总量、水资源总量和能源总量、各类资源的人均占有量、社会经济发展水平等作为中国适度人口规模测度的指标。④

国内外学者们已从适度人口概念界定、测量方法和指标体系构建等方面进行了深入的研究，但尚存些许不足：一是大多数研究前提假设与基本思路是人口规模正增长，由此预测适度人口规模并为后续的控制人口总量、防止人口过多超越环境的承载力提供对策，鲜见在中国人口规模负增长的趋势下，预测适度人口规模，提出的适度人口规模目标值，已提出的目标值可能过高且对未来人口规模与环境承载力间的关系研判不足；二是多注重人口数量，忽略人口结构，对人口老龄化下的适度人口规模研究不够；三是多采用静态指标体系，如资源环境承载力下的适度人口规模等，较缺乏将人口发展置于相关的动态指标体系的研究。

本书的研究以马克思主义适度人口理论为指导思想。将中国适度人口规模目标界定为：能充分协调经济社会发展、社会福利、生态环保、人口内部动态发展四者要求下的人口规模发展目标。其中，经济社会发展要求包括增强我国经济实力和国际竞争力；社会福利要求是指人民在吃、住等方面的福祉要求；生态环保要求是指遏制高耗能推进绿色发展；人口内部动态发展要求是指促进维持适度生育水平并积极应对人口老龄化。通过概念界定将人口结构、生育和

---

① 陈如勇. 中国适度人口研究述评 [J]. 西北人口，2001，(1)：13.

② 王颖，黄进，赵娟莹. 多目标决策视角下中国适度人口规模预测 [J]. 人口学刊，2011 (4)：21.

③ 王婷. 城市适度人口测度的辨析与体系重构 [J]. 西北人口，2018，39 (6)：4.

④ 童玉芬，王静文，梁钊. 资源环境约束下的中国适度人口研究 [J]. 人口研究，2016，40 (2)：6 – 7.

人口国际竞争力等因素纳入指标体系，力求改进上述研究重视人口数量与静态指标，忽视人口结构与动态指标的不足。

二、中国未来发展目标战略与适度人口规模目标

中国发展的目标战略是全面建成社会主义现代化强国，中国人口规模的发展要与中国发展的目标战略相适应。适度人口规模目标是中国未来发展目标战略的组成部分，必须与国家长远发展战略较好地匹配，确定好适度人口规模目标，才能最终实现中国发展目标战略。本章的研究服务于中国未来发展目标战略，旨在使中国人口的发展有利于人民生活质量的提高和经济社会持续发展。

《中华人民共和国国民经济和社会发展第十四个五年规划和2035年远景目标纲要》中提出的与适度人口规模目标紧密相关的总体战略目标，包括增进民生福祉、推动绿色发展促进人与自然和谐共生、推动实现适度生育水平、积极应对人口老龄化等；党的二十大提出了中国全面建成社会主义现代化强国的战略安排，总战略安排分两步走：从2020年到2035年基本实现社会主义现代化；从2035年到21世纪中叶把我国建成富强民主文明和谐美丽的社会主义现代化强国。结合上述总体战略目标，以2050年为目标时间点，把协调好人口发展与民生福祉提升、经济社会资源环境可持续发展三者间的关系作为研究目标，按系统工程思想构建研究的指标体系，建立中国适度人口规模目标的决策方案。

三、中国适度人口规模目标的研究路径

基于人口负增长的国情，本章以中国人口规模下降为前提进行适度人口规模预测及方案优选，通过分析适度人口规模目标、优选目标并结合2050年预测出的人口数量，确定2050年可达到的适度人口规模目标值——人口负增长趋势下可达到的目标值。

确定人口与民生福祉提升、经济社会发展三者间的关系，应从人口、经济、资源环境的协同入手，既要满足人民对生活质量的需求，又要增进国家经济社会发展的能力。为此，本章结合《中华人民共和国国民经济和社会发展第十四个五年规划和2035年远景目标纲要》、中国2050年战略规划及相关人

口普查、公报、年鉴等内容，整理了人口与民生福祉提升、经济社会实现可持续发展相关的 13 个因素，归纳诸因素的现状与 2050 年时的发展远景，用系统工程中的可能—满意度（P-S）多目标决策方法，进行中国适度人口规模目标的预测研究。

本章研究的基本思路与方法如下：首先，构建上述因素的可能度与满意度的临界值；其次，经 P-S 法计算，得到上述因素"可能—满意度"取值下的人口规模，即单一因素对未来人口规模的定量影响；最后，以协调好人口发展与民生福祉提升、经济社会与资源环境的可持续发展三者间的关系为目标，建立中国适度人口规模的多方案目标要求，按目标要求将 13 个因素对人口规模的影响合并为中国人口规模的合理程度，进而测算中国适度人口目标值。

第二节　中国适度人口规模目标的测度

一、数据来源

中国的数据来源于全国人口普查、历年中国统计年鉴、《中国农业展望报告（2023—2032）》、国家统计局关于历年粮食产量数据的公告、《全国水资源综合规划》、《"十四五"节水型社会建设规划》、《中国水资源公报》、《IFF2023 年全球金融与发展报告》、世界银行的《中国经济简报》、《全国土地利用总体规划纲要（2006—2020 年）调整方案》、第三次全国国土调查、《城市用地分类与规划建设用地标准》（GB 50137—2011）、《镇规划标准》（GB 50180—2007）、国家能源局的能源数据、党的十八大以来经济社会发展成就系列报告等。

分析中涉及的美国和印度等国家的人口数据来自《世界人口展望 2022》以及世界银行网站、美国人口普查数据、《全球主要国家人口预测报告 2023 版》等。

二、研究方法

本节运用"可能—满意度"方法进行研究。

　　该方法从"人们需要的满意程度"和"指标可能达到的程度"两方面来考虑决策目标的合理性,"满意度"用于反映人们主观期望的满足程度,"可能度"是反映客观条件和可行性的实现程度。如果一个事物肯定可行,则定义该事物的可能度等于1;如果肯定不可行,则定义该事物的可能度等于0。如果一个事物完全满足人们的需要,则设它的满意度等于1;如果一个事物完全不满足人们的需要,则设它的满意度等于0。用三折曲线来定量描述可能度或满意度在0~1的变化,我们将其称为某事物的可能度曲线或满意度曲线,可能度曲线和满意度曲线可以合并为"可能—满意度",记为w,当$w=1$用来描述既可能又满意的程度,用该方法进行全国适度人口规模的测算具有计算方便、指标简明、结论易于理解的优点,并且能为后续研究指明方向。

　　设一个事物对属性r具有的可能度函数为$p(r)$。$p(r) \in [0,1]$用于表示完成一件事情的可能程度。当$r=A$时,事情完全可以完成则记为$p(r_A)=1$;当$r=B$时,事情不可能完成记为$p(r_B)=0$。同理,一个事物对另一属性s的满意度函数为$q(s)$,$q(s) \in [0,1]$用于表示人们对一件事情的满意程度。

　　r、s与属性α之间满足函数关系$f(r,s,\alpha)=0$,则$p(r)$与$q(s)$可以合并成相对于α的可能—满意度曲线w,用于描述既可能又满意的程度,$w \in [0,1]$。

　　当$w=1$时,表示完全可能又完全满意;当$w=0$时,表示完全不可能或者完全不满意。

　　并合计算的过程可表示为$\langle \cdots \circ \cdots \rangle$,因此,$p(r)$和$q(s)$并合成相对于的可能—满意度曲线$w(\alpha)$可表示为:

$$w(\alpha) = \langle p(r) \circ q(s) \rangle$$
$$s.t. f(r,s,a) = 0$$
$$r \in R, s \in S, \alpha \in A \qquad (6-1)$$

公式中的$s.t.$为并合过程中的限制条件,R,S,A为属性r,s,a的容许集合。[①]

三、中国适度人口规模目标测算

　　适度人口规模应考虑社会经济发展和资源环保实现的可能度尽可能大,与

---

① 王浣尘. 可能度和满意度在多目标决策中的应用 [J]. 信息与控制, 1981 (5): 8-13.

此同时，人口结构和人口竞争力尽量处于满意的水平。因此，最大可能值与最大满意值并合所要求的计算规则：一是按照可能满意度是最大的可能值，要依照木桶原理考虑"短板"取最小值，即 $w(\alpha)$ 取 $p(r)$ 与 $q(s)$ 相比的较小值，下文中的粮食、占地、能源、用水、GDP 都按此规则计算 $w(\alpha)$；二是按照可能满意度是最大的满意值，即 $w(\alpha)$ 取 $p(r)$ 与 $q(s)$ 相比的较大值，下文中的人口动态过程和人口竞争力按这一规则计算 $w(\alpha)$。

（一）指标赋值

本节的适度人口规模测算在参考大量的数据资料的基础上，提出 2050 年各指标可能度的高点值、低点值和各指标满意度的高点值、低点值。

各指标的取值组通过如下几种方法得到：第一，各类公报、简报、规划、年鉴、标准中的已有数据；第二，根据上述已有数据，结合本书已有人口预测数据推算的 2050 年指标预测值；第三，国际组织或国内专家测出的 2050 年指标预测值；第四，参考发达国家、中等发达国家相关指标的现状与发展速度得出 2050 年指标预测值。

1. 粮食

人口的生存离不开粮食，人口增减必将引起粮食需求增减，以粮食供应总量和人均粮食消费量作为相关指标测算。

（1）粮食供应总量

根据联合国粮食及农业组织（以下简称"粮农组织"）预测，到 2050 年全世界人口将突破 90 亿，届时粮食产量必须比 2012 年提高近 50% 才能满足人们对粮食的基本需求，实现"零饥饿"[①]，据粮农组织发布的报告，2012 年全球粮食产量为 22.82 亿吨，亦即 2050 年全球粮食的总供给量须达到 34.23 亿吨。根据本书预测结果，2050 年中国人口规模为 12.56 亿人，而联合国预测全球人口 2050 年将增加至 97 亿人，按照 2050 年中国人口约占世界人口的 12.95%，届时中国人口需要消耗的最低粮食总量为 4.43 亿吨。联合国规定粮食的安全线为人均年消费 400 千克左右，而美国目前人均年消费量为 660 千克左右[②]，2050 年中国进入中等发达国家行列，按届时中国人均年消费粮食达到

---

① 辛贤. 稳产保供不仅事关我国自身粮食安全形势，更具有全球意义 [EB/OL]. (2022 - 03 - 01) [2024 - 03 - 19]. https://nynct.henan.gov.cn/2022/03 - 01/2406551.html.

② 周天勇，田博. 新形势下我国人口与粮食安全战略思考 [EB/OL]. (2021 - 08 - 16) [2024 - 03 - 19]. https://www.sohu.com/a/483729998_120815451.

美国现在水平的 90%，2050 年中国人均年消费粮食为 594 千克，结合本书人口规模总量预测的 2050 年总人口为 12.56 亿人，2050 年中国粮食需求总量应为 7.46 亿吨。2020 年，我国粮食总产量为 6.695 亿吨，而最近公布 2024 年我国要确保粮食产量保持在 1.3 万亿斤（6.5 亿吨）之上[①]，按照目前中国粮食连年保持在 6.5 亿吨以上，到 2050 年，我国粮食生产能力仍大于联合国数据预测的 2050 年最低粮食总量，但仍小于 7.46 亿吨。本节取 7.46 亿吨为粮食供应总量可能度的高点值，取 6.5 亿吨为粮食供应总量可能度的低点值。

（2）人均粮食消费量

目前人口与粮食之间的矛盾主要体现为粮食分配的压力，我国人口总量基数庞大，而城市扩建与房地产开发带来可耕种的农田面积缩小，粮食分配与国家安全紧密相关，根据世界银行发布的《中国经济简报》，2020 年中国人均年粮食消费量为 479 千克，根据上文计算，2050 年中国人均年粮食消费量的上限约为 594 千克。因此，取人均年粮食消费量 594 千克作为满意度高点值，取 479 千克作为满意度低点值。

2. 土地、水资源、能源

人口在一定的资源和能源的条件中生存，本书讨论在一定的资源利用水平下的适度人口数量，本书探讨的资源包括土地、水资源、能源；人口变动引起人口用地、用水、使用能源的变动，会对生态环境造成影响。以占地和人均居住用地与占地需求、供水总量和人均用水需求、能源供应总量和人均能源消费需求为测评指标。

（1）土地

建设用地量。全国国土面积为 960 多万平方公里，根据《2022 年中国自然资源统计公报》，全国共有城镇村及工矿用地 3596.7 万公顷、交通运输用地 1018.4 万公顷，合计占全国国土面积的 4.81%，结合森林、荒地等的面积占比，假设 2020 年居住和交通运输占用土地的面积占国土面积的 2%，2050 年居住和交通运输占用土地的面积占国土面积的 7.6%，则居住和交通运输占用土地面积的可能度的低点值为 2.88 亿亩、10.944 亿亩。

人均居住用地与占地需求。国家统计局发布的数据显示，2016 年全国居

① 郁琼源，于文静. 我国将多措并举确保 2024 年粮食产量保持 1.3 万亿斤以上［EB/OL］.（2023 - 12 - 22）［2024 - 03 - 20］. https：//www. gov. cn/govweb/yaowen/liebiao/202312/content _6921783. htm.

民人均住房建筑面积为 40.8 平方米①,《中国人口普查年鉴 2022》显示全国人均居住面积为 41.76 平方米,此处按照这两个数据进行趋势外推,2050 年全国人均居住面积约为 48.96 平方米,人均居住面积约占人均建筑面积的 65% 左右,根据《城市用地分类与规划建设用地标准》(GB 50137—2011):居住用地占城市建设用地的比例宜为 25.0% ~ 40.0%,《镇规划标准》(GB 50180—2007)显示居住用地占城市建设用地比例,中心镇镇区宜为 28% ~ 38%,一般镇镇区宜为 33% ~ 43%。综合上述文件,按照人均居住面积占人均占地面积的 34%,结合全国人均居住面积 41.76 平方米、48.96 平方米,则人均居住用地与占地需求的低点值为 188.97 平方米(即 0.28 亩)、高点值为 221.53 平方米(即 0.33 亩)。

(2)水资源

供水总量。根据 2020 年发布的《中国水资源公报》,我国当年地表水资源为 3.04 万亿吨/年②,而《"十四五"节水型社会建设规划》(发改环资〔2021〕1516 号)中指出 2025 年我国用水总量控制在 6400 亿立方米以内③,《全国水资源综合规划》提到,2030 年全国用水总量力争控制在 7000 亿立方米以内④,由上述 2025 年和 2030 年全国用水总量的控制量趋势外推,2050 年全国用水总量的控制量为 9400 亿吨/年,这意味着 2050 年时地面水的开发利用率约为 2021 年地表水资源总量的 30.92%,取 9400 亿吨/年为供水总量可能度的低点值,假设 2050 年可开发利用的地面水占地表水总量的 70% 左右,取 2 万亿吨/年为供水总量可能度的高点值。

人均用水需求。根据水利部的 2020 年度《中国水资源公报》2020 年人均综合用水量为 412 吨/年⑤,而根据中国 2050 年战略规划,2050 年时我国会步

---

① 2016 年全国居民人均住房建筑面积 40.8 平方米(图)[EB/OL]. (2017 - 07 - 06)[2024 - 03 - 20]. https://www.sohu.com/a/154863439_123753.

② 中华人民共和国中央人民政府. 2020 年度《中国水资源公报》发布[EB/OL]. (2021 - 07 - 13)[2024 - 03 - 20]. https://www.gov.cn/xinwen/2021 - 07/13/content_5624515.htm.

③ 中华人民共和国中央人民政府. 国家发展改革委等部门关于印发《"十四五"节水型社会建设规划》的通知[EB/OL]. (2021 - 10 - 28)[2024 - 03 - 20]. https://www.gov.cn/zhengce/zhengceku/2021 - 11/09/content_5649875.htm.

④ 中华人民共和国中央人民政府. 水利部:国务院批复《全国水资源综合规划》[EB/OL]. (2010 - 11 - 25)[2024 - 03 - 20]. https://www.gov.cn/gzdt/2010 - 11/25/content_1753339.htm.

⑤ 中华人民共和国中央人民政府. 2020 年度《中国水资源公报》发布[EB/OL]. (2021 - 07 - 13)[2024 - 03 - 20]. https://www.gov.cn/xinwen/2021 - 07/13/content_5624515.htm.

入中等发达国家行列，而中等发达国家的人均综合用水量为 1000 吨/年，因此取 1000 吨/人·年为人均用水量满意度的高点值，取 412 吨/人·年为人均用水量满意度的低点值。

（3）能源

能源供给总量。根据国家能源局的数据，2020 年，我国能源综合生产能力达到 41 亿吨标准煤①，根据中国工程院专家预测，2050 年国内能源综合生产能力为 52.8 亿吨标准煤②，因此，此处选取 41 亿吨为能源供给总量可能度的低点值，取 52.8 亿吨为能源供给总量可能度的高点值。

人均能源消费需求量。根据国家统计局的数据，2020 年，我国人均能源消费量为 3531 千克标准煤③，根据《中国能源展望 2060》的数据，2050 年我国将消费 55.73 亿吨标准煤/年④，按照本书预测的到 2050 年中国有 12.56 亿人，由此得出 2050 年我国人均消费 4436 千克标准煤/年。因此，取 4436 千克标准煤/人·年为满意度高点值，取 3531 千克标准煤/人·年为满意度低点值。

3. GDP 水平

适度人口是一定经济发展水平下的最优人口数量，它要求人口与经济发展相协调，一定经济水平的约束下有一个最适宜的人口规模，人口增长通过人口数量增加和素质提升影响经济增长，相关指标为 GDP 总量和人均 GDP 水平。

（1）GDP 总量

2020 年，全国 GDP 总量为 101.36 万亿元，约合 14.15 万亿美元，2020 年中国经济增长速度为 2.3%⑤，根据国家统计局数据，2024 年上半年中国国内

① 国家能源局. 在全民国家安全教育日，听国家能源局介绍我国"能源安全"［EB/OL］.（2021 - 04 - 16）［2024 - 03 - 20］. https：//www. nea. gov. cn/2021 - 04/16/c_139884194. htm.

② 王尔德. 中国工程院：预计中国在 2040 年左右达能源消费峰值［EB/OL］.（2017 - 06 - 12）［2024 - 03 - 20］. https：//www. sohu. com/a/148311793_618586.

③ 中华人民共和国中央人民政府. 国家统计局：10 年来我国单位 GDP 能耗年均下降 3.3%［EB/OL］.（2022 - 10 - 08）［2024 - 03 - 20］. https：//www. gov. cn/xinwen/2022 - 10/08/content_5716737. htm.

④ 锚定 2060 碳中和，中国能源演进的"绿之道"［EB/OL］.（2023 - 01 - 09）［2024 - 03 - 20］. https：//m. thepaper. cn/baijiahao_21481636.

⑤ 中华人民共和国中央人民政府. 图表：2.3%！2020 年中国经济逆势增长［EB/OL］.（2021 - 01 - 19）［2024 - 03 - 20］. https：//www. gov. cn/xinwen/2021 - 01/19/content_5580909. htm.

生产总值（GDP）同比增长 5%[①]，考虑到中国未来经济的发展速度，假设中国未来经济年均增速为 3.6%，则 2050 年中国 GDP 总量为 40.87 万亿美元，此处取 GDP 总量可能度的低点值为 14.15 万亿美元，高点值为 40.87 万亿美元。

（2）人均 GDP

2020 年中国人均 GDP 为 7.18 万元，约 1 万美元，由此，本书取 2050 年中国人均 GDP 满意度低点值为 1 万美元，设届时中国人均 GDP 满意度高点值为 20 万美元。

4. 人口变动

人口变动引起生育水平和老龄化程度的变动，由此影响经济社会发展和资源环境保护，生育水平过低和老龄化程度过高对经济发展和社会进步有一定负面影响，与此同时，低生育水平和老龄化能够缓和人口对资源环境带来的压力，相关指标包括可接受的总和生育率下的中国人口总量、可接受的 65 岁以上老年人口占比下的中国人口总量。

（1）可接受的总和生育率下的中国人口总量

预测中使用的 2020 年中国总和生育率为 1.309，本书认为这一生育水平为人们可以接受的总和生育率，而根据大多数学者的意见，我国目前的总和生育率应该在 1.7~1.8[②]。因此，将总和生育率取 1.309 和总和生育率取 1.8 分别代入中国人口负增长预测模型，求出 2050 年中国人口应分别为 13.03 亿人、14.31 亿人，取 13.03 亿人为人口规模可能度的低点值，取 14.31 亿人为人口规模可能度的高点值。

（2）可接受的 65 岁以上老年人口占比下的中国人口总量

生活水平提高和健康中国战略的实施，使我国老年人口占总人口的比重不断上升，与之相比，尽管国家目前放开了"二孩"政策，然而，高昂的子女教育费用、生活成本费用使部分育龄人口不愿生育"二孩"，社会中的适龄劳动力资源和少儿人口占比不断缩小，带来人口年龄结构的不协调。人口年龄结构不协调可能导致我国未来产业革新和技术创新无法全部落实。

学界一般认为 65 岁以上老年人口占总人口的比重在 18% 及以内为可接受

---

① 透视 2024 年中国经济"半年报"［EB/OL］.（2024 - 07 - 16）［2024 - 09 - 20］. https：//www. gov. cn/yaowen/liebiao/202407/content_6963074. htm.

② 张维庆. 目前的低生育水平对未来的影响［EB/OL］.（2006 - 03 - 21）［2024 - 03 - 22］. https：//www. gov. cn/govweb/zwhd/2006 - 03/21/content_232457. htm.

的老龄化水平,而 65 岁以上老年人口占总人口的比重在 30% 及以上会导致抚养比过高。本书预测,2025 年全国 65 岁以上老年人口占总人口的比重为 17.12%,接近学界认为的可接受的老龄化水平,2035 年全国 65 岁以上老年人口占总人口的比重约为 28.95%,接近学界认为的可接受的老龄化水平上限 30%。

本书以 2020 年人口数据为基础,将相关数据做必要修正调整代入中国人口负增长预测模型,预测得到 2050 年可接受的 65 岁以上老年人口占比下的中国人口总量约为 9.38 亿~11.19 亿人,故取 9.38 亿人为满意度的低点值,取 11.19 亿人为满意度的高点值。

5. 人口竞争力

一国人口变动会导致其与他国相比的人口相对竞争力变动,如果一国相对于其他国家的人口减少较快,可能会降低该国相对于其他国家的人口竞争力。

对于中国人口相对于其他国家的竞争力,本书选择发展中国家人口大国印度和发达国家美国作为对比国家,印度 2020 年人口总量为 13.96 亿人,根据联合国公布的《世界人口展望 2022》,2050 年印度人口将达到 16.7 亿人[1],学界一般认为根据印度本国资源和国土总量,印度人口在 5 亿~8 亿人比较理想,人口过多会造成环境污染;根据美国人口普查,2020 年美国人口为 3.32 亿人,而据梁建章、任泽平和黄文政等提出的《全球主要国家人口预测报告 2023 版》显示 2050 年美国人口约为 3.8 亿人[2],近年来美国人口增长持续放缓。综合考虑环境污染等因素,中国人口与美国相比,取美国人口满意度的低点值为 3.32 亿人,取美国人口满意度的高点值为 3.8 亿人;中国人口与印度相比较,取印度人口满意度的低点值为 6.5 亿人,取印度人口满意度的高点值为 15.33 亿人。测算的各项指标可能度、满意度的赋值见表 6 – 1。

---

① 世界人口达到 80 亿! 即将超过中国人口的印度,为何增长这么快? [EB/OL]. (2024 – 01 – 03) [2024 – 03 – 22]. https://www.163.com/dy/article/INHF3RB90553H6C7.html.

② 梁建章,任泽平,黄文政,等. 全球主要国家人口预测报告 2023 版 [EB/OL]. (2023 – 07 – 13) [2024 – 03 – 22]. https://www.sohu.com/a/699314966_617610.

表 6-1　2050 年各项指标可能度、满意度的赋值

维度	子维度	要素	指标	单位	性质	低点值	高点值	指标代号
民生福祉提升	吃	粮食	粮食供给总量	亿吨	可能度	6.5	7.46	p1
			人均粮食消费量	千克	满意度	479	594	q1
	用	占地	建设用地	亿亩	可能度	2.88	10.944	p2
			人均居住用地与占地需求	亩/人	满意度	0.28	0.33	q2
		用水	供水总量	亿吨	可能度	9400	20000	p3
			人均用水需求	吨	满意度	412	1000	q3
经济社会与资源环境的持续发展	能源可持续	能源供应	能源供应总量	亿吨标准煤	可能度	41	52.8	p4
			人均能源需求	千克标准煤	满意度	3531	4436	q4
	经济发展	GDP水平	GDP 总量	万亿美元	可能度	14.15	40.87	p5
			人均 GDP	美元	满意度	10000	200000	q5
人口发展	人口动态过程	生育	可接受的总和生育率下中国人口总量	亿人	可能度	≤13.03	≥14.31	p6
		老龄化	可接受的65岁以上老年人口占比下的中国人口总量	亿人	满意度	≤9.38	≥11.19	q6
	人口竞争力	人口相对于他国的竞争力	美国人口总量	亿人	满意度	≤3.32	≥3.8	p7
			印度人口总量	亿人	满意度	≤6.5	≥15.33	q7

资料来源：根据本章第二节"数据来源"中的人口普查、年鉴、规划、报告等资料测算得到。

上表中指标的定量取值，均采用三折型曲线，即指标的可能度或满意度在低值点和高值点之间，用线性内插方式估算，适度规模目标预测时点为 2050 年。

（二）2050 年中国适度人口规模目标

1. 单因素约束下的中国适度人口规模目标

按单因素约束下的可能满意度的取值，将中国适度人口规模分为五类：一是可能满意度取值为 1 时，对应的是最优人口规模；二是可能满意度取值为

0.9 时，对应的是理想人口规模；三是可能满意度取值为 0.8 时，对应的是优良人口规模；四是可能满意度取值为 0.7 时，对应的是中等适度人口规模；五是可能满意度取值为 0.6 时，对应的是基本达标人口规模。经过 P－S 模型计算，单因素约束下的中国适度人口规模目标如表 6－2 所示。

表 6－2　2050 年单因素约束下的中国适度人口规模目标　　（单位：亿人）

可能—满意度	粮食	占地	用水	能源	GDP	人口动态	国际人口竞争力
0.6	12.56	19.70	17.83	11.22	20.03	13.03	13.39
0.7	12.13	16.82	15.27	10.70	15.50	13.16	13.92
0.8	11.72	14.04	13.06	10.19	12.03	13.29	14.45
0.9	11.32	11.34	11.11	9.71	9.29	13.41	14.98
1	10.94	8.73	9.40	9.24	7.08	13.54	15.33

资料来源：根据本章第二节"数据来源"中的人口普查、年鉴、规划、报告等资料测算得到。

表 6－2 显示，仅考虑粮食因素，中国适度人口规模在 10.94 亿~12.56 亿人；仅考虑占地因素，中国适度人口规模在 8.73 亿~19.70 亿人；仅考虑用水，中国适度人口规模在 9.40 亿~17.83 亿人；仅考虑能源，中国适度人口规模在 9.24 亿~11.22 亿人；仅考虑 GDP，中国适度人口规模在 7.08 亿~20.03 亿人；仅考虑人口动态，中国适度人口规模在 13.03 亿~13.54 亿人；仅考虑国际人口竞争力，中国适度人口规模在 13.39 亿~15.33 亿人。对比各单因素约束下的中国适度人口规模变化趋势，GDP、占地和用水是我国适度人口规模的较大影响因素，对人口规模的约束力较强。

2. 多因素约束下的中国适度人口规模

我们将方案进行合并，划分高、中、低三个方案：高方案采取最大值原理，在既定的"可能—满意度"下，所有因素全部满足，取满足各单因素要求的中国适度人口目标的最大值，即表 6－2 中每行取人口数最大值；中方案采取折中原理，全面考虑各种因素的相互制约，按照上述 7 个因素的权重（各占 1/7）进行合并。计算得到人口数的折中取值；低方案是按木桶理论采用最小值原理，在既定的"可能—满意度"下，取表 6－2 中满足各单因素要求的中国适度人口目标的最小人口数。由此得到高、中、低方案下的 2050 年中国适度人口规模的理论值，如表 6－3 所示。

表6-3　三种方案下的2050年中国适度人口规模的理论值　（单位：亿人）

可能—满意度	高方案	中方案	低方案
0.6	20.03	15.39	11.22
0.7	16.82	13.93	10.70
0.8	14.45	12.68	10.19
0.9	14.98	11.59	9.29
1	15.33	10.61	7.08

资料来源：根据本章第二节"数据来源"中的人口普查、年鉴、规划、报告等资料测算得到。

考虑到高方案人口规模（15.33亿~20.03亿人）在人口负增长的趋势下，恐无法实现；而中方案、低方案是可行的，则2050年中国适度人口规模的理论值如表6-4所示。

表6-4　2050年中国适度人口目标值　（单位：亿人）

方案	最优	理想	优良	中等适度	基本达标
目标值	7.08~10.61	9.29~11.59	10.19~12.68	10.70~13.93	11.22~15.39

资料来源：根据本书预测的人口数结合表6-3数据整理。

由表6-4可见，我国适度人口可能满意度如果达到最优水平，人口规模约为7.08亿~10.61亿人；如果达到理想水平，人口规模约为9.29亿~11.59亿人；如果达到优良水平，人口规模约为10.19亿~12.68亿人；如果达到中等适度水平，人口规模约为10.70亿~13.93亿人；如果达到基本达标水平，人口规模约为11.22亿~15.39亿人。

结合本书第三章预测出的2050年中国人口将约为12.56亿人，预计将落在优良人口规模、中等适度人口规模或基本达标人口规模区间。预测区间，如果达到优良水平，我国人口规模应在10.19亿~12.68亿人，如果达到中等适度水平，我国人口规模应在10.70亿~13.93亿人；如果达到基本达标水平，我国人口规模应在11.22亿~15.39亿人。

第三节　基本结论

根据上述测算分析得到的主要结论如下。

第一，2050 年中国适度人口区间约为 10.19 亿~12.56 亿人。测算显示，2050 年我国在各类约束条件下的适度人口目标值处于在 10.19 亿~15.39 亿人，根据预测，2050 年中国人口规模为 12.56 亿人；如果生育率进一步下跌，中国 2050 年人口规模可能位于优良适度内（人口规模在 10.19 亿~12.68 亿人）；如果生育率回升，中国 2050 年人口规模可能位于基本达标水平适度人口规模内（11.22 亿~15.39 亿人），人口总量偏大。

第二，2050 年中国适度人口规模目标的实现具有较大可能性。虽然预测期间 GDP、占地和用水是对适度人口规模影响较大的因素，但 2025—2050 年，人口规模与环境承载力的关系将趋缓和，人口超载带来的经济社会、资源环境压力亦将逐渐降低，按照目前我国总和生育率预测的 2050 年人口规模处于基本达标适度人口规模的范围，随着人口负增长形势发展并考虑到总和生育率的发展态势，未来我国人口规模将有较大可能处于中等适度水平至优良适度水平。

第三，实现 2050 年中国适度人口规模目标仍需完善人口政策。促进 2050 年我国人口发展步入 11.70 亿~12.56 亿人的适度人口区间，还需努力提高人口生育水平，不断完善人口政策，确保未来国家发展具有适宜的人口基础。

第七章 中国适度人口规模目标下的生育率警戒水平分析

本书已综合考虑低生育水平和负人口自然增长率等约束条件，预测分析出2050年我国人口总量将缩减至12.56亿人，可能位于优良适度人口规模的范围内（10.19亿~12.68亿人）。人口发展过程是动态的复杂过程，若综合考虑社会抚养比、老龄化程度、人口平均年龄、人口自然增长率等因素及其与社会经济发展的协调性，最理想的人口控制的适宜规模目标应是11.70亿~12.56亿人。

2025—2050年中国人口将处于持续负增长趋势，必须明确我国人口总和生育率需维持在怎样的水平上，才能守住人口控制适宜目标的下限11.70亿人，通过科学设定适度人口规模的生育率警戒线，并采取相应对策，促使生育水平保持在生育警戒水平之上，促进达成理想的中国适度人口规模，力争未来的人口总量和人口结构能更趋于合理。

生育水平越低，负人口自然增长率发展越快，一方面，将能促进人口总量更快缩减以达到较适度的人口规模；另一方面，也将导致中国人口的年龄结构趋于过度老化，影响社会经济发展。为此，本章研究探讨不同生育水平对达到2050年中国适度人口目标的影响，立足于通过分地区、分阶段地调控总和生育率，保障2050年中国适度人口目标的实现，从而促进人口与社会经济协调稳定地发展。

第一节 研究背景与方法

一、研究背景

将2025—2050年的低生育率与人口负增长趋势作为本章的研究背景。

　　人口转变是全球性的人口生育变革，生育率持续走低已是全球共有趋势。二战后，世界各国的人口总和生育率都存在不同程度下降趋势。人口转变与人们关注重心的转移有关。生育子女与个人职业发展存在替代关系，当人们的选择倾向于理性主义与个人主义，就会为了提升个人生活质量而选择减少生育。现阶段我国的生育水平已远低于生育政策的限制范围，实施"二孩""三孩"政策的生育反弹效果仍需要时间才有可能逐步显现。

　　超低生育水平受多种因素的影响。20世纪80年代，中国计划生育政策的普及实施，使中国妇女从20世纪70年代的平均每人生育5个以上子女，下降到2000年时平均每个妇女生育1.74个子女，中国在30多年的时间内完成了西方国家上百年才能实现的人口转变历程。长期严格贯彻的计划生育政策，使少生孩子的观念逐渐取代了"多子多福"的中国传统观念。独生子女已成为现阶段中国育龄人口的主体，他们作为父母唯一的子女，被父母寄予厚望，习惯以自我为中心，个人意识与个人主义观念强烈，更注重自我的成长和个人价值的实现。独生子女在家庭分工上重视男女双方投入养育子女的时间和精力均等，在职业发展上，独生女儿做母亲后更重视职业和家庭的平衡，这些需求如果不能有效满足，将降低家庭的稳定性，对生养后代产生一定的负面影响。

　　女性的职业发展对生养孩子的影响包括收入效应与挤出效应。一方面，收入效应会提高女性收入，提升女性的经济水平和生活水平，但生养子女的成本也会不断上升，因此，高收入的女性并不会显著提高多生孩子的意愿。随着女性经济水平的提升，女性在家庭中的地位上升，对生育有更大的决策权，不再需要听从男方或男方父母的建议，非意愿的生育行为减少；另一方面，挤出效应是指女性的职业发展挤占了她们用于家务劳动的时间，同样降低了女性生育孩子的意愿。

　　与此同时，育龄人口群体从生育的成本与收益来考虑孩子数量。一方面，随着社会经济发展，生育孩子的成本正迅速上升，孩子的教育费用、婚嫁住房、彩礼需要父母提供，社会竞争加剧，子女工作后难以平衡工作家庭，父母甚至还需要照顾子女的子女；另一方面，生养子女的效用逐渐弱化，随着社会养老的普及发展，专业性的养老护理工作人员正在逐渐取代家庭中子女赡养老人的角色；经济市场化与全球化，使当前育龄群体工作流动性增大，子女不一定能留在父母身边尽孝，这使家庭养老、子女照顾老人的效用弱化。基于成本提高和效用下降两方面的考虑，育龄人口不愿多生孩子。这些都将促使我国

2025—2050 年甚至更长时期低生育率和人口负增长趋势不可逆转。

二、相关理论研究

（一）理论基础

人口发展应与经济社会发展、资源环境发展相协调，本质上，即实现人口子系统与人口经济系统、人口社会系统、人口自然系统之间的协调，属于人口控制论的范畴。本章以人口控制论为研究基础。

控制论的"控制"是指，将获取并选择的某对象的相关信息作用于该对象，以改善研究对象的功能与发展。控制，严格来说是一种特定环境下的作用，任何控制系统的信息都可分为控制信息与反馈信息，对系统输入控制信息，系统会向外输出反馈信息。①

"人口控制"可理解为，以改变人口的功能与发展为目的，通过获取并使用人口信息，施于人口变动上，以改变人口的功能与发展。这包括改变人口总量以及改变人口结构等。人口控制研究目的是，通过分析人口发展趋势，明确人口变动的客观规律，包括人口量变的极限或临界状态，使人口发展趋势保持在极限或临界状态以内。

人口控制系统的控制信息包括生育政策等输入信息，生育政策对人口系统能施加影响，人口系统接受生育政策控制信息后，表现出一系列特征与变动。输出的反馈信息包括人口规模、人口自然增长率、人口老化程度、人口平均年龄、人口性别比等。②

本章以人口控制论为理论基础，研究思路是在人口负增长趋势下，通过对人口生育水平施加影响，作用于人口系统，使 2050 年人口总量达到适度人口规模目标，实现人口子系统与人口经济系统、人口社会系统、人口自然系统之间的协调；通过调控生育水平，改变人口负增长程度，减缓人口负增长的发展速度；通过调控生育水平，一定程度上减轻或控制人口老化程度，促使人口性别结构趋于相对均衡。

---

① 列尔·涅尔. 控制论基础 [M]. 北京：科学出版社，1980.
② 张伟. 人口控制学 [M]. 北京：中国人口出版社，2000.

（二）文献回顾

生育与人口的关系，包括生育与人口规模的关系，生育与人口年龄结构的关系以及生育与人口素质的关系。

1. 生育与人口规模的关系

学界重点研究了限制生育对控制人口增长的作用，部分学者总结了亚洲、非洲、美洲多国通过避孕措施控制人口发展的政策经验。由生育对人口规模实现控制的共性规律是：国家控制人口的限制生育政策能促使育龄妇女的总和生育率逐渐低于更替水平，能使人口的自然增长率显著下降，通过综合治理人口实现经济发展。

宋健、于景元和李广元研究过生育对人口规模实现控制的数学模型，认为人口发展过程通过控制婴儿出生率来实现。他们对 1980—2080 年不同生育率水平下的中国人口进行了总量测算，发现妇女总和生育率如果低于 2.3，预测期间均会出现人口负增长。如果 1980—2080 年总和生育率保持在 1 左右，人口规模将在 2020—2025 年开始负增长，由 10.03 亿人下降到 9.78 亿人；如果生育率保持在 1.5 左右，人口规模将在 2025—2030 年开始负增长，从 2025 年的 11.72 亿人下降到 2030 年的 11.71 亿人；如果生育率保持在 2 左右，人口规模则将在 2050—2055 年开始负增长，从 2050 年的 15.32 亿人减少到 15.30 亿人；当总和生育率在 1.5～2 时，2050 年中国人口约为 10.82 亿～15.32 亿人，2080 年约为 7.77 亿～14.72 亿人；他们还指出按照总和生育率维持在 1 的水平，2030 年我国人口平均年龄将达到 51 岁，2030 年，中国人口年龄结构老化且 2030 年全国劳动力人口数量比 2000 年时减少 2.1 亿人。[①] 宋健等学者关于生育率影响下的人口规模与年龄结构的量化分析较符合现阶段中国人口发展的实际。

2. 生育与人口年龄结构的关系

乔晓春认为计划生育导致出生率下降，出生率下降的结果又产生了人口老龄化，人口老龄化过快，超过了一定的"度"，就会对社会经济产生消极影响；[②] 江锡富认为计划生育诱发人口老龄化的加速，从战略高度认识和处理计

---

① 宋健，于景元，李广元. 人口发展过程的预测 [J]. 中国科学，1980 (9)：931.
② 乔晓春. 计划生育与人口老化 [J]. 人口研究，1988 (4)：47-48.

划生育与人口老龄化的关系，应该主次分开，有所侧重，把控制人口规模放在首位优先解决。[①]

3. 生育与人口素质的关系

陈剑认为，一方面，一定的人口数量是人口素质提升的前提，国家竞争力大小的一个影响因素是人口总量，人口太少就不可能进入大国、强国的行列；另一方面，人口数量和人口素质之间存在着替代转化关系。在生产力发展程度较低时，发展生产主要依靠增加人口数量，而人口素质的提高会部分地替代人口数量的作用。发展人口数量还是人口素质，与国家的经济水平和社会制度有关，但长期来看，人口素质提高替代人口数量增加的转换关系并不以人的意志为转移。[②]

4. 生育与人口发展的综合研究

章晓英建立了重庆市人口发展方程模型，考虑当时人口增长的实际，指出1990—2040 年重庆总和生育率应控制在 1.35 以内，以使人口总量降低。但如果人口总量过低，会引起人口过度老化，也不利于社会经济发展。建议人口总量下降到一定程度时，适度提高总和生育率，改变人口自然增长率的负值，使人口结构趋于合理。[③]雷鸣采用人口发展离散模型，研究发现天津于 2020 年开始人口自然增长率为负数，由 2020 年 − 2.71‰ 进一步下降至 2050 年的 − 7.78‰，2050 年天津人口年龄中位数达 42.77 岁，15 ~ 64 岁成年人口规模下降，从 2020 年的 765.17 万人减少至 2050 年的 651.6 万人。针对这些发展趋势，提出要提升劳动力的素质、拓宽劳动年龄人口的就业渠道、完善养老保障[④]。王姣姣等应用人口发展方程，建立人口预测模型，测算了我国在独生子女、单独二孩和全面二孩三种不同生育政策下 2010—2050 年人口发展变化情况和老龄化趋势，认为在妇女总和生育率 1.18 ~ 1.8 的假设范围内，2050 年我国老年人口可能达到 4.39 亿人，并指出全面二孩政策的实施可以使老龄化趋势得到改善，缓解老龄化带来的社会问题。[⑤]朱建平、欧阳汉和杨阳研究发现，在完全放开计划生育政策提升总和生育率的条件下，未来总抚养比趋势上

① 江锡富. 也谈中国计划生育与人口老龄化的相互关系 [J]. 西北人口, 1997 (4)：39 − 41.

② 陈剑. 略论计划生育与人口素质 [J]. 人口学刊, 1987 (1)：46 − 47.

③ 章晓英. 重庆市人口发展模型 [J]. 重庆理工大学学报：自然科学版, 1994, 8 (4)：39 − 41.

④ 雷鸣. 天津市 21 世纪中叶人口发展趋势预测 [J]. 理论与现代化, 2005 (5)：69 − 72.

⑤ 王姣姣, 丁娴娴, 褚广强, 等. 基于人口发展方程的人口老龄化趋势 [J]. 华北理工大学学报：社会科学版, 2016, 16 (4)：10 − 12.

升，青年男女性别比快速攀升，必须鼓励生育，并改变重男轻女的观念，以调整人口性别结构。[①] 刘庆山、胡学平和来江涛从将人口数量分性别计算、将迁移人口改为流动变动人口等方面修正了宋健人口发展方程，测算出安徽省若总和生育率保持递减，将会造成人口总量自 2018 年开始下降，2020 年后下降速度加快，与此同时，老年人口基数快速上升，劳动人口比例下降，养老负担加重。[②]

综上所述，20 世纪 90 年代至今，学界对上述主题的研究进一步深化、拓展，创新了生育对人口控制的数学模型，测算了人口总量与年龄结构，探讨人口总量负增长、低生育率下人口结构变化的若干趋势，论证了人口总量负增长下调整人口结构、提高人口素质的相关政策建议。这些研究从视角、对象和方法的层面为本书的研究奠定了基础。

但相关研究仍存有待完善之处：一是所提出的人口规模未考虑人口与经济社会、资源环境的协调，较缺乏人口控制理论及方法应用；二是已有研究对生育率的设置，主要围绕当时生育政策，设置较为有限的取值范围和提高总和生育率的有限方案，如章晓英设置总和生育率在 1.0～1.45，朱建平等设置总和生育率在 0.88～1.66，刘庆山等根据安徽从 2010 年总和生育率 1.94 下降到 2015 年的 1.24 设置了高、中、低三种总和生育率的方案等，而对于与时俱进放开生育政策后，现在到 2050 年中国总体总和生育率变化趋势的研究尚较缺乏。

本书力图完善上述不足：其一，拟按照控制论系统研究在中国适度人口规模控制目标下的 2050 年人口总量及相应的总和生育率渐进降低的优选方案，视角更为清晰、全面，符合国情；其二，着眼于守牢 2050 年中国适度人口规模 11.70 亿人下限，考虑生育率长期持续低迷的趋势，设置总和生育率逐渐下降的多方案，明辨生育持续下降时，生育水平的极限或临界状态，使提出的对策建议将更具针对性；其三，针对已有研究内容侧重分析不同生育率影响下的人口规模，对人口结构与人口转变指标的分析较少的问题，将分析指标拓展到人口规模、年龄结构、性别结构等，力求兼顾人口规模、人口结构、人口转变，使研究内容更具全面性。

---

① 朱建平，欧阳汉，杨阳. 不同计划生育政策下的人口结构预测：基于多胎次两区域人口发展模型 [J]. 数理统计与管理，2017，36（6）：968.

② 刘庆山，胡学平，来江涛. 基于修正人口发展方程对安徽省人口的预测分析 [J]. 高师理科学刊，2022，42（1）：6.

三、研究方法

本章采用人口控制理论的研究方法，设定 2050 年中国人口规模达到适度人口规模目标，构建数学模型来模拟中国人口发展过程。分析 2025—2050 年中国人口发展趋势并总结其规律，本研究将中国适度人口规模目标下的不同生育水平作为人口控制系统的控制信息，以生育水平作为人口系统的输入信息，由此获取人口总量和结构变化的输出信息，研判人口负增长发展趋势下的生育水平极限或临界状态，由此提出按地区分类渐进提升总和生育率水平，守牢生育率警戒线的应对策略，从而为中国的未来发展创造良好的人口基础。

第二节 适度人口规模目标与生育水平分析

一、中国人口发展过程的数学模型

本章运用人口发展过程方程模型进行研究，该模型的优点在于，它基于大规模的人口统计数据，能够综合考虑出生、死亡、迁移对人口规模的影响，便于进行模拟计算。从控制论的角度来看，该模型实质上是对婴儿出生率进行开环控制，通过调控总和生育率来调控婴儿出生率，以达到理想的人口规模。[①]

（一）模型的前提假设

构建的人口发展过程方程模型基于以下前提假设：第一，假设 2025—2050 年只考虑中国国内的人口迁移，不考虑中国与其他国家间的国际人口迁移；第二，不考虑战争、灾害、疾病等不可预见因素对人口的影响；第三，预测期间政府人口发展的政策与现阶段基本相同；第四，预测期间没有强制性移民的政策。

---

① 刘红良. 数学模型与建模算法 [M]. 北京：科学出版社，2016.

在模型构建中应重点考虑以下参数：第一，分性别、分年龄的人口总数；第二，分性别、分年龄的出生人口数；第三，分性别、分年龄的死亡人口数；第四，分性别、分年龄的迁移人口数；第五，妇女的生育模式；第六，总和生育率；第七，女婴占出生人口的比例。

（二）模型的构建

1. 模型设置

设 t 为年度（$t = 2025$，2030，$\cdots$，2050），i 为年龄，$\varphi(t)$ 代表 t 年度的婴儿出生人数，$\beta(t)$ 为 t 年度的妇女总和生育率，$h_i(t)$ 为 i 岁的妇女在 t 年度的生育模式，$N_i^F(t)$ 为 t 年度年龄满 i 岁但不满 $i+1$ 岁的女性人口数，$N_i^M(t)$ 为 t 年度年龄满 i 岁但不满 $i+1$ 岁的男性人口数，$N_i(t)$ 为 t 年度的总人口数，$d_{00}^F(t)$ 为 t 年度的女婴死亡率，$d_{00}^M(t)$ 为 t 年度的男婴死亡率，$d_i^F(t)$ 为 t 年度的女性人口死亡率，$d_i^M(t)$ 为 t 年度的男性人口死亡率，$d_i(t)$ 为总体人口死亡率，$k(t)$ 为 t 年度的女婴占出生人口的比例，$g_i(t)$ 为 t 年度的迁移人口，a_1 为育龄妇女年龄区间的下限，a_2 为育龄妇女年龄区间的上限，m 为生存最高年龄。构建中国人口发展过程方程模型如下：

$$\varphi(t) = \beta(t) * \sum_{i=a_1}^{a_2} h_i(t) N_i^F(t) \tag{7-1}$$

$$N_0^F(t) = (1 - d_{00}^F(t)) k(t) \varphi(t) \tag{7-2}$$

$$N_0^M(t) = (1 - d_{00}^M(t))(1 - k(t)) \varphi(t) \tag{7-3}$$

$$N_i^F(t+1) = (1 - d_{i-1}^F(t)) N_{i-1}^F(t) + g_{i-1}(t) \tag{7-4}$$

$$N_i^M(t+1) = (1 - d_{i-1}^M(t)) N_{i-1}^M(t) + g_{i-1}(t) \tag{7-5}$$

$$N_i(t+1) = N_i^F(t+1) + N_i^M(t+1) \quad i = 1, \cdots, m \tag{7-6}$$

2. 相关函数设定、变量取值、参数设置

根据上述参数的含义，结合 2020 年第七次人口普查数据以及 2020 年我国卫生健康事业发展统计公报中的婴儿死亡数据，假设预测期间女婴占出生人口的比重以及婴儿死亡率保持稳定，即 $k(t) = 0.473$；$d_{00}^F(t) = d_{00}^M(t) = 5.4‰$。

按学界通用界定育龄妇女年龄的下限值和上限值以及最高年龄设定相关参数：$a_1 = 15$；$a_2 = 49$；$m = 100$。

模型中的妇女生育模式 $h_i(t)$、死亡率 $d_i(t)$ 是关键变量，可根据其含义对其函数形式与取值给出合计准确的估计。

大量人口统计数据表明，生育模式的变化趋势可用 gamma 分布密度曲线表示，对年龄为 i 岁的妇女，t 年度生育模式 $h_i(t)$ 可表示为：

$$h_i(t) = \begin{cases} \dfrac{(i-a_1)^{i-1} e^{-\frac{i-a_1}{\theta}}}{\theta^i \Gamma(i)}, & i > a_1 \\ 0, & i \leqslant a_1 \end{cases} \qquad (7-7)$$

其中，a_1 为年龄 i 的取值下限，$a_1 = 15$，θ 是可调节的参数，使 $h_i(t)$ 达到最大值的 i 为生育峰值年龄，记为 i_{max}：

$$i_{max} = i\theta - \theta + a_1 \qquad (7-8)$$

其中 $\theta = \dfrac{i_{max} - a_1}{i - 1}$，由此确定 θ，由计算机模拟测算，n 为正整数。

人口转变理论揭示了各国死亡水平变化的共同规律是，死亡率随着经济发展和社会进步逐渐下降，影响机制可表示为下述死亡率外推函数：

测算预测期间 5 岁及以内婴幼儿死亡率为：

$$d_i(t) = d_i(t-1)(1-s_1), i \leqslant 5; \qquad (7-9)$$

测算预测期间 6~49 岁人口死亡率为：

$$d_i(t) = d_i(t-1)(1-s_2), 6 \leqslant i \leqslant 49; \qquad (7-10)$$

测算 50 岁以上人口死亡率为：

$$d_i(t) = d_i(t-1)(1-s_3), 50 \leqslant i \leqslant 100 \qquad (7-11)$$

其中 s_1、s_2、s_3 为死亡率衰减因子，根据第六次和第七次人口普查相关数据，参考《2020 年我国卫生健康事业发展统计公报》《中国儿童发展纲要（2021—2030 年）》统计监测报告以及卫健委公布的相关数据，设预测期间上述死亡率衰减因子取值为：

$$s_1 = 0.00385; \quad s_2 = 0.000395; \quad s_3 = 0.002$$

据此，以 2020 年分年龄分性别死亡率为基础数据，按照各年度的死亡率衰减因子推算 2025—2050 年人口死亡率。

前文根据前进法测算了 2020 年中国人口净迁移率约为 0.008，本章假设预测期间净迁入中国的人口数占总人口数的比重 $\gamma = 0.008$，设预测期间各年度分年龄、分性别的人口均按照这一比例有序迁入中国，则：

$$g_i(t) = g_i^M(t) + g_i^F(t)$$
$$g_i^M(t) = \gamma * N_i^M(t)$$

$$g_i^F(t) = \gamma * N_i^F(t) \qquad\qquad (7-12)$$

二、中国妇女总和生育率渐进降低模拟方案设置

总和生育率取值在 0.1~1 的模拟方案如下。

针对目前妇女总和生育率下降的趋势，控制 2050 年生育率下降的范围在 0.1~1，设置了 10 套生育率渐进下降或维持不变的模拟方案。

总和生育率取值在 1~0.1 的生育率渐进降低方案或维持不变的生育模拟方案具体参数设置如表 7-1 所示。

表 7-1　2025—2050 年中国妇女总和生育率取值 1~0.1 渐进降低模拟方案

方案序号	预测期间总和生育率 $\beta(t)$					
	2025	2030	2035	2040	2045	2050
方案一	1	0.82	0.64	0.46	0.28	0.1
方案二	1	0.84	0.68	0.52	0.36	0.2
方案三	1	0.86	0.72	0.58	0.44	0.3
方案四	1	0.88	0.76	0.64	0.52	0.4
方案五	1	0.9	0.8	0.7	0.6	0.5
方案六	1	0.92	0.84	0.76	0.68	0.6
方案七	1	0.94	0.88	0.82	0.76	0.7
方案八	1	0.96	0.92	0.88	0.84	0.8
方案九	1	0.98	0.96	0.94	0.92	0.9
方案十	1	1	1	1	1	1

资料来源：根据总和生育率 1~0.1 匀速下降设置的各方案参数取值。

上述模拟方案有助于全面分析 2050 年达到适度人口规模的控制目标，在不同的总和生育率水平下，探讨人口规模与人口结构在预测期间的变化趋势，使其趋于合理的妇女生育水平。

三、模型的求解与人口控制方案

本书根据 2050 年中国适度人口目标提出人口控制方案，控制人口之目的

是在适度人口能够促进人口与经济社会、资源环境发展相协调的前提下，使人口的规模与结构趋于合理，研究的目的是探索在不同的适度人口目标条件下，中国人口规模与人口结构变化的规律性，从而为决策部门编制人口规划、制定可行的生育政策等提供科学依据。

（一）不同生育率渐进降低模拟方案下的人口总量

不同于第三章根据 2000—2020 年总和生育率历史数据进行的人口规模灰色预测，本章生育率渐进下降或维持不变方案是基于人口控制的思路，根据发展态势，控制 2050 年人口规模目标和 2025—2050 年生育率下降的范围内，推算 2050 年人口规模与人口结构，根据适度人口规模目标的取值并结合社会经济发展的需要，探究生育率下降的"警戒线"。

2050 年总和生育率在 0.1 ~ 0.5 的中国人口规模缩减如表 7 – 2 所示，其中 $\beta(t)_{2050} = 0.1 ~ 0.5$ 。

表 7 – 2　2050 年总和生育率在 0.1 ~ 0.5 的中国人口规模缩减　（单位：亿人）

年份	生育率渐进下降模拟方案				
	方案一（TFR = 0.1）	方案二（TFR = 0.2）	方案三（TFR = 0.3）	方案四（TFR = 0.4）	方案五 TFR = (0.5)
2050	11.597	11.610	11.624	11.637	11.650

资料来源：采用表 7 – 1 中的总和生育率渐进降低参数和人口发展方程计算得到。

如上表所示，按方案一，总和生育率从 2025 年的 1 左右降低到 2050 年的 0.1，2050 年的人口总量为 11.597 亿人；按方案二，总和生育率从 2025 年的 1 左右将减少到 2050 年的 0.2，2050 年的人口总量为 11.610 亿人；按方案三，总和生育率从 2025 年的 1 减少到 2050 年 0.3 左右，2050 年的人口总量为 11.624 亿人；按方案四，总和生育率从 2025 年的 1 缓慢减少到 2050 年 0.4 左右，2050 年的人口总量为 11.637 亿人；按方案五，总和生育率从 2025 年的 1 减少到 2050 年的 0.5 左右，2050 年的人口总量为 11.650 亿人。

2050 年总和生育率在 0.6 ~ 1.0 的中国人口规模如表 7 – 3 所示，其中 $\beta(t)_{2050} = 0.6 ~ 1.0$ 。

表 7 - 3　2050 年总和生育率 TFR = 0.6 ~ 1.0 的中国人口规模表　　　　（单位：亿人）

年份	生育率渐进下降模拟方案				
	方案六 （TFR = 0.6）	方案七 （TFR = 0.7）	方案八 （TFR = 0.8）	方案九 （TFR = 0.9）	方案十 （TFR = 1.0）
2050	11.663	11.676	11.689	11.702	11.738

资料来源：采用表 7 - 1 中的总和生育率渐进降低参数和人口发展方程计算得到。

如表 7 - 3 所示，按方案六，总和生育率从 2025 年的 1 左右降低到 2050 年的 0.6，2050 年的人口总量为 11.663 亿人；按方案七，总和生育率从 2025 年的 1 左右减少到 2050 年的 0.7，2050 年的人口总量为 11.676 亿人；按方案八，总和生育率从 2025 年的 1 缓慢减少到 2050 年 0.8 左右，2050 年的人口总量为 11.689 亿人；方案九，总和生育率从 2025 年的 1 缓慢减少到 2050 年 0.9 左右，2050 年的人口总量为 11.702 亿人；按方案十，2025—2050 年总和生育率维持在 1 左右，2050 年的人口总量为 11.738 亿人。

根据本书测算，2050 年的中国人口总量为 12.56 亿人，位于 10.19 亿 ~ 12.68 亿人的区间内，为寻找与生育率渐进下降方案相匹配的适度人口规模，故在此区间设置分阶段人口规模目标，使人口规模按照不同速度渐进地达到最大值，如表 7 - 4 所示。

表 7 - 4　优良适度人口规模目标阶段划分　　　　（单位：亿人）

三阶段	四阶段	五阶段	六阶段	七阶段	八阶段	九阶段	十阶段
10.19	10.19	10.19	10.19	10.19	10.19	10.19	10.19
11.02	10.81	10.69	10.61	10.55	10.50	10.47	10.44
11.85	11.44	11.19	11.02	10.90	10.81	10.74	10.69
12.68	12.06	11.68	11.44	11.26	11.12	11.02	10.94
	12.68	12.18	11.85	11.61	11.44	11.30	11.19
		12.68	12.27	11.97	11.75	11.57	11.44
			12.68	12.32	12.06	11.85	11.68
				12.68	12.37	12.13	11.93
					12.68	12.40	12.18
						12.68	12.43
							12.68

资料来源：本书表 6 - 4　2050 年中国适度人口目标值表。

根据表 7 – 4 的数据，对照不同生育率渐进降低方案下可达到的人口规模，综合考虑不同生育率下人口老龄化的程度，优良适度人口规模目标中，人口控制的适宜规模目标应为 11.70 亿~12.56 亿人，由此可得出优良适度人口目标下的生育率渐进降低方案如表 7 – 5 所示。

表 7 – 5   优良适度人口目标下的生育率渐进降低方案优选

年份	优良适度人口规模目标下限 11.70 亿人		
	方案八	方案九（0.9）	方案十
2050	11.689	11.702	11.738

资料来源：采用表 7 – 3 中的数据得到。

由上述分析可见，总和生育率在 0.8~1 的生育率渐进降低方案（方案八、九、十）为优良适度人口目标下的优选方案。

（二）不同生育率渐进降低模拟方案下的人口结构

如果 2025—2050 年总和生育率渐进下降或维持不变（2050 年总和生育率为 0.1~1），测算 2050 年人口结构指标如表 7 – 6 所示。

表 7 – 6   总和生育率在 0.1~1 的 2050 年人口结构指标

方案序号	社会抚养指数	60 岁以上老年人口占总人口的比例（%）	65 岁以上老年人口占总人口的比例（%）	平均年龄（岁）	人口自然增长率（%）	总人口性别比（女性 = 100）
方案一	1.196	53.641	42.660	60.012	$-19.731 * 10^{-3}$	105.516
方案二	1.197	53.580	42.612	59.954	$-19.644 * 10^{-3}$	105.522
方案三	1.199	53.520	42.564	59.896	$-19.556 * 10^{-3}$	105.528
方案四	1.201	53.459	42.516	59.839	$-19.468 * 10^{-3}$	105.534
方案五	1.202	53.399	42.468	59.781	$-19.381 * 10^{-3}$	105.540
方案六	1.204	53.339	42.420	59.724	$-19.293 * 10^{-3}$	105.547
方案七	1.206	53.279	42.372	59.667	$-19.206 * 10^{-3}$	105.553
方案八	1.207	53.219	42.325	59.610	$-19.118 * 10^{-3}$	105.559
方案九	1.209	53.159	42.277	59.553	$-19.031 * 10^{-3}$	105.565
方案十	1.206	53.000	42.150	59.426	$-18.885 * 10^{-3}$	105.581

资料来源：采用表 7 – 1 中的总和生育率渐进降低参数和人口发展方程计算得到。

表7－6显示，总和生育率在1～0.1时，社会抚养负担减轻，2050年社会抚养指数在1.196～1.206，抚养负担较低；人口老化程度加重，60岁以上老年人口占总人口的比例为53.000%～53.641%，65岁以上老年人口规模占总人口的比重为42.150%～42.660%，与此同时，平均年龄上升到59.426～60.012岁；人口自然增长率进一步下降到 $-19.731*10^{-3}$～$-18.885*10^{-3}$；总体人口性别比在105.516～105.581，男女性别结构相对较为均衡。

第三节　生育警戒水平分析与应对策略

一、总和生育率的警戒水平分析

表7－6反映，伴随总和生育率渐进降低，老年人口占比和平均年龄逐渐升高，当总和生育率跌至0.9及以下，会导致人口过度老化，使人口平均年龄接近或超过60岁（方案一～方案九），而人口过度老化极不利于社会发展，生育水平若持续下降，必将导致人口年龄结构进一步失衡以及劳动力供给不足等一系列问题，综合考虑生育率渐进下降或维持不变时的人口规模与结构，笔者认为总和生育率下降的临界点为0.9，综合人口规模和人口结构，应将未来我国人口总和生育率的警戒线设为0.9。我国近年来的总和生育率已徘徊在1附近，本书预测的我国人口总和生育率将从2025年的1.088降至2050年的1.023（见表3－11），将逼近总和生育率的警戒线，为了避免人口负增长进一步加剧和人口过度老化，应尽量避免总和生育率跌破0.9。

二、分类渐进提升生育率守牢生育警戒线

（一）全国31个省（市、区）的总和生育率加权指数测算

中国各地区人口发展趋势不同，总和生育率水平差异较大。2020年上海、黑龙江、北京、吉林、辽宁、天津等六地的总和生育率已经跌破1（见表2－1）；本书第三章对全国31个省（市、区）2050年总和生育率的预测中有新疆、黑

龙江、上海、北京、辽宁、山西、天津等七地的总和生育率将会在1之下。

为便于各地区明确本地总和生育率的发展水平与趋势，根据自身特点，针对性地出台提振生育水平的政策，考虑2020年总和生育率和2050年总和生育率的预测值，测算全国31个省（市、区）的总和生育率加权指数。

对2020年总和生育率和2050年总和生育率进行加权处理，合成总和生育率加权指数 $TFR_{2020-2050}$，$TFR_{2020-2050}=0.5\times TFR_{2020}+0.5\times TFR_{2050}$，并进行归一化，将各省归一化的总和生育率加权指数进行排序，结果如表7-7所示。

表7-7　2050年全国31个省（市、区）总和生育率加权指数

省（市、区）	总和生育率加权指数 $TFR_{2020-2050}$	省（市、区）	总和生育率加权指数 $TFR_{2020-2050}$
西藏	1.00	内蒙古	0.48
甘肃	0.84	四川	0.48
广西	0.84	湖北	0.45
贵州	0.80	陕西	0.45
广东	0.72	重庆	0.42
福建	0.68	山西	0.41
宁夏	0.66	江苏	0.40
山东	0.65	浙江	0.39
青海	0.62	吉林	0.36
海南	0.57	天津	0.35
云南	0.57	辽宁	0.35
河南	0.53	北京	0.33
安徽	0.52	新疆	0.31
湖南	0.50	上海	0.29
河北	0.49	黑龙江	0.26
江西	0.49		

资料来源：根据本书表2-1数据和对31省（市、区）2050年总和生育率的预测值测算得到。

（二）不同地区渐进提高总和生育率的方案建议

表7-7中的总和生育率加权指数，表示31个省（市、区）预测期间总和生育率的可能水平，加权指数高代表预测期间的总和生育率高，反之，亦然。根据表7-7中的总和生育率加权指数，将全国31个省（市、区）分成五类地

区，提出渐进提高总和生育率的方案建议如下。

第一类地区：生育率水平最低地区（总和生育率加权指数小于0.40）。即总和生育率现在已经跌破和未来将可能会跌破总和生育率的警戒线0.9，包括黑龙江、上海、新疆、北京、辽宁、天津、吉林、浙江，需制定分阶段提升生育率目标，针对性地出台人口政策，采取行之有效的措施，于2025—2050年将本地的总和生育率渐进提升至1～1.3。

第二类地区：生育率水平较低地区（总和生育率加权指数为0.40～0.50）。即总和生育率未来将可能在1.1左右，包括江苏、山西、重庆、陕西、湖北、四川、内蒙古、江西、河北，需制定分阶段提升生育率目标，于2025—2050年将本地的总和生育率渐进提升至1.3～1.5。

第三类地区：生育率水平居中地区（总和生育率加权指数为0.50～0.60）。即总和生育率未来将可能在1.3左右，包括湖南、安徽、河南、云南、海南，需制定分阶段提升生育率目标，于2025—2050年将本地的综合生育率渐进提升至1.5～1.8。

第四类地区：生育率水平较高地区（总和生育率加权指数为0.60～0.80）。即总和生育率未来将可能在1.9左右，包括广东、福建、宁夏、山东、青海，需制定分阶段提升生育率目标，于2025—2050年将本地的总和生育率渐进提升至2.1～2.5。

第五类地区：生育率水平最高地区（总和生育率加权指数为0.80～1.00）。即总和生育率未来将可能在2.1以上，包括西藏、甘肃、广西、贵州，需制定分阶段提升生育率目标，于2025—2050年将本地的总和生育率渐进提升至2.5～3.0。

如此分类渐进提升总和生育率水平，守牢生育率的警戒线，力争2050年实现中国适度人口规模目标。

第八章　对策建议

中国自 1991 年总和生育率降至 1.93，跌破 2.1 的更替水平，至今已 30 余年，从而积蓄了巨大的人口负增长能量。2022 年，我国在极低生育水平下步入人口负增长，预计此后将长期处于快速、迅猛的人口负增长趋势中。特别是我国 1962—1973 年"婴儿潮"出生的 3 亿左右人口将于 2045 年后左右步入死亡高潮，根据本书第三章的预测，2045 年起我国人口负增长趋势将加速。我国亟须根据基本国情，尽快制定并不断完善相关政策体系和制度框架，以减轻人口负增长对社会经济发展的冲击力，缓解人口负增长的各种负效应，促进人口与经济社会长期协调、稳定地健康发展。为此，提出以下对策建议。

一、尽快构建并统筹实施提升生育水平的人口政策支持体系

减缓人口负增长趋势，必须着力于多维度减轻家庭经济负担，切实降低医疗、托养、就学、住房等生育、养育成本，构建并统筹实施具有全面性、系统性、可持续性的生育支持政策体系，促进生育水平的提高，以实现 2050 年11.70 亿~12.56 亿人的适度人口目标。

（一）健全完善覆盖全体人民的全生命周期社会保障

全生命周期的社会保障应包括孕育、出生、抚养、就学、就业、医疗和安居、济困和养老等人生全过程的基本公共服务和社会福利保障。

一要尽快扩大生育保险覆盖面。据国家医保局公布的医疗保险和生育保险收支情况显示，2022 年生育保险参保人数为 2.41 亿人，而据《中国统计年鉴2023》相关数据计算的 2022 年育龄妇女人数约为 3.21 亿人，生育保险覆盖面约为 75.08%，须扩大生育保险覆盖面，做到应保尽保，以降低孕育成本。

二要将辅助生殖纳入医疗保险。为更好地挖掘与保护育龄群体生育潜能，

应制定完善人工辅助生殖技术相关法规，合法利用人工辅助生殖技术释放育龄群众的生育潜能，逐步放开人工辅助生殖服务，并将其纳入医疗保险，以利降低孕育成本，促进我国生育水平的提高。

三要尽早建立未成年人的医疗保险。针对未成年人只能参加居民医疗保险、医疗费用报销的比例低、育儿的医疗成本相对较高的状况，应尽早设立未成年人的医疗保险，降低育儿的医疗成本。

四要规定普惠式的育儿津贴。界定国家分担养育少年儿童的成本与责任，设立最基本的育儿经济安全保障。

五要强化社会保障补贴对生育的支持力度。为那些因女职工生育产生额外成本的用人单位提供社保补贴，减轻用人单位的经济负担；对雇用女职工达到一定比例的用人单位，设计相应的企业生育保险缴费扣减优惠政策。

六要不断提高幼儿托育服务的质量。由政府、企业、社区和第三方组织共同参与托育服务，服务的提供应兼顾个性化需求与普惠性需求，服务内容应多样化，针对不同年龄段的幼儿提供服务，提升托育服务行业从业人员的素质，提供高质量的服务，国家通过免税等方式支持引导托育服务的发展，引导 0～3 岁婴幼儿公共托育服务的可持续发展，支持引导各地政府因地制宜规划、建设公共托育服务，降低托养成本。

（二）将学龄前教育和高中教育纳入义务教育

入学难、学费贵一直是降低生育意愿和生育水平的重要原因。将学龄前教育和高中教育纳入义务教育，对于降低教育成本、提高生育意愿和生育水平极为必要；2001—2021 年，我国普通小学和初中的在校生人数合计已经在总量上减少了 17.1%。[①] 伴随人口负增长的发展，义务教育阶段的人数将会进一步显著减少，若我国公共教育支出仍保持占 GDP 4% 的比例不变，教育资源的充足度将明显提升，将 9 年义务教育向两头延展也是可行的。目前，全国已有多地延长了义务教育。

为了应对严峻的人口负增长趋势，无论是从减轻家庭教育经费支出以提振生育水平，还是从适应新质生产力发展提升新成长劳动力质量视角看，都应及

---

① 蔡昉. 人口负增长时代：中国经济增长的挑战与机遇［M］. 4 版. 北京：中信出版集团，2023：229.

时修订《中华人民共和国义务教育法》（2018 年），把学龄前教育和高中教育纳入义务教育。

（三）创新政策支持体系，营造生育友好型社会环境

从就业、税收、住房等方面创新政策支持体系。在就业方面，切实减轻育龄群体竞争压力，针对女性需要兼顾职业和家庭的特点，建立短工与灵活就业人员的计时工资与福利保障的配套法规，充分发挥女性就业潜力，减轻"内卷"现象，鼓励育龄群体回归家庭，鼓励企业制定女职工弹性工作绩效考核办法与职业晋升方案；在税收方面，调整育龄妇女个税缴纳的政策，制定标准，降低或免除育龄夫妇孕育期、养育期的税负，提高其生育意愿；对初婚与初育的夫妇申请或调换公租房时优先分配；对孕育期、养育期的家庭优先提供保障性住房；对多孩家庭提高公积金贷款额并发放相应的住房消费券或补贴券等。从就业、税收、住房等方面予以育龄群体政策支持，切实减少生育、养育孩子的后顾之忧，提高育龄群体的生育意向。

提高生育水平的政策涉及不同领域的多个部门，要注重统筹协调，综合施策，发挥政策联动效应，切实降低生育、养育成本，促进生育水平提高。

二、实现"三个转向"不断完善家庭政策

预测结果显示，我国家庭平均每户人口将从 2025 年的 2.62 人减降到 2050 年的 1.66 人。随着家庭规模日趋小型化，家庭功能弱化风险将进一步增大，生育行为一般以家庭为单位进行，养育幼儿是家庭的基本功能，生育水平低迷的解决之道应归于人口家庭政策的变革创新，完善家庭政策需逐步实现三个转向。

（一）家庭政策需从面向个人转向家庭

要改变我国以往家庭政策以个人为面向对象的陈旧思路，以家庭为单位制定福利保障政策，通过支持和强化家庭的功能，使独生子女一代的个体理性转变为以家庭为单位的集体理性，进而提供个人所需的福利与保障。以家庭为单元，将现有的生育政策、儿童政策、养老政策整合到家庭政策中去，以完全涵盖不同个体的多样需求为目的，增强家庭政策的包容性。以家庭发展为本，依

托预防性和发展性的家庭政策理念，家庭政策还应关注家庭生命周期的六阶段——单身阶段、新婚阶段、养育年幼子女阶段、养育青少年子女阶段、子女离家立业阶段、夫妻空巢阶段，根据这六大阶段设计家庭成员人际管理、资源管理、压力管理和风险管理等家庭政策内容，切实提升家庭应对较长时间跨度下的社会变迁风险能力，强化家庭功能，增强家庭生育、养育能力。

（二）家庭政策需由"补缺型"转变为"支持型"

"补缺型"主要面向贫困、残障等功能不完整的特殊家庭提供能弥补家庭功能的补救政策，只能在家庭出现问题时给予救助，并不能促进家庭的完善与发展。现阶段"三孩"政策正在落实，然而，家庭养老、育幼的功能趋于弱化，为了缓解社会化的养老、托幼压力，也为了促进家庭的稳定，必须强化家庭发展能力，为承担养老、育幼的家庭成员提供更完善的津贴、免税等支持政策，由此提高家庭生育收益并降低生育成本，提升育龄人群生育意愿。

"支持型"家庭政策应包括法律支持、时间支持、经济支持、服务支持：法律支持方面，从促进家庭健康发展、促进女性发展、促进性别平等为取向，出台《家庭保护法》统筹民法、行政法、刑法三方面，对家庭提供法律体系完整、法规协调一致的家庭法律制度。时间支持方面，宜提供涵盖照护假期、生产假期、育儿假期等时间充足且带薪的休假，给予家庭成员充分的时间支持他们提供家庭照料；经济支持方面，以家庭为单位，为家庭成员提供托幼、教育、住房、赡养老人等方面的津贴或税收减免，通过经济扶助来增强家庭的功能；服务支持方面，面向家庭建立托幼服务、老年教育服务和养老服务体系，提高服务质量。

尤其应针对"生、养"两个环节，为相关主体提供法律支持、时间支持、服务支持和现金支持。一方面，家庭政策应通过立法，实现家务劳动有偿化、在企业设立职工当父母后可以共享的带薪育儿假期或者设计具有一定强制性的父亲育儿假期，强化父亲照顾孩子的职责；创建更多托幼公共服务机构，减少职业女性做母亲后生养子女的时间投入、服务投入，增加其经济收入，由此激励育龄职业妇女的生育行为；另一方面，结合目前的育龄群体实际情况，家庭保育政策应向拥有两孩及以上的贫困家庭提供倾斜的现金支持：为收入水平低于一定标准的家庭提供养育子女津贴，津贴额度与家庭收入和生育水平挂钩，家庭年收入越低，家中 18 岁及以下子女的数量越多且家中 18 岁以内子女的平均年龄越大，相应获取津贴的额度应越高，由此，为多子女家庭的发展和生活水平的提升创造一定的条件，避免"越生越穷、越穷越生"的恶性循环。

（三）家庭政策要由"碎片化"转为"系统化"

要转变我国的家庭政策由多部门制定，各部门之间缺乏整合与协商，政出多门导致家庭政策的分散化、碎片化，无法有效适应家庭需求的状况，一方面，要建立统一的家庭政策制定机构，以统一的机构为主导，有效整合家庭政策，在政府机构中常设负责家庭问题与家庭事务的专门机构，履行支持家庭发展、强化家庭生育、养育幼儿、赡养老人方面的能力的职责；另一方面，要统筹衔接家庭政策的内容，针对家庭需求，整合个体和家庭应享有的福利权益，以实现个人和家庭福利的优化配置。

通过家庭政策的三种转向，构建政府、社会、家庭"共建共治共享"的家庭发展新格局。不断提升家庭发展能力，强化家庭对生育的支持功能，从而提高生育水平。

三、逐步降低出生人口性别比

本书模拟结果显示，预测期内我国人口性别比将呈逐渐提高趋势，2050年我国育龄群体性别比将在 111.21～116.06，男女比例将严重失衡，对提高生育水平极为不利。必须采取以下对策，治理性别比失调，降低出生人口性别比，促进生育水平的提高。

一要构建完善的社会保障机制，解除民众养儿防老后顾之忧，逐步改变生育男孩的偏好。

二要通过立法建立利益导向机制，教育法和家庭保护方面的立法要明确整个受教育的阶段强调男女性别平等，通过立法和税收等途径处罚那些因女职工结婚、怀孕、生育而辞退女职工的企业，改变重男轻女的观念，倡导社会性别平等，大力开展关爱女孩行动，纠正就业、教育等领域的性别歧视。要改变重男轻女文化的影响，需要推进新型生育文化建设，国家应引导家庭消除男孩偏好，要制定相关法规，鼓励子女跟随母系姓氏，对跟随母系姓氏子女的父母给予养老保障方面的优惠和倾斜。我国传统上，子女跟随父系姓氏、养儿防老这些封建思想都导致人们希望生男孩。要从源头上治理出生人口性别比，就必须改变由男性主导的传宗接代的封建思想，这样才能在提高出生率的同时，控制出生人口性别比。

三要从经济、教育、政治、职业发展、福利保障、居住、技术着手全方位地优化女性的发展环境：第一，大力推进乡村振兴，农村相对经济落后，农民思想相对保守，性别歧视多发生于农村，因此，只有提振农村经济，提高农民素质，改变农民的思想，才能遏制我国重男轻女的社会风气；第二，增强对女性的教育投入，从义务教育到高等教育阶段，实施"女生优先"的助学金、奖学金；第三，提高女性干部参政的水平和层次，提升女性政治地位，进而拓宽女性维护自身权益的渠道，助推男女政治平等；第四，在职业发展的晋升、加薪、评优评先方面，相关评选办法向女性倾斜；第五，进一步健全城乡一体的社会保障体系，进一步弱化"养儿防老"观念，实现生儿生女的父母能平等享有养老权益；第六，在购买婚房上，通过立法明确男女双方共担购买婚房的责任，从而为女性营造公平的婚后生活环境；第七，加强对 B 超等干扰正常出生性别比的技术手段的惩罚力度，严格执法，严厉查处 B 超管理上的法律漏洞。

四、努力提升人口素质为新质生产力发展积累人力资源

劳动力供给由劳动年龄人口规模和劳动年龄人口的劳动参与率共同决定。

（一）按新质生产力发展要求提高人口素质

本书的预测期间将是我国新质生产力迅速发展时期，新质生产力的发展会对劳动力提出新的要求，劳动力必须具有新知识、新技能、新思维才能适应新质生产力的发展需要。

从量上看，伴随预测期间人口规模负增长，我国劳动年龄人口将从 2025 年的 7.98 亿人持续下降到 2050 年的 5.45 亿人，对劳动力供给规模将造成极大影响；从质上看，2019 年中国 25 岁及以上人口平均受教育年限为 8.1 年，低于世界平均水平。[①] 应对劳动年龄人口"数量"的减少，必须着眼新质生产

---

① 蔡昉. 人口负增长时代：中国经济增长的挑战与机遇 [M]. 4 版. 北京：中信出版集团，2023：227.

力的发展，努力提升劳动力人口"素质"。

一是职校与高校联合提升人口素质。大力促进劳动力人口的职业教育的发展。让职业教育充分发挥提升人口素质的作用，由此带动经济增长，要将职业教育全面提升人口素质、促进人力资源开发作为预测期间我国经济社会发展的关键战略。要根据新质生产力的发展需要，逐渐完善现代职业教育体系：建设由职业高等教育和普通高等教育两大子系统构成的高质量的高等教育体系，实现职业高等教育子系统与普通高等教育子系统的有机融通。一方面，建立并完善职业教育内部分层体系，构建由中职、高职、应用型本科、专业硕士和专业博士构成的应用型学位授予权纵向分层，在学位授予标准等方面强调职业能力素质；另一方面，实现职业教育与普通高等教育之间的交错沟通机制，以转学为核心，实现职业教育与普通高等教育之间的课程互选、学分与学位互认，使劳动者能在职业教育和普通高等教育之间实现灵活转变。通过这两方面共同发力，实现职业教育和普通高等教育的有机统一，为劳动力人口素质的提升提供更多的机会与可能性。

二是企业与院校联合提升劳动力素质。为适应新质生产力对人口素质的要求，要聚焦新质生产力的重点产业和项目，进行分层次的培训。对高层次拔尖人才，采用科教融合创新培训区域的模式，从培训主体、培训平台、培训方案等方面激发高层次拔尖人才创新活力。由科技领军企业和高校协同共建培训区域，培训区域内部设立博士后工作站、联合实验室、校企共建孵化器等平台，面向硕士、博士等高层次拔尖创新人才制定校企联合培养方案，使人才成长与企业源头创新需求有效对接；对创新型人才，进一步优化订单式培训模式，从基金支持、培训对象、需求导向、培训目的、培训方案、成才流程六方面，以企业需求为导向选拔人才，以协同提高创新技能人才的创新能力和实践能力为培训目的进行培训；对一般企业员工，根据企业新质生产力发展需求制定培训方案和培训制度，实行制度化培训。由此打造与企业发展新质生产力相适应的人才成长流程，重塑"选拔人才、培养人才、人才成长"的全链条。

（二）提升劳动参与率

人口负增长将加剧劳动年龄人口年龄结构老化。根据本书第三章的测算结果，2050年我国65岁以上老年人口占总人口的比重将显著增长，2050年时60~69岁年龄组的老年人口规模将接近2亿人，提升劳动参与率的重点人群应是 40～69 岁的中老年群体。

应加强就业政策对 40～69 岁中老年人群的倾斜，实施延迟退休政策的同时，完善弹性退休制度和老年人再就业制度，启动大龄劳动力人力资本开发，提升大龄劳动力的就业技能。本书测算出预测期间全国女性预期寿命 81.58 岁，高于男性 0.95 岁，而目前大部分女性退休年龄在 50～55 岁，促进 50 岁以上的中老年女性就业能较显著地提升整体就业水平，应把握时机启动大龄女性劳动力人力资源开发计划，提升其劳动参与率。

应构建从中央到省、市、区、街道纵向贯穿的老年人力资源开发机构，形成专门的老年人力资源开发管理机制；构建由社会团体和公益机构等横向主体参与的老年人力资源开发机制，作为纵向贯穿老年人力资源开发机构的补充。多方联动实现老年人力资源开发，政府与企业、社区联动，开发适合老年人的岗位与项目；学校与企业、政府联动，推出实用的就业技能培训。发展针对老年人力资源开发的网络平台，建设老年人力资源信息库和单位信息库，为老年人提供精准高效的就业信息服务。积极开发大龄劳动力人力资源，提升其就业水平。

加大教育投入和人力资本积累，提升劳动力人口的劳动生产率，开发大龄劳动力人力资源，都可以一定程度上增加劳动力人口供应，弥补劳动力人口数量短缺。

五、各地制定分阶段生育率提升目标并精准施策

缓和人口规模负增长加剧的趋势，是生育调控工作的重点。根据本书人口预测结果，各省（市、区）在人口发展趋势上存在差异。各地需因地制宜，根据自身人口规模与人口总和生育率的具体情况，提出分阶段的生育率提升目标，针对性地实行差异化的人口生育政策。

建议将全国 31 个省（市、区）按照总和生育率加权指数从低到高分成五类地区：第一类地区为总和生育率现在已经跌破和未来将可能会跌破总和生育率的警戒线 0.9 的最低生育率地区，第二类地区为总和生育率未来将可能在 1.1 左右的较低生育率地区，第三类地区为总和生育率未来将可能在 1.3 左右的居中地区，第四类地区为总和生育率未来将可能在 1.9 左右的较高生育率地区，第五类地区为总和生育率未来将可能在 2.1 以上的高生育率地区。各地分

别依据自己的生育水平，制定分阶段的生育率提升目标，出台相应的人口调控政策，于2025—2050年将本地的总和生育率渐进提升至1~1.3、1.3~1.5、1.5~1.8、2.1~2.5、2.5~3.0，力争2050年实现中国适度人口规模目标。

本书预测中国人口总体将呈现负增长，将可能从2025年的13.97亿人降至2050年的12.56亿人；全国将有21个省（市、区）在2050年与2025年相比人口呈负增长，其人口占全国人口总量的比重将约为74.36%；2050年中国适度人口规模约在11.70亿~12.56亿人；0.9为我国生育率临界水平和"警戒线"；按上述不同类型地区，将总和生育率从2025年渐进提高，力争2050年达到11.70亿~12.56亿人左右人口规模将是我国人口控制的优选方案；中国人口适度规模目标的实现具有较大可能性，需从尽快构建并统筹实施提升生育水平的人口政策支持体系、不断完善家庭政策、逐步降低出生人口性别比、提升人口素质为新质生产力发展积累人力资源、制定分阶段生育率提升目标精准施策等方面不懈努力，把可能变为现实，最大限度地化解人口负增长的负效应，促进中国人口与社会经济长期协调、稳定、健康地发展。

参考文献

［1］ BLOOM D E, CANNING D, SEVILLA J. The demographic dividend: a new perspective on the economic consequences of population change ［M］. Santa Monica, United States: RAND, 2003.

［2］ BRAGGARTS J, HODGSON D. Fertility transition in the developing world ［M］. Cham: Springer Nature, 2022.

［3］ CALDWELL J C, CALDWELL B . Demographic Transition Theory ［M］. Dordrecht: Springer Netherlands, 2006.

［4］ CLAUS I, OXLEY L. China's economy: a collection of surveys ［M］. Newark: Wiley, 2014.

［5］ SEMINAR ON THE IMPLICATION OF A STATIONARY OR DECLINING POPULATION, COUNCIL OF EUROPE, EURIMAGES. Implications of a declining or stationary population ［M］. New York: St. Martin's Press, 1978.

［6］ DAY L H. The future of low – birthrate populations ［M］. London, New York: Routledge, 1992.

［7］ XI ZHE. Demographic transition in China: fertility trends since the 1950s ［M］. Oxford England: Clarendon Press, 1991.

［8］ HARPER S. How population change will transform our world ［M］. Oxford, England; New York, New York: Oxford University Press, 2016.

［9］ HOSPERS G, Reverda N. Managing Population Decline in Europe's Urban and Rural Areas ［M］. Cham: Springer International Publishing, 2015.

［10］ JOBES P C, WYCKOFF W, WILSON C. Population decline in montana ［M］. Bozeman, Mont. : Montana State Univ, 2017.

［11］ KUMAGAI F. Municipal Power and Population Decline in Japan: Goki – Shichido and Regional Variations ［M］. Singapore: Springer Singapore, 2020.

［12］ LUTZ W, BUTZ W P, SAMIR K. World population and human capital in the twenty – first century: an overview ［M］. Oxford: Oxford University Press, 2020.

［13］ MCINTOSH C A. Population policy in western Europe: responses to low fertility in France, Sweden, and West Germany ［M］. New York: M. E. Sharpe, 1983.

［14］ MORGAN R W. New perspectives on the demographic transition ［M］. Washington: Smithsonian Institution, 1976.

［15］ PEARAON C S. On the cusp: from population boom to bust ［M］. New York: Oxford University Press, 2015.

［16］ TEITELBAUM M S, WINTER J M. The fear of population decline ［M］. Orlando: Academic Press, 1985.

［17］ YEUNG W J. Demographic and Family Transition in Southeast Asia ［M］. Cham: Springer Nature, 2022.

［18］ FENGE R, PEGLOW F. Decomposition of demographic effects on the German pension system ［J］. The journal of the economics of ageing, 2018, 12: 74 – 76.

［19］ HARO A, JOSEP M, GBD 2017 POPULATION AND FERTILITY. Population and fertility by age and sex for 195 countries and territories, 1950—2017: a systematic analysis for the Global Burden of Disease Study 2017 ［J］. The lancet (British edition), 2018, 392: 1995.

［20］ ICHIRO M, TAKEMASA O, NAO S. Macroeconomic Impact of Population Aging in Japan: A Perspective from an Overlapping Generations Model ［J］. IMF economic review, 2016, 64 (3): 408 – 410.

［21］ JAMES M R. The second demographic transition in Japan: a review of the evidence ［J］. China population and development studies, 2022, 6 (3): 267 – 270.

［22］ JARZE BSKI M P, ELMQVIST T, GASPARATOS A, et al. Ageing and population shrinking: implications for sustainability in the urban century ［J］. npj urban sustainability, 2021, 1 (1): 17.

［23］ KIRK D. Demographic Transition Theory ［J］. Population studies, 1996, 50 (3): 361 – 365.

［24］ KOROLENKO A. Population development trends in Russia and China in the 21st century ［J］. Naselenie i èkonomika, 2019, 3 (2): 60 – 64.

［25］ KYUNG A C. Korea's low birth rate issue and policy directions ［J］. Korean journal of women health nursing, 2021, 27 (1): 6 – 9.

［26］ LEE R D, REHER D S. Introduction: The Landscape of Demographic Transition and Its Aftermath ［J］. Population and development review, 2011, 37 (s1): 1 – 2.

［27］ LIANOS T P. Steady State Economy at Optimal Population Size ［J］. Journal of population and sustainability, 2018, 3 (1): 75 – 77.

［28］ NAKATANI H. Aging and shrinking population: The looming demographic challenges of super – aged and super – low fertility society starting from Asia ［J］. Global health & medicine, 2023, 5 (5): 257 – 263.

230

［29］ PEIIN W, SEQUEIRA J, YAN Y. An Empirical Study of the Impact of Consumption on Economic Growth under Negative Population Growth – Based on Panel Data of Countries with Negative Population Growth ［J］. SHS web of conferences, 2023, 154：2005.

［30］ PENG D. Negative population growth and population ageing in China ［J］. China population and development studies, 2023, 7 (2)：95－103.

［31］ TONG W, BEIBEI M, YONGYONG S. Spatio – Temporal Patterns of County Population Shrinkage and Influencing Factors in the North – South Transitional Zone of China ［J］. International journal of environmental research and public health, 2022, 19 (23)：15801.

［32］ NOACK D. The Effects of Demographic Change and the Present Challenges for Human Resource Management in German Local Authorities in Relation to Workforce Planning to Facilitate the Management of Knowledge ［D］. United Kingdom：University of South Wales, 2017：34.

［33］ 白重恩, 蔡昉, 樊纲. 中国经济：直面新问题, 促进新发展 ［M］. 北京：中译出版社, 2024.

［34］ 高建昆. 21 世纪中国大陆适度人口研究 ［M］. 上海：复旦大学出版社, 2015.

［35］ 胡荣华, 孙立成. 我国食物、能源、环境、经济和人口（FEEEP）相关性研究 ［M］. 南京：南京大学出版社, 2015.

［36］ 李新建. 中国人口控制中的政府行为 ［M］. 北京：中国人口出版社, 2000.

［37］ 李竞博. 中国人口老龄化与劳动生产率影响机制及其政策应对 ［M］. 北京：社会科学文献出版社, 2021.

［38］ 刘永良. 上海人口负增长与计划生育 ［M］. 上海：上海科学技术出版社, 1999.

［39］ 刘卓. 新时代人口生育问题研究 ［M］. 成都：西南财经大学出版社, 2023.

［40］ 马瀛通. 数理统计分析人口学 ［M］. 北京：中国人口出版社, 2010.

［41］ 茅倬彦, 祁静. 低生育率下我国生育支持政策研究 ［M］. 北京：中国人口出版社, 2023.

［42］ 保罗·莫兰. 人口版图 ［M］. 路远, 译. 北京：中信出版社, 2023.

［43］ 石智雷. 超低生育率与未来生育政策导向 ［M］. 武汉：武汉大学出版社, 2016.

［44］ 宋健, 于景元. 人口控制论 ［M］. 北京：科学出版社, 1985.

［45］ 王丰, 彭希哲, 顾宝昌. 全球化与低生育率：中国的选择 ［M］. 上海：复旦大学出版社, 2011.

［46］ 魏津胜, 王胜今. 中国人口控制评估与对策 ［M］. 北京：高等教育出版社, 1996.

［47］ 易鹏, 徐永光. 老龄社会发展报告：社会力量参与养老服务供给研究（2022）［M］. 北京：社会科学文献出版社, 2023.

[48] 曾毅，张震，顾大男，等. 人口分析方法与应用 [M]. 北京：北京大学出版社，2011.

[49] 查瑞传. 人口统计资料分析技术 [M]. 北京：中国人口出版社，1991.

[50] 张自然，张鹏，张平，等. 中国经济增长报告（2022—2023）：中国式现代化与城市可持续发展 [M]. 北京：社会科学文献出版社，2023.

[51] 蔡玥，薛明，王才有，等. 我国居民2030年预期寿命预测及国际间比较 [J]. 中国卫生信息管理杂志，2017，14（1）：82-83.

[52] 陈佳鞠，靳永爱. 北欧五国生育率回升原因分析及对中国的启示 [J]. 团结，2021（6）：24-26.

[53] 陈佳鞠，靳永爱，夏海燕，等. 中国生育水平回升的可能性：基于北欧国家历史经验的分析 [J]. 人口与发展，2022，28（3）：79-82.

[54] 傅蕾，吴思孝. 日本老年人力资源开发的经验及启示 [J]. 中国劳动关系学院学报，2022，36（2）：85-88.

[55] 高佳蕊，刘龙顺，王雪洁. 全面二孩政策背景下公共托育服务体系构建研究 [J]. 当代商贸工业，2021（6）：49-50.

[56] 海颖. "全面二孩"政策下广西城乡出生人口规模变化 [J]. 广西城镇建设，2020（7）：86-88.

[57] 何芳. 中国家庭政策发展的特征、挑战与展望 [J]. 河北青年管理干部学院学报，2022，34（4）：5-7.

[58] 蒋美华，范新琦. 生育政策调整下相关配套支持措施的需求与完善 [J]. 西昌学院学报：社会科学版，2022，34（1）：76-78.

[59] 焦桂花，傅崇辉，王玉霞. 平均家庭户规模的模拟与预测：基于改进的 Bi-logistic 方法 [J]. 统计与信息论坛，2019，34（6）：98-100.

[60] 雷攀勇. 生态水利工程与水资源保护探讨 [J]. 农村经济与科技，2021，32（4）：32-33.

[61] 雷咸胜. 中国老年失能人口规模预测及对策分析 [J]. 当代经济管理，2020，42（5）：72-74.

[62] 李禄胜，李江波. 我国出生人口性别比失调寻源及对策研究 [J]. 青海社会科学，2011（2）：40-42.

[63] 李胜旗，徐玫龙. 人口结构、生育政策与家庭消费 [J]. 西北人口，2022，43（4）：15-18.

[64] 李树苗，孟阳. 改革开放40年：中国人口性别失衡治理的成就与挑战 [J]. 西安交通大学学报：社会科学版，2018，38（6）：57-60.

[65] 刘译阳，王育婷，王俊威. 我国人口与资源、环境可持续发展的策略研究 [J]. 环渤海经济瞭望，2020（12）：19 – 20.

[66] 刘永廷. 论我国家庭政策的制度性支持 [J]. 中华女子学院学报，2020，32（3）：55 – 58.

[67] 陆杰华. 人口负增长应对的国际经验及其对中国的启示 [J]. 北京行政学院学报，2023（3）：22 – 25.

[68] 卢晓中. 基于"职普融通"的现代职业教育体系构建 [J]. 河北师范大学学报：教育科学版，2022，24（1）：6 – 9.

[69] 吕春娟. 全面二孩视域下国家分担未成年子女养育成本制度建构 [J]. 兰州财经大学学报，2019，35（4）：75 – 78.

[70] 马春花. 土地资源管理策略浅析 [J]. 南方农业，2020，14（18）：114 – 115.

[71] 齐明珠，王亚. 北京劳动力供需变动趋势研究：2021—2035 [J]. 人口与经济，2022（2）：42 – 45.

[72] 苏冬蔚，廖佳. 经济增长、房价上涨与出生人口性别比：基于中国地级及以上城市的经验研究 [J]. 暨南学报：哲学社会科学版，2021，43（9）：35 – 38.

[73] 田香兰. 日本人口减少及老龄化对综合国力的影响：兼论日本的人口政策及效果 [J]. 日本学刊，2011（5）：107 – 111.

[74] 王丛雷，罗淳. 收入分配调节、社会保障完善与生育率回升：低生育率阶段的欧盟经验与启示 [J]. 西部论坛，2022，32（2）：78 – 80.

[75] 王放. 论发达国家和发展中国家人口转变的差异性 [J]. 西北人口，1992（3）：27 – 30.

[76] 王晶. 以家庭政策为基础完善居家养老服务体系 [J]. 中国民政，2022（6）：14.

[77] 王婷. 国内外适度人口理论讨论与再认识：兼论中国城市化进程中的城市适度人口 [J]. 贵州师范大学学报：社会科学版，2017（5）：56 – 59.

[78] 王新建，高建昆. 较高人均生活水平：中国适度人口研究的一个主要变量 [J]. 马克思主义研究，2010（2）：47 – 49.

[79] 阎志强，侯猛，白添泷. 广东家庭户规模状况及其变化特征分析 [J]. 南方人口，2015，30（6）：1 – 3.

[80] 杨舸. 我国"十四五"时期的人口变动及重大"转变" [J]. 北京工业大学学报：社会科学版，2021，21（1）：17 – 20.

[81] 于凌云，魏秋芳. 我国家庭政策的变迁、缘由及展望（1949—2021）[J]. 江汉学术，2022，41（3）：17 – 20.

[82] 于奇，杜纯静，杜恩情，等. 基于年鉴资料比较的我国预期寿命变动及预测分析

[J]. 中国卫生统计, 2019, 36 (6): 814 – 817.

[83] 原新, 金牛. 世界人口负增长的趋势展望与影响应对 [J]. 河北大学学报: 哲学社会科学版, 2021, 46 (1): 82 – 85.

[84] 张金岭. 法国现代家庭政策应对社会问题的内在逻辑及其制度体系 [J]. 中华女子学院学报, 2022, 34 (3): 62 – 64.

[85] 杨连星. 强化有组织的校企合作 加速发展新质生产力 [EB/OL]. (2024 – 03 – 22) [2024 – 05 – 10]. https://edu. gmw. cn/2024 – 03/22/content_37218908. htm.